▶ 미륵사지 서탑 금판 출토 순간과 금판 세부

▶ 금판이 나온 미륵사지 서탑(해체 전)

▶ 미륵사지 전경(해체 전)

▶ 발굴 현장이 공개된 제명천황릉

▶ 인덕황릉(대표적 전방후원분)

▶ 팔각으로 조성된 천무천황릉

▶ 백제인이 건설한 나니와궁 팔각전

▶ 백강전투도(KBS-TV 화면)

일본 천황은 백제 무왕의 자손

- 미륵사 금판의 증언 -

이 동 식

국학자료원

이 책은 한국언론진흥재단의 저술지원으로 출판되었습니다.

일본 천황은 백제 무왕의 자손

– 미륵사 금판의 증언 –

이동식

머리말

우리나라처럼 역사를 좋아하면서도 역사가 없는 나라는 없을 것이다. 우리가 갖고 있는 가장 오래된 역사서가 12세기 중반에 쓰여진 것이고 그것도 왕조중심의 간략한 서술이 주를 이루니 우리의 역사가 시작됐다고 보는 단군조선 이후 3천 년의 역사가 겨우 책 한권에 쓰여진 것이 고작일 뿐이다. 김부식이 『삼국사기』를 기술할 때에 고구려, 백제, 신라라는 세 나라에 관련된 것만을 모아서 쓰다 보니 소속이 애매한 많은 사실들이 누락되었고 그것이 우리 고대사의 실체를 파악할 수 없는 가장 근본 원인이 되었음은 우리가 모두 아는 사실이다.

그러나 때때로 작은 발견 하나가 묻혀 있는 역사를 새롭게 드러내기도 한다. 1971년 7월 5일에 있었던 무령왕릉의 발굴이 대표적이다. 이 무덤에서 나온 지석이 무덤의 절대연대를 알려줌으로 해서 무령왕을 정점으로 하는 백제사, 삼국사, 그리고 중국과 일본의 역사의 모든 편년체계를 새롭게 정리, 확인할 수 있었기 때문이다. 거기에 버금가는 발굴로 흔히 1993년 12월에 부여 능산리에서 발견된 백제금동대향로를 꼽는다. 그것으로서 백제인들의 종교, 사상, 예술, 사회상을 새롭게 조명할 수 있기 때문이었다.

그런데 2009년 1월 전북 익산의 미륵사지 서탑을 정비하다가 탑 밑에서 금으로 만든 사리봉안기가 나왔는데 이 발견이 또 고대사를 뒤흔들고 있다. 거기에는 이 탑을 세운 연대가 나왔고 백제 귀족의 딸이 백제 무왕의 왕후로서 시주했음이 밝혀졌다. 따라서 백제 무왕에게는 자신이 신라에 가서 데려온 선화공주 외에 다른 왕후가 있었음이 드러났고 무엇보다도 이 탑을 세운 것이 639년이라는 절대연대가 밝혀진 것이다. 그런데 이웃나라 일본의 역사에서도 일본의 왕이 서기 639년에 백제대탑을 세웠다는 기록이 있다. 어떻게 두 나라는 같은 해에 같은 탑을 세울 수가 있단 말인가?

또 무왕의 또 다른 왕후의 존재가 드러난 즈음에 일본에서는 당시 여왕의 무덤의 봉분이 팔각으로 만들어진 것이 확정되면서 그 즈음부터 4대에 이르는 일본의 천황들이 모두 무덤에 팔각으로 단을 쌓는 팔각무덤으로 만든 것이 확인되었다.

왜 일본에서 그때까지 없던 팔각무덤이 천황의 무덤에 등장하는가? 그것은 이런 무덤을 쓰는 사람들이 일본에 새로 들어왔다는 뜻일텐데, 그것이 사실인가? 사실이라면 그들은 누구인가? 이런 중요한 의문이 제기되지 않을 수 없다.

필자는 이런 의문에 도전을 했다. 그리고 그 해답을 풀었다. 지난 3년 여 많은 고민을 하고 궁리를 해서 한일 역사에서 새로운 수수께끼를 풀어낸 것이다. 그 결과 백제가 멸망할 당시 일본 천황이 자신의 죽음을 무릅쓰고 백제원정군을 파견한 이유가 드러났다. 우리가 모르던 엄청난 비밀이 숨어있었던 것이다. 그러한 고대사의 비밀의 열쇠는 미륵사 서탑 밑에서 발견된 황금의 금판이었고, 이어서 일본에서 확인된 팔각으로 조성된 천황릉의 존재였다. 그것으로서 수수께끼에 둘러싸여있던 7세기 후반 백제와 일본의 역사, 그리고 그것이 천 년 이상 이어져 온 과정이 고스란히 드러난다.

필자는 이런 사실을 확인한 이후 자신 있게 말한다. 한일 고대사, 백제와 일본의 황실의 비밀은 바로 2009년 발견된 미륵사 금판의 한 줄 문장에 그 해결의 열쇠가 있었다는 것을. 그리고 그 비밀은 오늘날 한일관계의 심원을 흔드는 진정한 역사라는 것을……

목 차

머리말

〈1장〉 두 개의 사건

〈2장〉 팔각 천황릉의 수수께끼

(1) 팔각 천황릉의 주인들

(2) 일본 황실은 감추었나?

(3) 일본의 팔각문화

⟨3장⟩ 팔각의 원류

〈7장〉 천황가와 등원가

〈8장〉 살아있는 역사

1장
두 개의 사건

사택왕후의 부활

전북 익산에 가면 우리나라 최대의 사찰로 추정되는 미륵사의 터가 있다. 백제 무왕(武王, 재위 600~641년) 시기에 세어진 것으로 추정되는 큰 절터이다. 미륵사에는 원래 가운데에 목탑 하나가 있고 그 좌우에 석탑 두 개가 있었다. 그러나 목탑과 동쪽의 석탑은 조선시대 이전에 이미 무너져 버렸고 서쪽의 석탑만 남게 되었다. 이 서쪽 석탑도 안전할 수 없었다. 원래는 9층으로 추정되었는데 탑의 꼭대기 세 개 층이 완전히 무너졌고 나머지의 세 개 면도 상당부분 무너져 버리고 말았다. 무너져버리고 남은 탑에 일제시대에 보존을 한다고 시멘트를 발라놓은 탑의 높이가 14.2m로서, 이 높이만으로도 국내 최고最古 최대의 석탑이기에 국보 제11호로 지정되었다. 탑신塔身을 보면 문과 기둥이 있고, 기둥 위를 가로지르는 돌을 올려놓았는데 이것이 마치 건축물을 연상시킨다. 돌을 이용해 나무 집을 짓듯 탑을 만들었다는 점에서 백제 석공들의 돌 다루는 솜씨가 보통이 아니었음을 알 수 있게 해준다.

미륵사지 서탑

국립문화재연구소 발굴단은 이 미륵사지석탑이 붕괴될 수 있다는 판단에 따라 2001년 10월부터 이 탑의 해체작업을 시작했다. 6층부터 해체해 내려와 8년 만에 1층 탑신塔身과 기단부基壇部에 이른 상태였다. 2009년 1월 14일 발굴단이 1층 기단부의 심초석(心楚石: 탑 내부의 중심기둥을 받쳐주는 커다란 돌) 아래 부분에서 크레인을 이용해 심초석의 윗돌을 조심스럽게 들어 올리는 순간 흙속에서 찬란한 빛이 쏟아져 나왔다. 사리를 담은 그릇인 사리장엄의 황금장식에서 나오는 금빛이었다. 그 안에는 부처님의 것으로 보이는 사리가 있었고 그 옆에는 이 사리를 봉안한 사연을 적은 가로 15.5㎝, 세로 10.5㎝ 크기의 금판金板이 있었다. 금판에는 다음과 같은 뜻을 담은 한문이 붉은 글씨로 적혀 있었다.

사리장엄 발굴

　"가만히 생각하건데, 法王(부처님)께서 세상에 나오셔서 (중생들의) 근기(根機)에 따라 감응(感應)하시고, (중생들의) 바람에 맞추어 몸을 드러내심은 물속에 달이 비치는 것과 같다. 그래서 (석가모니께서는) 왕궁(王宮)에 태어나셔서 사라쌍수 아래에서 열반에 드시면서 8곡(斛)의 사리(舍利)를 남겨 3천 대천세계를 이익되게 하셨다…… 우리 백제 왕후께서는 좌평(佐平) 사탁적덕(沙乇積德)의 따님으로 지극히 오랜 세월[曠劫]에 선인(善因)을 심어 금생에 뛰어난 과보[勝報]를 받아 삼라만상을 어루만져 기르시고 불교[三寶]의 동량(棟梁)이 되셨기에 능히 정재(淨財)를 희사하여 가람(伽藍)을 세우시고, 기해년(己亥年) 정월 29일에 사리(舍利)를 받들어 맞이했다. 원하옵나니, 세세토록 공양하고 영원토록 다함이 없어서 이 선근(善根)을 자량(資糧)으로 하여 대왕폐하(大王陛下)의 수명은 산악과 같이 견고하고 치세[寶曆]는 천지와 함께 영구하여, 위로는 정법(正法)을 넓히고 아래로는 창생(蒼生)을 교화하게 하소서." (동국대 김상현 교수 역)

　(앞면)竊以法王出世隨機赴感應物現身如水中月是以託生王宮示滅雙樹遺形八斛利益三千…..我百濟王后佐平沙乇積德女種善因於曠劫受勝報於今生撫育萬民棟梁三寶故能謹捨淨財造立伽藍以己亥(뒷면)年正月卄九日奉迎舍利願使世世供養劫劫無盡用此善根仰資大王陛下年壽與山岳齊固寶曆共天地同久上弘正法下化蒼生又願王后卽身心同水鏡照法界而恒明身若金剛等虛空而不滅七世久遠幷蒙福利凡是有心俱成佛道.

금판에 써있는 연대는 기해己亥년 정월 29일. 이 절과 탑이 백제 무왕 때에 만들어진 것으로 보이는 만큼 기해년은 서기 639년이다. 이 해에 여기에 탑을 세우고 사리를 봉안했다는 것이다. 정확히 천370년 만에 금판이 세상에 나오는 순간이었다. 이날 발견된 유물은 항아리 모양의 금제 사리호金製舍利壺, 금제 사리봉안기金製舍利奉安記, 은제 사리기銀製舍利器 6점, 장식용 칼로 보이는 단도短刀 2점, 금제 족집게, 은제 관장식, 시주자 명단이 새겨져 있는 얇은 금판 조각, 각종 구슬 등 500여 점에다 유물을 감쌌던 천도 함께 발견되었다. 그 전까지는 존재조차 몰랐던 사리와 사리봉안기 금판. 그것도 글자가 거의 온전하게 남아있는 금판과 사리 장엄 등 유물의 발견은 백제의 역사를 뒤흔들 엄청난 발견이었다. 이제 사람들은 1971년 공주에서 나온 무령왕릉의 발견, 1993년 부여 능산리에서 나온 금동대향로의 발견에 이은 3대 발견으로 평가하고 있다. 그만큼 백제사의 중요한 단서를 제공하고 있다는 뜻이다.

사리함 금판

이 금판의 명문으로 난리가 났다. 익산의 미륵사 터는 백제 무왕과 신라 선화공주의 전설이 얽힌 곳인 만큼 지금까지 미륵사는 무왕이 신라로부터 맞이해 온 선화공주를 위해 이 절을 세운 것으로 믿어왔다. 그것은 일연 스님의 『삼국유사』에 있는 무왕의 전설 때문이다;

『삼국유사』제2권 기이(紀異) 제 2-21 무왕(武王)

제30대 무왕(武王)의 이름은 장(璋)이다. 그 어머니가 과부(寡婦)가 되어 서울 남쪽 못 가에 집을 짓고 살았는데 못 속의 용(龍)과 관계하여 장을 낳았던 것이다. 어릴 때 이름은 서동(薯童)으로 재주와 도량이 커서 헤아리기 어려웠다. 항상 마[薯여]를 캐다가 파는 것으로 생업(生業)을 삼았으므로 사람들이 서동이라고 이름지었다. 신라 진평왕(眞平王)의 셋째공주 선화(善花; 혹은 선화善化)가 뛰어나게 아름답다는 말을 듣고는 머리를 깎고 서울로 가서 마을 아이들에게 마를 먹이니 이내 아이들이 친해져 그를 따르게 되었다. 이에 동요를 지어 아이들을 꾀어서 부르게 하니 그것은 이러하다.

선화공주(善化公主)님은 남몰래 정을 통하고
서동방(薯童房)을 밤에 몰래 안고 간다.

동요(童謠)가 서울에 가득 퍼져서 대궐 안에까지 들리자 백관(百官)들이 임금에게 극력 간해서 공주를 먼 곳으로 귀양보내게 하여 장차 떠나려 하는 데 왕후(王后)는 순금(純金) 한 말을 주어 노자로 쓰게 했다. 공주가 장차 귀양지에 도착하려는데 도중에 서동이 나와 공주에게 절하면서 모시고 가겠다고 했다. 공주는 그가 어디서 왔는지는 알지 못했지만 그저 우연히 믿고 좋아하니 서동은 그를 따라가면서 비밀히 정을 통했다. 그런 뒤에 서동의 이름을 알았고, 동요가 맞는 것도 알았다. 함께 백제로 와서 모후(母后)가 준 금을 꺼내 놓고 살아 나갈 계획을 의논하자 서동이 크게 웃고 말했다. "이게 무엇이오?" 공주가 말했다. "이것은 황금이니 이것을 가지면 백 년의 부를 누릴 것입니다." "나는 어릴 때부터 마를 캐던 곳에 황금을 흙덩이처럼 쌓아 두었소." 공주는 이 말을 듣고 크게 놀라면서 말했다. "그것은 천하의 가장 큰 보배이니 그대는 지금 그 금이 있는 곳을 아시면 우리 부모님이 계신 대궐로 보내는 것이 어떻겠습니까?" "좋소이다." 이에 금을 모아 산더미처럼 쌓아 놓고, 용화산(龍華山) 사자사(師子寺)의 지명법사(知命法師)에게 가서 이것을 실어 보낼 방법을 물으니 법사가 말한다. "내가 신통(神通)한 힘으로 보낼 터이니 금을 이리로 가져 오시오." 이리하여 공주가 부모에게 보내는 편지와 함께 금을 사자사(師子寺) 앞에 갖다 놓았다. 법사는 신통한 힘으로 하룻밤 동안에 그 금을 신라 궁중으로 보내자 진평왕(眞平王)은 그 신비스러운 변화를 이상히 여겨 더욱 서동을 존경해서 항상 편지를 보내어 안부를 물었다. 서동은 이로부터 인심을 얻어서 드디어 왕위에 올랐다.

어느날 무왕이 부인과 함께 사자사에 가려고 용화산(龍華山) 밑 큰 못 가에 이르니 미륵삼존(彌勒三尊)이 못 가운데서 나타나므로 수레를 멈추고 절을 했다. 부인이 왕에게 말한다. "모름지기 여기에 큰 절을 지어 주십시오. 그것이 제 소원입니다." 왕은 그것을 허락했다. 곧 지명법사에게 가서 못을 메울 일을 물으니 신비스러운 힘으로 하룻밤 사이에 산을 헐어 못을 메워 평지를 만들었다. 여기에 미륵삼존의 상(像)을 만들고 회전(會殿)과 탑(塔)과 낭무(廊廡)를 각각 세 곳에 세우고 절 이름을 미륵사(彌勒寺; <국사國史>에서는 왕흥사王興寺라고 했다)라 했다. (<삼국사三國史>에는 이 분을 법왕法王의 아들이라고 했는데, 여기에서는 과부의 아들이라고 했으니 자세히 알 수 없다).

그런데 이 황금판의 기록을 보면 무왕의 부인이자 백제의 귀족 사탁적덕沙乇積德의 딸이 탑을 세운 것으로 되어 있다. 사탁이란 성姓은 처음 보이지만 다른 기록, 예를 들어 부여에서 발견된 사택지적砂宅智積의 비碑에 보이는 사택砂宅, 일본서기 등 일본 측 기록에 보이는 사택지적沙宅智積 등의 인물에서 보이는 사택沙宅이란 성姓과 비교하면 사탁沙乇은 다른 기록에 많이 보이는 백제의 대성大姓 사씨沙氏나 사택砂宅, 사택沙宅과 동일한 성으로 보인다. 그래서 앞으로는 이를 사택적덕으로 표기하도록 한다.

미륵사지 전경 유구

그렇다면 우리가 전설로 익히 잘 알고 있는 선화공주, 곧 절을 지어달라고 한 무왕의 왕비 선화 공주는 어떻게 되었기에 갑자기 사택적덕(사탁적덕)의 딸이 나온단 말인가? 이 여자는 도대체 누구인가? 우리가 지금까지 금과옥조로 믿어온 『삼국유사』의 선화공주설화, 서동의 전설은 또 어떻게 되는 것인가? 미륵사 창건의 진실은 무엇인가?

이러한 수수께끼가 쏟아짐에 따라 역사학계와 고고학계, 또 관련 학계에서 수많은 연구논문이 발표되고 학술세미나가 열렸다. 어떤 사람들은 성급하게 이제 선화공주의 전설은 그야말로 전설로 끝나고 실제로는 사택 씨의 딸이 무왕의 부인이었다고 흥분하기도 했다. 그러다가 점차 무왕에게 왕후가 어찌 한 명이라고 단정할 수 있느냐, 먼저 선화공주였고 그다음이 사택 씨 딸이었을 수가 있다고 복수 왕후론을 제기하기도 했다.[1] 아직 그 결론이 나지는 않았으나 백제의 역사는 사택덕적의 딸이라는 왕후의 출현으로 크게 출렁이고 있다.

---

[1] 무왕의 왕비가 여러 명 있다는 설이다. 왕비는 정비를 의미한다. 정비는 한명이어야 한다. 그럼에도 불구하고 무왕 39년조의 빈어(嬪御)와 함께 뱃놀이했다는 기사를 근거로 왕비가 3명 정도 있었다는 견해를 피력하고 있다. 또 이 견해가 아무런 비판 없이 그대로 재생산되고 있다는 점이다. 빈(嬪)은 후궁이다. 후궁은 여러 명 있을 수 있다. 또 무왕의 왕비를 즉위 초의 선화공주, 일본서기 24 황극기 원년조의 국주모(國主母) 등으로 보려는 설이다. 선화공주는 아직 실존인물이라고 증명되지 못한 채로 남아있다. 굳이 선화공주를 왕비로 보려고 하면서 그 근거로 무왕이 즉위 41년으로 긴 기간 왕위에 있었기 때문에 왕비가 꼭 한 사람은 아니었을 것이라고 추정하는 것이다. 무왕의 생존기간이 길었다고 왕비의 생존기간이 짧아 중간에 왕비가 교체되었다고 할 수는 없다.
김주성, 「미륵사지 서탑 사리봉안기 출토에 따른 제설의 검토」, 『동국사학』 47권 (2009), 31쪽.

제명천황의 재등장

그 무렵 바다 건너 일본에서도 소동이 일어났다. 한국 미륵사에서 사택왕
후라는 새로운 인물이 등장해 시끄러워진 지 일 년 반쯤 뒤인 2010년 9월
10일 일본의 주요일간지들은 일본 나라현 아스카촌에 있는 한 무덤에 관한
기사를 대서특필하고 있다. 9월10일 마이니치(每日)신문의 보도를 보자;

"나라현 아스카촌의 견우자총(牽牛子塚, 켄고시즈카)고분(7세기 후반)에
서, 봉분을 팔각형으로 두르는 응회암 돌깔기가 드러나 이 무덤이 팔각형임
이 확인되었다. 9일 아스카촌 교육위에 따르면 (이 무덤은) 석조매장시설의
주위에 돌기둥 같은 것을 나란히 세우고, 분구 표면도 돌로 덮은 특이한 석
조고분으로 보인다. **8각형의 봉분은 아스카(飛鳥)시대 천황릉의 특징으로,**
(이로써) 천지(天智), 천무(天武) 두 천황의 어머니이며 대규모 토목공사를
좋아했다는 제명(齊明)천황(655~661)이 피장자임이 거의 확정되었다.“

견우자총 공개

말하자면 제명(齊明: 일본 발음으로는 사이메이)천황의 능이 어디인가 논란이 있다가 이 무덤으로 확정되었으며, 그것도 특이하게도 팔각형 봉분의 무덤이라는 것이다. 제명천황은 누구이고 8각형의 봉분이 아스카(飛鳥)시대 천황릉의 특징이라는 말은 또 무슨 말인가?

우선 아스카 시대 천황릉의 특징이 팔각이라니 이게 무슨 말인가부터 알아보자.

우리가 책이나 사진에서 보는 고대 일본의 주요한 왕들의 무덤은 앞부분이 네모이고 뒷부분이 둥근 봉분을 가진 이른바 전방후원분前方後圓墳이었다. 오사카 시내에 있는 세계 최대의 건축물이라는 이른바 인덕릉仁德陵2)이 그렇고 다른 천황릉이 거의 다 전방후원분인 것으로 알려져 있는데, 아스카 시대에는 천황릉이 전방후원분이 아니라 팔각무덤이었단 말인가?

인덕천황릉 공중

---

2) 인덕천황릉으로 전해지는 대산릉(大山陵)무덤. 오사카(大阪)부(府)사카이(堺)시(市)에 있다. 전체길이 486m, 높이 35m, 둘레 약 2,850m로서 무덤이라기보다는 작은 산이라고 해야 할 엄청난 규모, 세계 최대의 무덤, 곧 인공구조물이다.

일반적으로 일본의 천황은 만세일계萬歲─系라고 해서 초대 신무神武천황(기원전660년~기원전 585년)으로부터 현재의 125대 평성平成천황까지 2천 6백 년이 넘는 긴 역사에서 천황가는 오로지 한 집안으로 이어져 오고 있다고 주장하고 있으며 이들 천황의 무덤을 보면 전방후원분이 가장 많고 그 다음이 방분이나 원분, 혹은 산형山形이다3). 이를 보면 역시 고대 일본을 대표하는 묘제는 전방후원분이다. 그런데, 어떻게 이 제명齊明천황의 능은 8각형이고, 그러한 8각형의 봉분이 7세기 아스카 시대4)의 천황의 무덤형식이었단 말인가?

우선 제명천황의 능이 어떻게 생겼기에 그런 설명이 나오는가 궁금하다. 사진을 보자.

---

3) (일본에서) 3세기 중반부터 6세기 말까지는 전방후원분(前方後円墳)이 북쪽으로는 도호쿠(東北)지방에서 남쪽으로는 큐슈(九州)지방 남부까지 계속 만들어져 왔기 때문에 전방후원분의 세기라고도 말한다. 전방후원분은 야마토(大和) 조정이 통일정권으로서 확립되어가는 중에, 각지의 호족에게 허가한 형식이라고 여겨진다. 3세기 후반부터 나라 분지에서 왕의 무덤으로 보이는, 이전 시대보다 각별히 규모가 큰, 전방후원분이 출현하고, 4세기 초기에는 오사카 평야에서 거대고분이 만들어졌으며, 4세기 말기 무렵에는 키나이(畿内)의 일부 지방에서 선진적인 고분군이 출현했다. 계속되는 5세기 중반에는 각지에 거대고분이 만들어지게 되었다. 그러나 6세기 말기에는 일본 각지에서 거의 시간적으로 동일하게 전방후원분이 만들어지지 않게 되었다. 이것은 야마토 정권이 확립에 따라 중앙·지방의 통치조직이 완성되어 더욱 강력한 정권으로 성장하였다는 증거로 해석된다. 전방후원분이 만들어지지 않게 된 7세기는 방분(方墳)·원분(円墳)이 계속해서 만들어지게 된다.
위키피디아 한국어판. 고분시대(古墳時代) 항 설명문
4) 아스카 시대는 일본 나라현의 아스카(飛鳥)에 궁전과 도읍이 있었던 시기. 흔히 추고(推古)천황 원년(593년)에 성덕태자(聖德太子)가 섭정이 된 이후부터 지통(持統)천황8년(694년) 수도를 후지와라경(藤原京)으로 옮기기까지 아스카에 도읍한 약 102년간을 말한다.

견우자총 깐돌

2010년 8월 오사카 아스카촌 교육위원회가 공개한 견우자총(牽牛子塚 켄고시즈카), 곧 제명천황릉의 무덤 주위의 모습을 보니 무덤의 봉분 한 쪽에는 기둥처럼 생긴 돌들이 몇 개인가 박혀 있고, 봉분 주위에는 납작하게 다듬은 돌들이 마치 포장도로처럼 각을 이루며 3중으로 깔려 있다. 앞 쪽으로 각이 져 있는데 무덤 전체로 확대하면 팔각으로 무덤을 둘러싸고 있는 것이 된다. 사용된 돌은 응회암이다. 이것으로 일종의 경계선을 설정하고 무덤을 호위하고 있는 것으로 보여진다.

견우자총 팔각경계

사진에서 보듯 봉분의 둘레에는 폭 1미터, 깊이 20센티의 도랑 한가운데에 응회암의 편석(긴쪽은 한 변이 40~60센티, 짧은 쪽은 30~40센티, 두께 30센티)을 깔아나간 것이 드러났다. 돌깔기는 1변이 9미터이고 135도의 각도로 연결된 좌우 두 변의 일부가 확인되어 분구를 팔각으로 둘러싸고 있음이 확실해졌다. 팔각형의 대변의 길이는 22미터로서 포석의 바깥쪽 작은 돌들이 깔려있는 부분을 포함하면 대변對邊이 32미터 이상이다.

일본 측의 발표를 종합해 보면 아스카 시대의 황금기를 연 천지天智, 천무天武 두 천황의 어머니인 제명천황은 그 전까지의 전방후원분이 아니라 새롭게 8각으로 무덤 주위를 장식한 이른바 8각분에 묻혀있는 것이 "거의 확정"되었다. 그 전까지는 제명천황릉의 위치나 형식에 대해서 여러 가지 설이 있었는데 이번에 비로소 이곳이 제명천황릉이고 그것도 팔각이었다는 것이 사실상 확정되었다는 뜻이다.

그렇다면 이러한 8각분을 아스카 시대 천황릉의 특징이라고 말한 것은 무슨 뜻일까?

그전까지 산발적으로 발견되던 아스카 시대 천황들의 능이, 제명천황릉이 팔각릉으로 확인됨에 따라 이 시대 천황릉이 계통을 따라 모두 팔각으로 일목요연하게 연결되더라는 뜻이 된다. 구체적으로 살펴보니 제명천황의 두 아들인 천지天智천황(661~671), 천무天武천황(673~686)의 능도 팔각형이었다. 그리고 이 두 천황의 아버지이자 제명천황의 남편인 서명舒明천황(629년~641년)도 팔각릉이다. 서명천황의 증손에 해당하는 문무文武천황의 무덤도 팔각이다. 즉 34대 서명천황에서부터 증손자인 42대 문무천황까지 직계자손의 능이 모조리 팔각이었다는 것이고[5] 제명천황릉이 팔각임이 확정됨으로서 그 계통이 확실하게 연결되더라는 뜻이다.

---

5) 표를 보면 36대와 39대 천황이 안보이는데, 36대 효덕천황은 직계자손이 아니라 외가 쪽이고, 39대 홍문천황은 아버지 천지천황의 사후 잠시 7개월 정도 정권을 맡았으나 정식으로 천황으로 즉위하지도 못하고 곧바로 삼촌인 천무천황에 의해 쫓겨나 죽음으로서 무덤이 제대로 만들어지지 않았다.

연대	팔각 고분의 주인공	고분명칭
34대	서명(舒明 죠메이)천황(629~641)	段ノ塚古墳
35대	황극(皇極 고교쿠)천황(642~645)	牽牛子塚古墳
37대	제명(斉明 사이메이)천황(655~661)	
38대	천지(天智 텐지)천황(661~671)	御廟野古墳
40대	천무(天武 텐무)천황(673~686)	野口王墓古墳
41대	지통(持統 지토)천황(686~697)	野口王墓古墳
	초벽황자(草壁皇子)	束明神古墳
42대	문무(文武 몬무)천황(697~707)	中尾山古墳

이렇게 보니 비슷한 시기에 한국과 일본 두 나라에서 여성들이 갑자기 역사무대에 등장한다. 한국에서는 사택 왕후라는 새로운 여성이 등장했다. 그것은 마치 지하에 숨어 있다가 금판을 타고 갑자기 부활한 것 같았다. 일본에서는 제명이라는 여성천황의 능이 확인되고 그 능이 팔각임이 드러남으로서 아스카 시대 천황들의 무덤이 팔각으로 만들어졌음이 확실해졌다. 한국과 일본 두 나라에서 같은 시기에 같은 시대의 여성 지도자가 갑자기 화제의 주인공으로 등장한 것이다. 역사상 처음 있는 일이다.

재미있는 것은 사택왕후가 639년에 미륵사의 서탑을 세우도록 했다면 그 때가 한창일 때였을 것이다. 제명천황도 남편 서명찬황이 죽은 후인 642년에 일본의 천황이 되었으니까[6] 비슷한 시기에 활동했다. 백제 쪽은 왕후이고 일본 쪽은 왕후에서 여왕(천황)이 된 사람이다. 그 두 사람이 동시에 한국의 백제와 일본이라는 역사무대에 등장한다. 무언가 수수께끼 같은 느낌이 오지 않는가?

---

6) 일본의 역사서인 일본서기에 따르면 제명천황은 641년에 남편 서명천황이 죽은 후 642년에 황극천황이란 이름으로 먼저 즉위했다가 중간에 자신의 남동생에게 잠시 황위를 넘겼다가 다시 655년부터 661년까지 제명천황이 된다. 그러므로 사택왕후와는 같은 시대 사람이다.

| 미륵사 서탑 사리장엄(한국) | (일본) 견우자총(제명천황릉) 입구 |

사택씨의 부활

익산 땅 미륵사의 서탑에서 나온 금판의 명문으로 무왕의 왕후가 좌평 사택적덕의 딸이었다는 사실이 밝혀짐으로 해서 백제사는 크게 요동을 친다. 그것은, 그 때까지 별로 의미를 두지 않았던 사택 씨의 존재에 주목 하게 한 것이었다. 백제의 역사에서 사택이란 성을 가진 인물은 이른바 사택지적비에 나오는 사택지적이 유일하다.

우선 먼저 사택지적에 대해서 알아보자.

사택지적비

1948년 불교미술학자인 황수영黃壽永박사는 국립박물관 부여분관장이던 홍사준洪思俊씨와 함께 일제가 신궁을 세우려했던 충남 부여의 부소산 남쪽 기슭을 답사하던 중 길 가에 쌓아둔 돌더미 속에서 비석 하나를 발견한다. 이 비는 높이 101㎝, 너비 38㎝, 두께 29㎝이고, 글씨를 쓰기 위하여 정간井間, 곧 줄을 사방으로 쳤다. 현재 국립부여박물관에 보관되어 있는 이 비석의 내용은 사택지적이란 사람이 말년에 지난날의 영광과 세월의 덧없음을 한탄하는 내용이었다. 여기에서 사택지적이란 이름이 또렷하게 나온다. 비문의 전문을 보면

> "(갑)인년 정월 9일 나지성의 사택지적은 몸이 날로 쉬이 가고 달로 쉽게 돌아오기 어려움을 한탄하고 슬퍼하여, 금을 뚫어 진귀한 당을 세우고 옥을 깎아 보배로운 탑을 세우니, 외외한 자비로운 모습은 신광(神光)을 토하여 구름을 보내는 듯하고, 아아한 자비로운 모습은 성명(聖明)을 머금어 □ □ 한 듯하다 (甲)寅年正月九日奈祇城砂宅智積慷身日之易往慨體月之難　還穿金以建珍堂鑿玉以立寶塔巍巍慈容吐神光以送雲峨峨悲貌含聖明以

라고 되어 있다.

이것만으로는 사택지적이 누구인지를 알 수 없다. 그런데 바다 건너 일본의 역사서인 『일본서기』[7] 황극천황皇極天皇 원년(642년) 7월에 보면 백제에서 사신으로 온 대좌평 지적을 궁중에서 환대했다는 기록이 나온다.

> 추7월… 백제의 사신 대좌평 지적들에게 조정에서 향응하였다[혹 本에 백제의 사신 대좌평 지적 및 아들 달솔(이름이 빠졌다. 은솔군선이라고 한다)]. 힘센 자에게 명하여 교기의 앞에서 씨름을 시켰다. 지적들은 연회가 끝나고 물러나서 교기의 문전에서 배례하였다.　秋七月…乙亥, 饗百濟使人

---

7) 천무천황의 명으로 사인(舍人, 도네리)친왕(親王)이 중심이 되어 680년경 착수, 720년에 완성된 것으로 추정되는 일본 최초의 정사(正史)로서 신대(神代)부터 지통천황(持統天皇, 645~702)까지를 편년체(編年體)로 기록하였다.

大佐平智積等於朝[或本云, 百濟使人大佐平智積及兒達率, 闕名 · 恩率軍善.].
乃命健兒, 相撲於翹岐前. 智積等宴畢而退拜翹岐門. 『일본서기』권24 황극
천황 원년조

즉 백제의 사신으로 일본에 온 대좌평 지적이 일본에서 연회에 참석한
것이다. 그것으로 보면 지적은 부여에서 나온 사택지적비의 지적과 이름
이 같으므로 사택지적으로 보이며 그가 곧 백제의 대좌평(오늘날 총리에
해당)이라는 것이다. 그런 사택지적이 의자왕 14년(654년)에 나지성(奈祗
城 · 부여군 은산면 내지리)에 사원을 짓고 불탑을 조성하며 이를 기념하
여 비석을 세웠다고 비석은 전하고 있다.

미륵사지 금판

사택지적이란 인물은 백제의 역사를 기록한 『삼국사기』나 『삼국유사』
에는 전혀 나오지 않고 유일하게 비석에 그 이름이 나왔는데, 일본에는
642년에 백제의 사신으로 온 사람이라는 것이다. 그러다가 사택지적과 성
이 같은 사택적덕이라는 인물이 금판을 통해 등장해서 백제 무왕의 왕후
의 아버지이고, 그 사택적덕의 딸이 왕후로서 탑을 세웠다는 사실이 밝혀
진다. 즉 사택이란 집안은 무왕과 의자왕 때에 중요한 집안이었고 그 중의

한 인물인 사택적덕이 딸을 위해 돈을 들여 탑을 세운 것이 된다. 그리고 다른 한 사람은 의자왕 때 대좌평이란 고위직이었다.

일본에서의 사택씨

이처럼 백제의 역사기록에는 사택이란 이름 자체가 전혀 나오지 않는다. 그런데 바다 건너 일본의 역사서인『일본서기』에는 사택이란 성을 가진 인물이 몇 명 나온다.8) 이제 한국 백제사에서 겨우 두 명이 나오는 사택을 알려면, 일본 측 기록을 들여다보지 않을 수 없다.

일본의 고대사에서 가장 중요한 역사기록인『일본서기(日本書紀)』를 들여다보면 일본에서는 641년에 서명(舒明 죠메이)천황이 죽고 부인인 황극(皇極 고교쿠)천황이 이듬해인 642년에 즉위하는데, 이때에 백제의 왕이 조문사절을 보낸다;

일본서기 표지부분

---

8)『일본서기』제명(齊明) 6년 7월 조 인용의 「伊吉連博德書」에는 사택천복(沙宅千福)이 나오고 , 천무(天武) 2년 윤6월 경인 조는 사택소명(沙宅昭明)이 나오는 등 사택씨가 여러 명 나온다.

(원년 춘정월) 을유(29일)에 백제에 보낸 사신(百濟使人)인 대인(大仁) 아담련비라부(阿曇連比羅夫)가 축자국(筑紫國)에서 역마(驛馬)를 타고 도착하여 "백제국이 천황이 죽었다는 말을 듣고 조사(弔使)를 보내어 왔습니다. 신(臣)은 조사를 수행하여 함께 축자에 도착했습니다. 그러나 신은 장례에 참석하려는 생각에 조사에 앞서 혼자 왔습니다. 게다가 그 나라는 지금 크게 난리가 났습니다"라고 말하였다.

『일본서기』황극천황 원년(642년)조

당시 백제도 그 전 해 3월에 무왕이 죽고 의자왕이 즉위한 지 겨우 1년이 지나는 시점이다. 그런데 백제왕이 일본의 왕이 죽었다고 조문사절을 보내었고, 그것도 나라에 난리가 난 상황에서 보냈다는 것이다. 백제에 난리가 난 상황은 다음에 설명이 있지만, 한국의 『삼국사기』에는 이런 상황이 나오지 않는다. 무슨 급한 상황이었을까?

 2월 정해삭 무자(2일)에 아담산배련비라부(阿曇山背連比羅夫)와 초벽길사반금(草壁吉士磐金), 왜한서직현(倭漢書直縣)을 백제의 조문사가 있는 곳에 보내어 그 사정을 물었다. 조문사는 "백제국주[9]가 신에게 '새상(塞上)[10]은 항상 나쁜 짓을 하고 있다. 귀국하는 사자에게 딸려서 백제로 돌아오게 하려 해도 천황이 허락하지 않을 것이다.'고 말씀하셨습니다."라고 보고하였다. 또한 백제조문사의 겸인(傔人:종자)들이 "작년 11월에 대좌평(大佐平) 지적(智積)이 죽었습니다. 또한 백제의 사신이 곤륜(崑崙)[11]의 사신을 바다에 던져 넣었습니다. 금년 정월에는 국왕의 어머니(國主母)가 죽고(薨), 제왕자(弟王子)인 교기(翹岐)와 친여동생 4인, 내좌평(內佐平)인 기미(岐味), 그 외에 신분이 높은 인물 40여 명이 섬으로 추방되었습니다."라고 말하였다.

---

9) 의자왕을 지칭하는 것으로 보인다.
10) 새상(塞上) : '새상塞城 · 충성忠誠'이라고도 한다. 『일본서기日本書紀』효덕(孝德)천황 백치(白雉) 원년(650) 2월 갑신 조에는 풍장(豊璋)의 동생으로, 『일본서기』 제명(齊明천황) 6년(660) 10월 조의 주에 따르면 풍장(豊璋)의 숙부로 되어있어 실체가 헷갈린다. 백제 멸망 후에는 백제 부흥군의 수장이 된 백제왕 풍장과 함께 귀국하였다.
11) 崑崙이라고도 쓰며 인도차이나 반도 남동지역으로 보는 견해가 있지만 정확하지는 않다.

백제 수도 사비성(상상도)

이게 무슨 말인가? 이 부분은『삼국사기』의 백제 관련 기사에는 전혀 언급도 없는 내용이다. 대좌평 지적이 그 전 해 11월에 죽었다고 한다. 그 전 해라면 무왕이 죽은 해이다. 이 대좌평 지적智積은 백제 의자왕대에 제작된 사택지적비砂宅智積碑의 주인공과 동일 인물일 수밖에 없다. 일본 측 기록에 따르면 백제의 무왕이 죽은 해에 죽은 것으로 되어 있는데, 백제 측인 부여에서 발견된 비문에 따르면 사택지적은 의자왕 14년(654)까지 생존해 있기 때문에 지적이 죽었다는 표현과 모순된다. 즉 백제에서는 죽지 않은 사람이 일본 측 기록에서는 그 전 해에 죽은 것으로 되어 있다. 또『삼국사기』백제 항목에는 의자왕의 왕모에 대한 기록은 없는데,『일본서기』에서는 국왕의 어머니가 죽고, 제왕자弟王子인 교기와 높은 인물들이 섬나라(일본?)으로 추방되었고 말하고 있다. 제왕자라는 호칭은 무슨 뜻인가? 왕의 동생인 왕자라는 뜻인가? 우리가 흔히 쓰는 태자나 세자라는 호칭과 어떤 관계인가? 당시 백제의 왕과는 어떤 관계인가? 친동생인가? 아니면 배다른 동생인가? 등등 의문투성이이다.

사택씨와 일본 황실

정리를 해 보면 황극천황 원년 정월 조에는 사택지적이 그 전 해 11월에 백제에서 죽었다고 전하는데, 7달 후에는 앞에서 본 것처럼 일본의 궁중에서 그를 환대하고 있다. 백제에 있는 그 사람의 비석은 의자왕 14년(654년)에 나지성(奈祗城·부여군 은산면 내지리)에 사원을 짓고 불탑을 조성했다고 전한다.

대한해협

그 전 해에 백제 측에서는 죽었다고 하는 사람이 다음 해에 일본에 사신으로 와서 접대를 받고 있다. 이것을 어떻게 해석할 것인가? 일반적으로 역사서에서 죽었다고 할 경우 실제로 죽은 경우가 있고 아니면 죽은 것으로 처리하는 것, 즉 어딘가로 숨어들어갔거나 망명한 것을 의미하는 경우가 있다. 『일본서기』가 전부 조작되었다거나 거짓이 아닌 한, 사택지적이 그 전 해에 백제에서는 죽은 것으로 되어 있다면, 실제로는 일본으로 건너와 일본에서 백제의 사신 행세를 했거나 백제사신으로서 대우를 받은 것이 아닐까? 그러므로 백제의 입장에서는 그가 죽은 셈이 된다.12)

12) 이같은 불일치에 대해서 이도학은 황극천황 원년의 기사가 실은 제명천황 원년에

일본과 중국의 기록을 보면 상당수의 사택 씨가 백제나 일본에서 고관이나 귀족으로 등장한다.[13] 이들이 백제와 일본에서 모두 고관으로 행세할 수 있었다는 것은 그만큼 백제에서 일본으로 건너갔거나 망명했을 가능성을 높여준다. 부여에서 발견된 비문에서 이름이 나온 사택지적과 왕후의 아버지인 사택적덕은 한 집안일 가능성이 높다. 어쩌면 망명이니 하는 말보다는 당시 백제와 일본 조정 사이에는 한 집안이라는 의식이 있었고 쉽게 오고갈 수 있는 사이였음을 보여주는 것일 수도 있다. 『일본서기』가 백제의 멸망 이후 과거의 관계를 정리하고 일본이 고래로부터 있어온 한반도 여러 나라, 특히 백제와의 관계를 냉정하게 정리하고 교류관계도 조공관계로 바꿔 기록했음은[14] 한 일 학자들이 모두 인정하는 것이다. 그만큼 쉽게 오고갈 수 있는 밀접한 사이였다고 하겠다.

여기에서 왕후인 사택적덕의 딸을 둘러싼 사택 씨들이 왜 수수께끼처럼 역사에 기록되어 있는지를 잘 따져 볼 필요가 있다. 다만 이 문제에 대해서 한국의 백제 쪽에는 워낙 기록이 없어 알 수가 없다. 일본의 역사에 조금 등

발생한 것인데 잘못 기재된 것으로 보았다. 이도학, 「『일본서기』의 백제 의자왕대 정변기사의 검토」, 『한국고대사연구(韓國古代史研究)』11, 1997, 411쪽.

13) 백제멸망 때 일본으로 망명한 대좌평 사택소명(沙宅紹明, ?~673), 흠명천황 4년 12월에 이른바 임나일본부의 재건을 논의할 때에 가장 처음 거론된 상좌평 사택기루(沙宅己婁), 백제 멸망 때 소정방에게 잡혀 낙양으로 압송되었던 대좌평 사택천복(沙宅千福), 천지천황10年(671년)에 당나라에서 백제 쪽으로 포로들을 석방할 때 송사(送使)였던 사택손등(沙宅孫登), 지통 천황5년(691년)에 천황으로부터 의료계에 기여한 공로로 표창을 받은 사택만수(沙宅萬首).

14) "이런 사정은 당(唐)의 반도진출에 의해, 일본이 한반도 남부의 보유를 최후로 단념하기까지 계속되었는데, 거기까지는 일본의 천황은 왜한연합왕국의 왜왕이었고 그것이 본래의 의미로서의 일본천황이 된 것은 야마토 조정이 한반도로부터 완전히 연을 끊고 지금의 일본도(日本島: 일본열도)만의 주권자가 된 천지(天智)천황 이후일 것이다. 그리고 이 시기 이후 일본의 건국사에 관한 관념도 크게 변화하게 되어, 나라(奈良)조(朝)에 이르러서는 조정은 일본에서 예로부터 내려오는 왕조라고 하는 것을 주장해, 그러한 의도를 가지고 기기(記紀)의 편찬이 행해졌다. 이런 식으로 해서 야마토 조정은 일본의 땅에 유구한 옛날에 창시되었다는 것을 역사서에 전하게 한 것인데 진상은 위에 설명한 바와 같다" ―「일본이란 국가의 기원과 정복왕조」, 『騎馬民族國家』2부1편, 江上波夫. 中央公論社, 昭和58年(1983) 40版.

장하는데 수많은 역사학자나 고고학자들도 속 시원한 대답을 내놓지 못하고 있다. 따라서 이 문제를 풀려면 일본 쪽에서 시작하지 않을 수가 없다.

아사히 신문 보도(2010. 9. 10)

이웃 나라 일본에서 사택씨가 많이 등장하는 것은 백제의 멸망에서부터 일본의 천황제가 본격화되는 천무천황 사이이다. 이 시기는 제명천황의 능에서 보듯 천황릉이 팔각으로 만들어진 시기이다. 곧 백제의 멸망 전후 약 100년 동안에 해당한다. 일본천황들의 무덤이 갑자기 팔각으로 조성되고 있는데, 왜 이런 능이 나왔는지를 일본의 학자들이 명백하게 해명하지 못하고 있다. 심지어는 이를 숨기기까지 한 정황이 있다. 사택 씨가 많이 나오는 이 시기의 팔각 천황릉의 수수께끼를 풀어보면 사택 씨 문제도 같이 풀리지 않을까? 먼저 팔각릉에 대해서 도전해보자!

========================2장

팔각 천황릉의 수수께끼

(1) 팔각 천황릉의 주인들

앞에서 말한 대로 그전까지 일본 천황의 능은 전방후원분이 대세였는데, 제명천황의 능이 팔각릉으로 확인됨에 따라 아스카 시대 약 100년간에는 모든 천황들이 팔각으로 무덤을 만들었음이 드러났다.

아스카 일대

역사적으로 볼 때 무덤 양식은 가장 보수적인 전통으로서, 새로운 무덤 양식이 생겼다는 것은 곧 새로운 집단이 와서 만들었다는 뜻이 된다. 그 렇다면 처음 팔각분을 만든 천황과 그 자손들도 당시 일본에 새로 온 집 안이나 세력일 수밖에 없다.

현재까지 나온 대왕급의 팔각무덤은 모두 서명 천황 이후 그 아들, 부인, 손자, 증손자의 것이다.[1] 이들은 누구인가? 이들이 만든 팔각무덤에 대해서 가장 먼저 조성된 서명천황에서부터 연대순으로 자세히 알아보자. 혹시나 팔각으로 능을 만든 무슨 이유나 단서라도 있는가를 알아보기 위함이다.

서명천황릉

일본의 황통에서 34대에 해당하는 서명(舒明 조메이)천황(629년~641 년)은 시기적으로 우리나라에서는 신라의 선덕여왕, 백제의 무왕, 고구려 의 영류왕이 통치하던 때의 왕이다. 서명舒明천황은 일본의 천황 가운데 에도 아주 특이한 사람이다. 그는 생전에 유난히 백제에 대해 애착을 많 이 보였다. 『日本書紀(일본서기)』에 나온 그의 행적을 보자.

> (11년, 639) 가을 7월 조를 내려 "금년에 큰 궁궐과 큰 절을 만들어라"라 고 하였다. 그래서 백제천(百濟川) 옆을 궁궐터로 하여 서쪽의 백성은 궁궐 을 짓고 동쪽의 백성은 절을 지었다.
> 11년(639) 12월(음) 이 달 백제천(百濟川) 옆에 9층탑을 세웠다.
> 12년(640) 10월(음) 이 달 백제궁(百濟宮)으로 거처를 옮겼다.
> 13년(641) 겨울 10월 乙丑 초하루 천황이 백제궁(百濟宮)에서 죽었다.
> 13년(641) 10월18일(음) 丙午 궁(宮=백제궁)의 북쪽에 시신을 모셨다.
> 이것을 백제대빈(百濟大殯)이라 한다.

---

1) 본인舒明陵→부인齋明陵 (牽牛子塚古墳)→아들天智天皇陵→아들天武 · 持統合葬陵 →손자草壁皇子 (束明神古墳)→증손자文武天皇陵 (中尾山古墳)

이상의 기사를 보면 이 천황이 있는 곳이 일본인지, 백제 땅인지 구별이 되지 않을 정도로 백제라는 이름이 많이 나온다. 이 기록만 보면 아마도 천황은 새로운 궁궐을 만들고 거기에 백제라는 이름을 곳곳에 붙여놓고 살다가 세상을 떠날 때에도 백제식으로 장례를 치른 것으로 되어 있다. 재위 13년 동안의 행적에 왜倭나 일본日本이란 글자가 전혀 안 나온다. 백제란 글자만 무성하게 나오지 왜나 일본은 그림자도 없다. 어디를 보아도 왜국왕이라는 말은 없다. 이렇게 백제인으로 살다간 서명천황의 무덤이 가장 먼저 조성된 8각 무덤이라는 것이다. 그렇다면 서명천황은 어디에서 갑자기 온 왕이란 말인가?

여기서 잠깐 눈여겨 볼 대목은 서명천황 11년 서기 639년 12월에 9층탑을 세웠다는 것인데, 639년이면 묘하게도 미륵사 서탑의 건립연도와 일치한다는 점이다. 미륵사 서탑 금판의 명문에는 기해년 정월이니까 639년 정월이고, 일본서기의 9층탑 기사는 음력 12월이니 12달의 차이가 나지만 백제와 일본 두 나라에서 같은 해에 9층탑을 세웠다는 기록은 주목하지 않을 수 없다. 여기에 대해서는 나중에 그 의미를 따져볼 것이다.

서명천황은 왕이 된 지 13년째인 641년 10월 9일 백제궁에서 붕어했다. 9일 후인 10월18일 궁의 북쪽에 빈궁(殯宮, 곧 빈소)가 설치되었다. 12월에 시신은 활곡간강(滑谷間岡 나메하사마노오카)라는 데에 장사지냈다가 2년 만에 나라奈良지방 인판(忍阪 옷사카)의 압판릉(押坂陵오사카노미사사키)에 옮겨 장사지냈다고 기록에 나와 있다.

서명천황릉 입구계단

　기록에 나와 있는 그의 능은 현재 나라현(奈良県) 사쿠라이시(桜井市) 옷사카(忍阪)에 있는 것으로 확인되었고, 고분 이름은 옷사카(忍阪) 단노즈카(段ノ塚)고분이다. 이 무덤은 남북 약 80미터, 동서 약 110미터, 높이 12미터라는 엄청난 규모로 당시로서는 최대의 크기를 자랑한다. 밑에는 네모난 단이 3층으로 올라가 있고 그 위에 다시 2단, 곧 2층으로 봉분이

서명천황릉 실측도

있다. 고분의 이름이 단노즈카(段ノ塚)인 것은 이처럼 단이 많아서였을 것이다. 그런데 일본 천황의 능을 관리하는 궁내청宮內廳은 이 3단 위의 이 2단 봉분을 원분이라고 하였다. 즉 아래는 네모난 방단이고 그 위에 원분이 있었다고 했기에 다들 그런 줄만 알고 있었다.

그러다가 궁내청 능묘조사실에서 1992년부터 1997년 사이에 분구의 외형을 조사하니 윗부분에 둥글다고 알려진 봉분의 남쪽에서 8각의 모퉁이가 발견되었고, 그 속에 24미터 크기의 초대형 횡혈식 석실이 있는 것이 확인되었다. 이때부터 이 무덤은 밑은 사각형이고 위의 봉분은 8각형, 즉 팔각릉이었다고 고쳐서 알려지게 되었다.

가장 앞선 서명천황의 무덤이 팔각이기에 서명천황의 무덤이 가장 먼저 팔각으로 조성됐을 가능성이 가장 높다. 그렇다면 이 능을 이렇게 만들도록 한 사람은 누구일까?

기록에는 서명이 죽자 2년 만에 매장한 것으로 되어 있으니 2년 만에 능이 완성되었어야 한다. 그런데 이 정도 규모의 거대한 무덤이 2년 만에 완성되었다고는 보기 어려운 만큼 서명천황 자신이 생전에 팔각형을 채용하고 무덤을 어떻게 쓸 것인지를 대강 준비해놓았거나 아니면 그 뒤의 천황이 된 부인 제명천황(황극천황)이 했을 것으로 볼 수 있다. 만약 그 자신이 미리 준비했다고 한다면 서명천황은 왜 그때까지 없던 팔각이란 형식을 쓰도록 했을까? 그렇다면 그는 과연 누구일까?2)

여기에 대해서 일본의 역사책이나 기록에 그 조성배경이나 이유가 나오지 않으므로 일본인들은 갖가지 추측을 한다. 이 문제에 대해서는 나중에 보다 자세히 알아보기로 하자. 아무튼 여기에서는 서명천황

서명천황릉 공중샷

2) 일본의 고대 역사적 상황을 전하는 것으로 유명한 노래집 「만엽집(萬葉集,만요슈)」은 서명천황 때로부터 시작한다. 즉 서명천황의 즉위(629년)부터 임신의 난(壬申の 乱: 672년)까지, 황실의 행사랑 사건에 밀착된 노래가 많은데, 민속학자인 오리구치 시노부(折口信夫)는 만엽집이 서명천황의 황통보(皇統譜)로 편성되었으며, 서명천황은 만엽집의 아버지라고까지 말한다.

의 능이 가장 먼저 팔각형으로 만들어졌고, 이 천황이 생전에 백제라는 이름을 달고 살던, 죽어서도 백제식으로 장례를 지냈다고 하는 것이 일본의 역사책에 기록될 정도로 백제와 연관이 많다는 것, 그리고 이 능을 만들 때의 천황은 서명천황의 부인인 제명천황(이 때는 황극천황이었고 나중에 다시 등극할 때에 제명천황이 되었다)이라는 것을 확인해 놓고 다른 무덤들을 보자.

제명천황릉

앞에서 언급한 대로 제명천황릉은 지난 2010년 팔각분임이 확인되었다. 제명천황이란 이 여성천황은 여러모로 수수께끼의 인물이다.『일본서기』에 따르면 그녀가 서명천황과 결혼한 것이 서기 630년, 37살 때인데, 이에 앞서 고향왕高向王과의 사이에서 이미 한왕자漢皇子를 낳은 전력이 있다. 즉 유부녀인 셈이다. 37살의 나이에 서명천황의 황후가 되었으며, 서명천황과의 사이에 세 명의 자녀가 있으니 첫째가 중대형황자(中大兄皇子, 나중의 천지천황天智天皇), 둘째가 간인황녀(間人皇女, 효덕천황孝德天皇의 황후), 세째가 대해인황자(大海人皇子, 나중의 천무천황天武天皇)이다. 설마 37살 이후에 세 명을 낳았을 것으로는 보이지 않지만[3] 아무튼 48살 때 남편이 죽고 나서 바로 다음 천황이 정해지지 않아서인지 그 이듬해 천황이 되는데 역사에서는 이를 황극皇極천황이라고 한다.

---

[3] 서명천황이 재위 후 13년 만에 죽었을 때에 장자인 중대형황자는 16살로서, 장례식 때 부왕에 대한 추도사(誄, 시노비고토)를 낭독했다. 이를 보면 제명천황은 서명과 결혼하기 전에 이미 아들을 낳은 것이 된다. 그렇다면 결혼 전 낳아서 데려온 아들이다.

황극천황도

황극천황의 재위기간은 5년 여, 당시는 소아(蘇我 소가)집안이 국정을 전횡하다시피 한 시기였는데, 즉위한 그 해 여자천황은 백제대사百濟大寺를 건립토록 하는 등 백제에의 관심을 표출한다. 이보다 앞서 그녀의 치세 동안 백제에서 추방된 왕족 교기翹岐가 망명해온 것도 백제와의 관계에서 중요한 뜻이 있다. 그런데 4년 쯤 지난 645년에 아들인 중대형황자中大兄皇子가 정변을 일으킨다. 당시 천황이 다스리고 있었지만 실제 권력은 소아蘇我 집안의 소아입록(蘇我入鹿 소가노 이루카)가 독점하고 있었는데, 중대형황자는 어머니인 황극천황과 소아입록이 나란히 있던 궁중에 난입해 소아 씨를 죽이고 정권을 빼앗는다. 이를 을사의 정변(乙巳の變)이라고 하는데, 이 사건 이후 황극천황은 황위를 아들이 아니라 동생인 경輕황자(효덕孝德천황)에게 양위하고 물러나 앉는다. 그러나 갑자기 천황이 되었지만 힘이 없던 효덕천황이 실권자인 조카 곧 중대형황자의 등쌀에 몇 년 만에 화병으로 죽자 중대형황자는 자신이 천황으로 올라가지 않고 엄마인 황극을 다시 천황에 앉히니(일본에서는 이를 중조重祚라고 한다) 이가 곧 제명齊明천황이다. 그러므로 제명천황은 35대 황극皇極천황으로서 642~645년, 다시 즉위해서 37대 제명천황으로 655~661년까지 두 번이나 천황이 된 역사상 최초의 인물이다.

제명천황이 재위하던 655년~661년은 한반도에서 백제가 당나라와 신라의 연합군에 의해 멸망한 660년을 분기점으로 큰 변화가 온 때였다. 이때 제명천황은 이상하리만큼 적극적인 행동을 보인다. 가장 큰 행동은 백제가 멸망하자 백제부흥군을 대대적으로 편성해서 한반도로 파견한 것,

제명천황 자신도 이 부흥군을 지휘하기 위해 후쿠오카 근처까지 직접 가서 신라와의 전쟁을 준비한다. 그러다가 7월에 갑자기 별세한다. 천황이 죽자 중대형황자는 어머니의 시신을 아스카 쪽으로 옮기면서 부흥군의 전투를 지원했지만 백제부흥군이 백촌강(금강)에서 당나라＋신라 연합군에게 몰살함으로써 백제 부흥의 꿈은 물거품이 되었다. 아스카로 옮겨진 천황의 시신은 11월에 일단 장사를 지냈다가 6년 후인 667년 음력 2월15일에 딸 한인황녀와 함께 묻히었다.

그런 제명천황의 무덤이 어디인가에 대해서는 설이나 논란이 많았다. 그러나 어쨌든 긴 논란 끝에 견우자총이 제명천황의 능으로 확정되면서 그의 남편인 서명천황의 능도 팔각인 것이 드러나자 이를 계기로 아스카 시대 일본천황의 능이 모조리 팔각이라는 사실이 확인되었고, 그렇다면 왜 천황의 무덤들이 모두 팔각인가 하는 문제에 대해 일본 국민들의 관심이 폭발적으로 증가한다. 일본 각지에서 이에 관한 심포지엄이 잇달아 열렸다. 2010년 9월 11일과 12일 이틀 동안 아스카 현지에서 열린 견우자총의 견학회見學會에는 뜨거운 염천에도 불구하고 무려 7천5백 명의 일본인들이 몇 시간이고 줄을 서서 노출된 팔각릉을 보고 설명도 들었다. 바야흐르 일본인들은 왜 서명천황, 제명천황, 그리고 그 뒤의 아들, 손자에 이르기까지 아스카 시대 천황들이 모두 팔각분을 채용했는가 하는 문제에 대해 국민적인 관심을 기울이고 있다(물론 우리나라는 이런 움직임에 둔감하다).

견우자총 견학인파

제명천황은, 앞에서도 언급했지만, 백제가 당나라와 신라군과의 싸움에서 져서 패망이 불을 보듯 하는 상황에서 그 아들 중대형황자와 함께 서둘러서 백제부흥군을 편성하고 직접 큐슈까지 가서 전쟁을 지휘하는 특별한 집념을 보였기에 백제와의 관계에 대해 수많은 추측과 설이 난무하고 있다. 또 그녀가 서명천황의 황후였고, 서명천황은 백제천 옆에 백제대사를 짓고 또 죽은 다음에 백제식으로 장사지낸 천황이기에, 그러한 과정을 누구보다도 잘 알고 있는 사람이었을 것이다.

아스카 일대

그런 그녀의 무덤은 누가 만들었을까?

그녀가 죽은 후 6년 후에 정식으로 만들어졌으니, 만든 시기로 보면 그의 아들인 천지천황이 주도했을 것이다. 천지천황은 왜 어머니의 무덤에 팔각을 채용했을까?

그 아버지인 서명천황의 무덤이 처음 팔각으로 만들어진 것이 죽은 지 2년만이라면 생전에 그의 아버지로부터 사전 준비나 유촉遺囑이 있었을 가능성이 있다. 그리고 아들 천지천황으로서는 아버지를 팔각분에 모신 만큼 어머니의 무덤 주위에도 신성한 공간을 의미하는 팔각 보호석을 두르게 했을 가능성이 있다. 어떤 것이든 간에 분명한 것은 서명과 제명 두 부부의 무덤이 가장 처음 팔각으로 만들어진 이후 그 형식이 아들과 손자, 증손자에게까지 이어진다는 사실이다. 그렇지만 적어도 아직까지는 서명천황이나 제명천황의 무덤만으로 누가 팔각을 만들게 했는지는 알 수가 없다. 그러니 그 아들들에 대해서 더 알아보아야겠다.

천지천황릉

천지(天智 텐지)천황(661~671)도 수수께끼투성이인 일본의 고대사에서 정말 수수께끼같은 인물이며 어머니와 함께 멸망하는 백제를 구하기 위해 갖은 애를 다 쓴 왕이다. 앞에서 언급한 대로 아버지는 서명천황이고 어머니는 제명천황인데, 어머니가 37살 때 서명천황과 재혼을 한 연후에 나은 아들로 되어 있지만 출생 등과 관련한 정보는 하나도 없다. 다만 아버지 서명천황이 재위 13년 만에 백제궁에서 죽었을 때에 16살 때에 동궁의 자격으로 추도사誄를 낭독한 것으로 처음 등장한다.

그러다가 또 몇 년 후에 갑자기 다시 역사의 무대에 홀연 등장한다. 바로 서기 645년에 당시 왕보다 더 권력이 많던 소아(蘇我 소가) 집안을 몰아낸 「을사의 정변(乙巳の変)」 때 쿠데타의 주역으로 활약하는 것이다.

중대형황자

앞에서 설명은 했지만 잠시 자세한 정황을 잠깐 더 되짚어보면 황극천황이 재위한 지 4년째인 645년 음력 6월 12일(양력 7월 10일)에, 당시 중대형(中大兄 나카노오에)황자皇子였던 천지천황은 젊은 재사인 중신겸족(中臣鎌足 나카토미노 가마타리)과 모의해, 당시 최고의 권력자였던 소아입록(蘇我入鹿 소가노 이루카)을 황극천황이 보는 앞에서 참살하는 쿠데타를 일으켰다. 다음 날 황극천황의 남동생에게 천황위를 맡도록 하고 중대형황자 자신은 황태자가 된다. 이어 일본 최초로 연호를 대화(大化 다이카)로 정하고 개혁을 실행했으니 이것이 일본인들이 좋아하는 이른바 대화개신(大化改新 다이카가이신)이다.

이렇게 천지(중대형황자)는 실권자가 되었는데, 천황의 자리에 오른 효덕(孝德 고토쿠)천황이 허수아비로서 아무 것도 하지 못하고 심지어는 수도까지 중대형황자 마음대로 옮기는 등의 사태가 일어나자 울분에 싸여 일찍 죽고(효덕천황의 재위는 645~654년), 다시 어머니가 황위를 이어받아 제명천황이 된다(다시 즉위해서 받은 이름은 제명천황, 그 전에는 황극천황이었다). 그러다가 몇 년 후인 660년에 백제가 나羅당唐 연합군에게 패하여 수도 부여가 함락되고 의자왕이 항복하자, 복신福信과 도침道琛을 중심으로 한 백제부흥운동 세력을 지원하기 위해 어머니와 함께 직접 쓰쿠시(筑紫 오늘날의 후쿠오카 일대)까지 나아가 원병 파병을 독려한다. 그러다가, 어머니 제명천황은 이듬해에 죽는데, 이에 황태자가 되어 (이때부터를 천지천황의 재위로 친다)[4] 백제구원군 파견을 지휘하였지만 2만7천여 명의 백제부흥군은, 우리가 잘 아는 대로, 663년 음력 7월 20일에 백강白江 어귀에서 나·당 연합군에게 처참하게 궤멸된다.

백강전투도 KBS-TV화면

이 전투에서 패하고 백제부흥이 물거품이 되자 천지천황은 나당연합군의 침공에 대비하여 한반도를 향한 주요 지점에 변경수비대를 증강하고 봉수를 설치하였다. 또 망명해온 백제 장수와 유민들을 쓰쿠시에 파견하여 이들로 하여금 쓰시마로부터 북큐슈를 거쳐 수도 아스카에 이르는

---

4) 즉위식을 갖기까지 7년 동안 사실상의 천황이면서도 천황위에 오르지 않고 통치한 것을 흔히 칭제(稱制), 그 기간을 칭제기간이라고 부른다.

오노(大野)와 기에(椽) 등 요충지에 조선식 산성을 축성하도록 하였다[5]. 북 큐슈에는 군정기관으로서 다자이후(大宰府)를 설치하고, 관위도 19계에서 26계로 확대하는 등 행정기구를 정비했다. 그리고나서 치세 7년째인 668년 음력 1월 3일에 비로소 즉위식을 거행했다. 즉위 후 한 달 뒤에는 동생인 오오아마(大海人) 황자(훗날의 천무천황)를 황태제皇太弟로 삼았다.

즉위한 지 3년 후인 671년 12월(양력으로는 672년) 병으로 세상을 떠나게 되는데, 그가 죽은 후 천황의 자리는 천지의 아들이 아니라 동생인 천무가 쿠데타로 빼앗아간다. 아무튼 이렇듯 천지천황은 평생 백제와의 연관성이 깊었지만 백제 멸망 이후 일본 열도를 한반도의 역사와 분리해서 독자적으로 생존하는 전략을 실천한 첫 천황으로 평가된다.

그런 천지천황의 무덤도 팔각이다. 기록을 보면 천지천황이 죽은 것이 671년 12월 3일(양력으로는 672년 1월)이고, 사후 곧바로 묘지 선정이 이뤄졌지만 죽은 후 천황의 자리를 두고 천지의 아들과 천지의 동생인 천무 사이에 투쟁이 생겨 묘지 조성이 중단되었다가 그의 사후 28년만인 문무文武 3년(699년) 10월에 착공을 한다. 그의 무덤은 오늘날 교토(京都)시 야마시나(山科)구에 있는 어묘야(御廟野 고뵤노)고분古墳으로 알려져 있다. 고분의 크기는 밑변이 70미터의 사각형 계단 위에 원형(팔각)의 봉분이 있는데 윗변의 크기는 46미터, 높이는 8미터이니 상당히 큰 고분이다. 능의 꼭대기에 있는 화강암으로 된 석편들은 정팔각형으로 되어 있고 각 옆변은 동서남북에다 동남, 남서 등 8개 방위에 딱 들어맞는다고 한다. 현재는 상원하방분의 모양을 하고 있다.[6]

---

5) 백제식 산성으로 알려진 국지성((鞠智城, 기쿠치성)이 만들어진 것도 이 때로 추정된다. 국지성은 국지천(菊地川)의 오지 국록정 미원(鞠鹿町 米原)이라고 하는 곳에 있다. 구마모토 시에서 동북쪽으로 약 20km 떨어진 곳에 있었다. 성내는 가장 높은 곳이 1백40m 내외이며 가장 낮은 곳은 평지에 가까운 구릉이다. 성은 남향을 하고 있으며 대부분 토축(土築)에 의존하여 있고 총연장은 3.5km로 상당히 큰 규모이다.

6) "능묘는 천황이나 황족의 묘로서 출입이 제한되어 있는데 이 고분은 1970~80년대에 궁내청이 외형을 조사해서 실측도와 사진을 공표했다. 그 때까지 네모난 단 위에

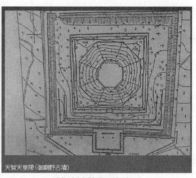

천지천황릉 공중샷　　　　　　천지천황릉 평면도

이 무덤을 맨 처음 만들려고 한 것이 천황이 죽은 바로 그 해 몇 달 뒤였지만 능이 완공된 것은 천황이 죽은 지 28년 만이니 이 때에는 이미 천황릉을 팔각으로 만든다는 것이 일종의 전통이 되어있었을 가능성이 높다. 그러나 확실한 단서는 아직 알 수 없다. 여기서도 궁금증만이 더해진다.

천무 · 지통 천황릉

천무지통릉

원구를 쌓은 「상원하방분」으로 생각되었지만 원구부가 팔각인 것이 판명되었다.”
産經新聞 2015. 2. 20.

천무天武천황은 형인 천지천황이 정권을 획득했을 때에 이미 황태제皇太弟로서 다음 황제의 자리를 예약해 놓았지만 천지천황은 집권 10년차인 671년 10月 자신의 아들인 대우황자大友皇子를 후계자로 삼으려는 욕심을 보이다가 곧바로 병으로 쓰러진다. 이런 상황에서 동생인 천무천황(당시는 大海人皇子)는 중이 되겠다며 천황의 울타리를 벗어났다가 약 두 달 후인 672년 천지천황이 46살로 세상을 뜨고 24살의 조카(大友皇子)가 황위를 계승하려 하자, 쿠데타를 일으켜 조카를 죽이고 자신이 천황이 되니(이 변란을 壬申の亂 임신의 난이라고 한다) 이가 천무천황이다. 일본에서 군주가 처음으로 자신을 「천황天皇」으로 칭한 것은 천무 천황이 최초이다. 천무천황은 그의 부인인 지통천황과 합장되어 있는데, 이 무덤도 팔각이다.

공중에서 본 천무지통릉

천무천황의 부인인 지통(持統 지토)천황은 천지천황의 딸이다. 천지천황은 동생에게 자신의 딸 넷을 모조리 들여보낸다.7) 두 번째 부인자격으

---

7) 바로 이 부분을 보면 천지와 천무는 친형제가 아닐 수 있고, 아마도 천무는 당시 일

로 들어간 지통은 아들 초벽(草壁 쿠사카베)황자를 낳아 길렀고, 천무천황이 14년만인 686년에 죽자 자신의 아들인 초벽황자를 천황으로 올리려 했으나 3년 만에 아들이 죽는다. 이에 7살의 손자(輕황자, 나중의 文武천황)를 즉위시키려 했으나 너무 어려 할 수 없이 이듬해인 690년 자신이 천황이 되었고 7년 후 15살이 된 손자에게 양위한 뒤에 702년 겨울에 병으로 세상을 뜬다.

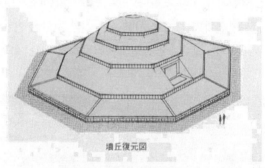

墳丘復元図

천무지통릉 분구 상상도

천무천황이 686년에 숨지자 이듬해인 687년 10월에 능을 신축하기 시작했다고 『일본서기』는 기록하고 있다. 688년 11월에 장례기간을 끝내고 새로 만든 능에 매장했다. 부인인 지통천황은 702년 세상을 뜬 뒤 1년여 기간을 거친 뒤 화장되어 천무천황의 능에 합장된다. 천무 지통 천황의 합장릉은 지금의 나라 현(奈良県) 다케치 군(高市郡) 아스카무라(明日

본의 실력자인데 천지가 권력을 잡고 그 위에 들어섰으며, 이에 천무가 일단 복속한 것이 아닌가 보여진다. 나중에 천지의 아들을 무력으로 쳐부수고 권력을 잡은 천무는, 그렇다고 자신이 쿠데타를 한 것을 사실대로 밝힐 수 없어, 역사를 편찬하면서 천지의 동생으로 기록한 것이 아닌가 보는 견해가 있다. 뒤에 나오지만 천지천황이 백제로부터 망명한 교기왕자라면 당시 일본의 실력자였던 천무천황에게 자신의 딸 (또는 딸과 궁녀들?)을 주고 권력을 공고화하려 했다는 분석도 가능하다.

香村) 오사노구치(大字野□)에 있는 히노구치노 오오우치노 미사사키(檜隈大內陵)이라 불리는 노구치왕묘 고분(野□王墓古墳)이다.

분구는 현재 동서 약 58미터, 남북 길이 45미터, 높이 9미터의 원분모양으로 보이지만 본래의 분구는 8각형을 5단으로 쌓고 그 주위에 돌로 된 단으로 두르고 있는 팔각분이다. 무덤 안에는 큰 돌을 넓적하게 잘라서 만든 돌널(橫□式石槨, 길이 7.5m×폭 3m×높이 3m)이 있고 그 안에 천무천황의 옻칠관과, 지통천황의 유해를 담은 은으로 만든 골장기骨藏器가 T자 형태로 놓여있었다.

천무천황의 능은 천무천황이 죽고 나서 이듬해인 687년 음력 10월에 당시의 황태자인 초벽草壁황자가 공경, 백관을 이끌고 능의 축조식을 가진 뒤 공사를 시작했다는 기록8)이 있으므로 당시에는 천황릉은 팔각으로 만드는 것을 당연시한 것처럼 보인다. 이런 팔각 제단형식으로 만들자는 아이디어를 누가 냈는가는 알 수 없지만 초벽황자는 천황으로도 오르지 못하고 3년 뒤에 죽을 정도로 약한 사람이었다면 그 설계의 최종 책임자는 부인인 지통천황이라고 봐야 한다.

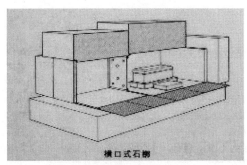

横口式石槨

천무지통 합장릉 현실 구조도

---

8) (元年) 冬十月, 辛卯朔壬子, 皇太子率公卿, 百寮人等并諸國司, 國造及百姓男女, 始築大內陵. 『日本書紀』卷三十 持統紀

관련해서 중요한 기록이 하나 있다. 그것은 지통천황의 양위로 즉위한 문무文武천황이 즉위 후 3년째 되던 해에 사람들을 보내어 두 능(越智山陵, 山科山陵)을 수축했다는 『續日本紀(속일본기)』9)의 기록이다.10) 「越智山陵」(월지산릉)은 지통천황의 할머니인 제명천황의 능이고, 「山科山陵」(산과산릉)은 지통천황의 아버지인 천지천황의 능이다. 이 두 능을 고치도록 했다는 것은 뭔가 맘에 들지 않아서 구조나 디자인을 바꾸었을 가능성을 보여준다. 그리고 자신은 역시 팔각으로 된 남편의 묘에 나중에 합장 형식으로 들어간다. 따라서 할머니와 아버지의 능을 이 때에 팔각으로 다듬었을 가능성도 있다. 다시 말해 남편과 자기가 묻히는 능이 팔각분이라는 데서 지통천황이 할머니, 아버지, 남편의 능 모두를 팔각으로 하도록 했다는 추측이 가능하다11). 즉 천황릉을 팔각으로 한 주도적인 인물은 지통천황일 가능성이 있다. 만약 지통천황이 팔각으로 만들라는 지시를 했다면 지통천황은 왜 그랬을까?

초벽황자릉(束明神古墳)

천무 지통 천황릉이 팔각이라면 그 아들은 어땠을까? 천무로부터 천황

---

9) 나라시대(奈良時代, 710~794)와 헤이안시대(平安時代, 794~1185)에 일본이 국가적으로 편찬한 편년체(編年體) 정사(正史)인 육국사(六國史)의 하나로『일본서기(日本書紀)』에 이어 두 번째로 편찬되었다.

10) 十月二十日 淨広肆の衣継王・直大壱の当麻真人国見・直広参の土師宿禰麻呂・直大肆の田中朝臣法麻呂, 判官四人, 主典二人, 大工二人を越智山陵に, 淨広肆の大石王, 直大弐の粟田朝臣真人, 直広参の土師宿禰馬手, 直広肆の小治田朝臣当麻, 判官四人, 主典二人, 大工二人を山科山陵に遣わし, それぞれ作業を分担して, 山陵を修造させた。『속일본기』, 文武天皇 3 年(699).

11) 여기에 대해서 일본의 연구가는 당시 살아있던 지통천황(당시는 上皇)이 평소 남편이 심취했던 도교사상에 바탕을 두고 그 일족의 묘를 모두 팔각으로 했을 것이라는 설명을 하기도 하고, 또는 손자인 문무천황의 황통을 바로 세워 그의 지위를 확고하게 하려는 뜻이라는 분석도 있지만 확실하지는 않다.

위를 이어받도록 되어있던 황자는 초벽황자이다. 초벽황자는 686년에 아버지가 병으로 죽자 곧바로 천황이 되어야 하지만 어머니인 지통천황은 주위 왕자와 신하들의 권력구조를 감안해 천황위를 아들에게 주지 않고 그대로 두며 사실상의 천황이 된다. 아들 초벽황자는 이런 상태에서 3년 후에 28살의 나이로 사망한다. 그가 죽으니 어머니인 지통천황이 자연스레 천황으로서 일본을 통치한다.

초벽황자릉(속명신고분)

초벽황자는 천황에 오르지 못하고 죽었으니 따로 시호가 없었다. 그가 묻힌 곳은 나라현(奈良県)고시군高市郡고취정高取町의 진궁구릉眞弓丘陵이라고 기록되어 있는데, 이곳이 어디냐에 대해 논란이 조금 있는 상태로서, 현재는 만엽집에 나오는 가사를 근거로 나라현 나라시 가스가신사(春日神社) 경내에 있는, 그리 크지 않은 속명신束明神고분이 그의 무덤이라고 사실상 인정하고 있다.

1984년부터 두 번 조사를 한 결과 대각선의 길이가 30미터에 이르는 8각형무덤임으로 판명이 되었다. 입구를 옆으로 파고 들어가는 이른바 횡

구식橫口式의 돌널(石槨)로 되어 있는데 그것은 사방 50센티, 두께 30센티의 석재를 마치 집을 짓듯이 쌓아올려 만든 돌널로서, 석실의 규모는 긴 변이 3.1m, 폭이 2m, 높이2.5m로 꽤나 큰 편이다. 석곽을 만든 석재는 천무 지통릉의 석곽 재료와 동일하다.

이 초벽황자의 무덤도 팔각이다. 그가 죽었을 때에는 어머니인 지통천황이 살아 있었기에 정식 천황이 되지 못한 아들을 좋은 곳에 묻어주고 무덤도 잘 해주었을 것이다. 그런데 앞에서 천무 지통의 합장릉이 팔각분이고, 그 고분의 형식을 정해준 것은 지통천황이 아닐까 하는데, 남편이 죽은 후 3년 여 만에 죽은 아들의 무덤도 팔각이기에, 지통천황이 무덤의 형식을 팔각으로 지정해주었을 가능성이 높아진다. 즉 지통천황이 자신과 남편의 합장 무덤의 형식, 그리고 자신의 아들의 무덤의 형식도 같은 팔각분으로, 같은 크기와 같은 모양, 같은 재질의 돌(사방 50센티, 두께 20센티의 넓적한 돌)로 만들도록 한 것으로 보인다.

문무천황릉(中尾山古墳)

문무(文武 몬무)천황(683~707)은 초벽황자의 아들이다. 초벽황자가 689년에 갑자기 죽었을 때에 문무천황은 경(輕가루)황자의 신분이었고 당시 나이는 겨우 일곱 살이었다. 할머니인 지통천황은 아들이 죽자 곧바로 손자인 가루황자를 천황으로 올리려 했으나 너무나 어린 관계로 자신이 천황을 계속하다가 8년 후인 697년에 손자에게 양위를 한다. 당시 문무천황의 나이는 겨우 15세, 일찍이 이러한 양위는 선례가 없어서 온 나라가 시끌벅적했는데, 지통천황은 이 손자를 뒤에서 봐주다가 5년 후인 702년 연말에 병으로 죽는다. 지통천황이 죽자 그의 유해는, 앞에서 설명한 대로, 처음으로 화장을 해서 은으로 만든 납골용기에 넣어 남편 천무천황의 묘에 합장을 한다.

할머니가 죽은 뒤 5년 후 문무천황도 25살이란 젊은 나이에 세상을 뜬

문무천황릉 입구

다. 그의 유해도 화장되어 회외 안고산릉檜隈安古山陵에 매장되었다고 『続日本紀(속일본기)』에 나와 있다. 거기가 어디인가에 대해서 많은 논쟁이 있었지만 아스카의 중미산고분中尾山古墳으로 거의 굳어지고 있다. 이 무덤은 남북 60미터, 동서 80미터의 오각형으로 담을 두르고 있는 횡혈식 석실분이다. 팔각분임이 확인된 것은 1974년, 환경정비사업의 일환으로 본격적인 발굴조사가 시행되고 나서였다. 돌로 쌓은 다섯 개의 단이 팔각형으로서, 마치 천황이 즉위할 때 앉는 고어좌(高御座 다카미쿠라) 모양을 닮고 있었다고 한다. 팔각분의 확인으로 그 전 세대까지 아스카 황족들의 무덤이 팔각인 점에 비추어 그동안의 논란을 잠재우고 이 중미산고분이 문무천황의 무덤임이 더 확실해진 것이다. 분구의 꼭대기에는 팔각 석곽의 일부가 노출되어 보인다.

그러면 문무천황 다음의 천황들의 무덤은 어떻게 되었을까?

문무천황이 죽고 나서 천황의 자리는 그 엄마인 원명元明천황(707~715년)으로 갔다가 문무천황의 누이인 원정元正천황(715~724년), 그 다음에는 문무천황의 아들인 성무聖武천황(724~749년), 그의 아들인 효겸孝謙천황(749~770년), 순인淳仁천황 등으로 이어지는데, 이들 천황들의 무덤은 대부분 산형山形이고, 효겸천황만이 전방후원분이었다. 그리고 그 이후에는 원분으로 조성하고 있다. 그러므로 순수 천황족의 팔각분은 이상하게도 서명천황으로부터 그의 아들과 손자. 증손자에 이르는 남자 직계 당사자와 일부 배우자까지만 쓰고 그 이후에는 원분 위주로 쓴 것으로 나타나고 있다.

아래 일본인들이 만든 지도는 지금까지 설명한 몇 개의 팔각분의 위치를 보여주고 있다. 즉 나라현 아스카촌의 한 가운데에 제명천황릉으로 확정된 견우자총 고분, 천무와 지통 합장릉, 문무천황릉인 중미산고분 등이 한 눈에 들어오고 그 바로 밑에 유명한 고송총(高松塚 다카마쓰고분)이 있음을 알 수 있다. 이 일대에 팔각 천황릉이 분포되어 있는 것이다.

그런데 지금까지 팔각릉을 쓴 천황들을 자세히 알아보았지만 왜 누가 팔각분을 시작했고 왜 중단했는지는 알 수가 없다. 기록이 없기 때문이다. 분명한 것은 아스카 시대 약 100년 동안 천황의 무덤은 팔각으로 만들었다는 사실이다. 그리고 그 무덤들이 다른 것으로 대체되었다면 그것은 또 무슨 이유에서인지도 아직은 알 수가 없다.

다른 곳의 팔각분

지금까지 알아본 서명, 제명, 천무, 문무릉이 있는 아스카 일대 외에는 팔각분이 없을까? 현재까지 아스카 이외의 지역에서 나온 팔각형 무덤이나 그것으로 추정되는 무덤은 다음과 같다. 12)

* 수장급묘(首長墓)
도하총稲荷塚고분   東京都多摩市百草
삼진옥三津屋고분   群馬県北群馬郡吉岡町
이세총伊勢塚고분   群馬県藤岡市
중산장원中山荘園고분   兵庫県宝塚市
경총経塚고분   山梨県笛吹市
* 팔각형으로 보이는 무덤
神保一本杉古墳   群馬県高崎市吉井町
武井古墳 (廃寺)   群馬県
尾市1号墳   広島県福山市新市町
阿武山古墳   大阪 高槻市 大字奈佐原

　이중의 가장 대표적인 팔각분은 도쿄 서쪽 근처에 있는 도하총(稲荷塚 이나리즈카)고분이다. 1952년 처음 발견될 때에는 원분인 줄 알았으나 1980년대와 1990년대 재조사 결과 그때까지 일본 동쪽지역에서는 처음으로 팔각분임이 확인돼 학계의 비상한 관심을 끌었다. 연도와 전실, 현실을 갖춘 횡혈식 석실 고분으로서, 무덤의 규모도 길이가 38미터, 분구의 높이가 4미터에 이르는 대형이다. 그런데 이 무덤의 발견 이후 수도인 동경 근처에서 팔각분이 세 곳에서 더 발견됨으로서 팔각분에 대한 개념 자체를 바꾸는 계기가 되었다. 그러나 현재로서는 7세기 전반에 만들어졌을 것이라는 추측 외에는 누구의 무덤인지를 전혀 알 수가 없다.

---

12) 위키피디어, 「八角墳」항목.

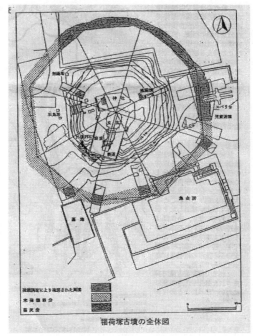

福荷塚古墳の全体図

도하총

삼진옥 고분

도쿄 서북쪽에 해당하는 군마현에서 지금까지 3개의 팔각무덤이 발견되었는데, 그 중 대표적인 것이 바로 삼진옥(三津屋 미쓰야)고분이다. 군마현群馬県 북군마군北群馬郡 길강전(吉岡町 요시오카마치)에 있는 이 무덤은 2단으로 되어 있는데, 아랫단은 대각선 길이가 23.8미터, 팔각형의 한 변의 길이는 9미터로서, 크기로 보면 서명천황의 능인 단노즈카고분(段ノ塚古墳)(총길이 42미터)의 절반정도이다. 분구는 판축 기법으로 흙을 다져서 쌓아올리고 그 표면에는 돌을 박아서 단단하게(葺石) 하였다. 서명천황릉이 5단인데 비해 이 무덤은 2단이어서 만든 기법이 같다고는 할 수 없지만 형식상으로는 상통하는 것이 있다. 그러므로 누가 왜 이런 무덤을 만들었는가는 수수께끼이다.

이세총고분

군마현 일대에는 이 무덤 외에도 이세총(伊勢塚 이세즈카) 고분古墳과 신보일본삼(神保一本杉 진보 이뿐스기) 고분古墳13)이 차례로 발견되어 아스카 일원에서만 만들어진 것으로 알았던 팔각무덤이 도쿄 근처에서도 만들어졌음이 확인되었다.14) 특히 군마현 후지오카시(藤岡市)에 있는 이세총 고분은 현실의 길이가 4.8미터, 폭 1.8미터, 높이 2.2미터에 이르는 대형 무덤으로

---

13) 群馬県 高崎市 吉井町에 있다. 2단으로 된 무덤, 윗부분은 원형이고 아랫부분이 팔각형으로 긴 변이 9미터, 짧은 변이 6.35미터이다. 7세기말에서 8세기 초에 만들어진 것으로 보고 있다.

14) 지금의 군마현(群馬縣) 감량군(甘良郡)은 예로부터 상야국(上野國,우에노)인데 이곳에 백제장(百濟庄)이란 곳이 있어서 이곳에는 백제인들이 집단으로 살던 곳이다 (임동권,『일본에 살아있는 백제문화』, 2004, 주류성, 107쪽). 혹시 이런 사실과 관련이 있을 수도 있다.

서, 그전까지는 둥근 원분으로 알아왔으나 1987년 조사에서 2단 구조를 갖는 팔각 무덤임이 드러났다. 이밖에 한 변이 2.5미터에서 8.5미터에 이르는 변형된 팔각무덤인 미산(梶山 카지야마)고분이 톳토리현(鳥取県) 국부정国府町에 있다. 동東일본에서의 팔각분은 군마를 포함해 야마나시(山梨), 토쿄(東京), 이바라기(茨城) 등 일정한 범위를 갖고 나타나고 있는데, 일본학자들은 앞으로 더 나올 것으로 예상하고 있다.

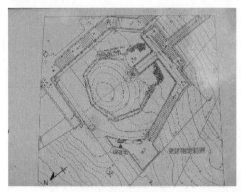
중산장원고분

오사카에 바로 붙은 효고현(兵庫県)에서도 팔각분이 나왔다. 중산장원(中山荘園 나카야마소엔)고분이다. 무덤이 있는 곳은 효고현의 남동부로서 오사카 쪽에 인접한 타카라즈카시(宝塚市), 그러므로 아스카와는 그리 멀지는 않은 곳이다. 효고라는 이름 자체가 천지천황이 다스릴 때에 무기창고에서 유래했다고 하니 어떤 식으로든 천지천황과 인연을 맺고 있는 것이다. 이 무덤은 길이 13미터 쯤 되는 분구가 8각을 이루고 있고 그 앞에 길쭉한 출입구가 나와 있는, 일본에서도 특이한 구조이다.

후지산 북쪽 기슭에 해당하는 야마나시현(山梨県) 후에후키시(笛吹市)에는 경총(経塚 쿄즈카)고분이 팔각분이다. 직경 12미터 정도로 그지 크지 않은 이 무덤은 1994년에 공원으로 조성하는 공사를 하다가 팔각 무덤임이 확인되었다.

지금까지 나온 천황릉의 형식을 정리해보면 6세기말 이후의 천황릉은 전방후원분前方後円墳에서 대형원분大型円墳. 거기서 대형방분大型方墳, 그러다가 방분 위에 팔각(上八角下方墳)이 들어왔다가 나중에는 팔각만을 쓰는 형식으로 변화되어왔다.

우리가 알아본 대로 7세기 일본 황실, 그 가운데서 서명천황으로부터 문무천황까지, 즉 서명천황을 기준으로 보면 중손자에 이르는 4대의 천황들이 모두 팔각릉이란 특별한 무덤에 묻힌 것을 확인했다. 이러한 팔각릉은 사각형의 기단 위에 만들어졌거나 그냥 8각의 기단이거나 혹은 무덤을 둘러싸는 보호석으로 장식된 경우 등 조금씩 차이가 있었지만 팔각이란 양식을 쓴 것만은 다 같다.

아스카나 나라 외에는 연대가 앞서거나 뒤서거나 도쿄나 군마현 등 관동지방, 그리고 오사카 근처나 멀리 히로시마에 이르는 곳에 군데군데 팔각무덤이 산재해 있음을 확인했다. 그러나 그 크기는 왕릉급은 아니어서 지역적인 지도자 수준일 뿐, 일본 전체에 영향을 미치는 문제는 아닌 것으로 보인다. 따라서 중요한 것은 아스카 지방에 있는 천황릉이 모두 팔각으로 만들어졌다는 사실이다. 왜 7세기의 천황들은 팔각릉에 묻혔을까? 주변에는 왜 팔각무덤이 있을까? 그리고 그것은 무슨 의미일까?

우리는 미륵사 서탑에서 나온 사택 왕후의 수수께끼를 알아보기 위해 사택 씨가 많이 나오는 일본을 알아보는 과정에서 일본에 사택 씨가 등장하는 그 시기에 일본 왕들의 무덤이 모조리 팔각으로 조성된 것을 알게 되었다. 그것은 일본에서의 사택 씨의 활동과 무슨 연관이 있을 것이란 추측을 불러일으키고 있다. 그 팔각이란 것이 느닷없이 일본에 등장한 것이라면 분명 그 조성 이유가 어딘가에 숨어 있을 것이다. 그것을 더 추적해야 할 것 같다.

미륵사 터

(2)일본황실은 감추었나?

일본인이 모르는 8각릉

산케이 신문 2010. 9. 10.

의아한 것은 일본인들 자신이 천황의 무덤을 8각으로 만들었다는 사실 자체도 모르고 있었던 것 같다는 것이다.

천황가의 팔각 무덤의 원조가 되는 서명천황릉舒明天皇陵의 무덤은 앞에서 설명한 대로 남북 약 80미터, 동서 약 110미터, 높이 12미터로 당시로서는 최대의 규모를 자랑하는 무덤으로서, 밑은 3단으로 된 네모난 단이 있고 그 위에 다시 2단으로 봉분이 있는 형태이다. 그런데 일본 황실의 재산을 관리하는 궁내청宮內廳은 사각형인 3단의 기단 위에 만들어진 2단의 봉분을 원분이라고 하였다. 그러다가 궁내청 능묘조사실에서 1992년부터 1997년 사이에 띄엄띄엄 분구의 외형을 조사한 결과 윗부분 둥근 봉분의 남쪽에서 8각의 모퉁이가 발견되었다. 이 때부터 이 무덤은 밑은 사각형이고 위는 원이라는 상원하방분의 개념을 버리고, 위에 있는 원분이 실은 8각형인, 즉 상팔각하방의 무덤임을 인정하게 되었다.

舒明天皇陵 〔復元予想図〕

서명천황릉 예상도

그런데 궁내청에서 이 무덤을 다시 조사하게 된 것은 그전 1987년에 궁내청이 서명천황의 아들인 천지천황의 무덤을 조사해서 봉분이 팔각임을 확인한 이후이기에, 천지천황의 무덤이 팔각임을 확인한 것이 계기가 된 것으로 보인다.

재미있는 것은 근대 일본을 일으켜 세운 명치明治천황(재위 1867~1912)이 죽은 후에 그 무덤을 어떻게 조성할 것인가에 대해 일본 황실이 고민을 많이 했는데15), 오늘날 일본 황실의 직계조상이자, 고대 일본을 천황이 지배하는 국가로 확실하게 일으켜 세운 이 천지천황의 무덤 형식을 이어받자고 해서 그 형식으로 만들었고16), 그 뒤의 대정大正, 소화昭和천황의 무덤도 이 형식을 따라 상원하방분으로 도쿄에 만들었다는 것이다.

명치천황릉

그런데 1988년 놀랄만한 일이 벌어졌다. 일본 황실의 무덤을 관리하는 궁내청宮內廳 서릉부書陵部는 해마다 자신들이 관리하는 능묘의 보수, 수선 등에 관련된 보고서『書陵部紀要(서릉부기요)』를 간행하고 있는데, 요미우리(讀賣) 신문의 문화재담당 요자와 코타로(矢澤高太郎, 1947~)기자가

15) 명치45년(1912년) 7월 30일 천황이 죽자, 9월13일에 도쿄 아오야마의 제국육군연병장에서 장례식이 거행되고 9월14일에 천황의 유언에 따라 도쿄가 아니라 교토의 후시미성(伏見城)의 옛 터에 매장되었다. 봉분은 옛날의 법식을 따른 상원하방분으로, 하단의 방형의 한 변은 약 60미터, 상원의 높이는 6.3미터, 봉분표면은 잔돌로 덮어있다. -위키피디어 참조.
16) 上円下方墳の墳形は天智天皇陵がモデルにされたという -일본판 위키피디어, 「伏見桃山陵」 항목.

1988년 간행된 39호를 보던 중 이 보고서에 실린 천지천황릉의 1975년부터 1987년까지의 3차에 걸친 조사결과에서 천지천황릉의 상원부가 이미 8각형으로 기술되어 있었음을 발견한 것이다.

> "상원부는 봉분정상부의 석렬(石列) 및 잘 남아있는 북반부 비탈면의 상황으로 볼 때 절두팔각퇴(截頭八角堆)로 거의 단정해도 좋다. 즉 봉분 꼭대기 둘레에 화강암의 자른 돌로 된 석렬이 팔각형으로 둘러져 있고, 이 형을 따라서 북동, 북, 북서, 서쪽의 각 비탈이 명료하게 되어 있다"

이런 기술과 함께 한 변이 7.5미터인 팔각형의 석렬이 명확한 실측도로서 게재되어 있음을 확인했다 17)

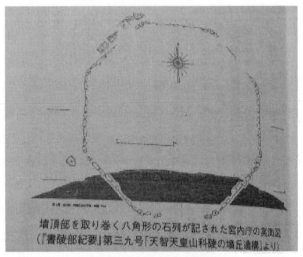

墳頂部を取り巻く八角形の石列が記された宮内庁の実測図
(『書陵部紀要』第三九号「天智天皇山科陵の墳丘遺構」より)

궁내청의 실측도(천지천황릉)

보고서는 계속된다.

---

17) 矢澤高太郎, 『天皇陵の謎』, 216쪽, 2011, 文藝春秋.

"이상과 같이 이 능은 단으로 쌓은 상원하방분인데 흔히 있는 것과는 달리 특수한 점이 있다. 그 하나는 상원부가 팔각형을 드러내고 있다는 것이다. (중략) 이 능과 押坂內陵(서명천황릉)은 팔각의 언덕을 상원부로 하는 상원하방분이다."

　이 보고서를 보면 천지천황릉의 상부구조가 팔각임을 이미 1987년에 알았지만 이를 보고서에 언급을 하면서도 그냥 상원하방분이란 표현을 쓴 것으로 나와 있다. 천지천황릉의 상부가 팔각이냐 그냥 원분이냐는 중요한 차이임에도 궁내청의 보고서는 이 무덤이 상원하방분이라고 전제하고, 팔각이라는 특징은 그저 간단히 언급하는 것으로서 보고서를 쓴 것이다. 얼핏 보면 그냥 상원하방분이란 생각만을 갖도록 하는 것으로서, 무덤의 외형상 가장 중요한 차이인 팔각형의 무덤장식을 그냥 조용히 모르고 넘어갔으면 하는 식으로 보고서를 써놓은 것이 된다.

　이러한 사실을 찾아낸 요자와 코타로(矢澤高太郎) 기자는 이를 계기로 문헌을 찾아보니 에도(江戶)시대의 황실고분연구가인 마쓰시타 켄린(松下見林)이 1696년(元綠9年)에 펴낸 『전왕묘릉기(前王廟陵記)』에 「능의 상태는 8각의 석단이고 위에는 6각의 언덕이 있다」라는 귀절이 있고, 1808년(文化5年)에 나온 『문화산릉도(文化山陵圖)』에도 「上之段八角 中之段六角 下段四角 與相見へ」이라는 표현이 있어 이미 200년 전부터 팔각이란 인식이 있었음을 밝혀냈다. [18]

　궁내청은 이런 중요한 사실을 알았을 터이고, 정작 자신들이 조사한 결과도 팔각으로 드러났는데도 이를 정확히 밝히지 않고 원분이라고 대충 넘어간 것이다. 그러다 보니 명치천황의 사후 어떤 무덤을 써야하는가를 고민하다가 고대 역사에서 사실상의 천황제의 기틀을 마련한 천지천황을 천황의

---

18) 矢澤高太郎, 『天皇陵の謎』, 218쪽, 2011, 文藝春秋.
　　網干善敎, 『古墳と古代史』, 137쪽, 1996, 學生社.

명치천황릉 입구 계단

모범으로 삼아 그 무덤 양식을 따른다고 결정을 해놓고는[19], 명치천황의 능을 상원하방식으로 만들었는데, 그렇게 되니 그 이후 대정大正, 소화昭和에 이르는 현대 천황들의 무덤도 팔각이 아니라 그냥 상원하방의 형식으로 만들어버린 것이다. 일본 궁내청이 우물쭈물 혹은 쉬쉬하는 사이에 자기들로서는 가장 중요한 천황의 능의 형식에 심각한 차질을 가져온 것이다.

그것은 어찌 생각하면 일본으로서는 어쩔 수 없는 선택이 아닐까도 생각될 수 있다. 즉 일본에 천황이란 타이틀을 만들어준 천지천황의 능 형식을 상원하방으로 알고 이미 명치, 대정 두 천황릉을 그렇게 만들었는데, 이제 천지천황능이 상팔각하방이라고 인정하면 그 후에 죽은 소화천황의 묘는 상원이 아니라 상팔방으로 다르게 만들어야 하며 이에 따른 논란이 많을 것이다. 그런 고민 아래 천지천황릉이 상팔각이라는 것을 대외적으로 공표하지 않고 그냥 원분으로 남겨둔 것이 아닌가?

---

19) 일본 궁내청이 명치천황의 사후 그 무덤을 천지천황을 모범으로 해서 만들게 된 연유는 명치천황의 대상을 치르던 大正 원년(1911년) 10월 당시 諸陵頭(제릉두, 현재로 치면 궁내청 서릉부 능묘과장)를 지냈던 山口銳之助가 대정 6년(1917년) 帝室制度審議會에 제출한 보고서에 실려있는데, 그 때에 천지천황릉을 본떠서 무덤을 만들며, 그 모범이 되는 천지천황릉은 상원하방식 무덤이라고 인식하고 있었음을 보여주고 있다. 矢澤高太郎, 221쪽.

감추려한 8각릉

그러나 어쨌든 의심스러운 것은 서명, 천지천황릉 다음으로 중요한 팔각분임이 드러난 천무-지통 합장릉의 경우에도 이미 50여 년 전에 궁내청이 팔각임을 확인해놓고도 이를 공개하지 않았다는 것이다. 그러기에 일반인들은 천무 지통릉이 당연히 원분이라고 알고 있었다. 1972년 3월 아스카에서 다카마쓰고분(高松塚)이 발견되었을 때, 일본의 유명한 역사소설가이며 역사연구가이기도 한 마쓰모토 세이초(松本淸張)는 4월1일 도쿄신문에 이 무덤이 원분이므로 한반도계열이라고 추리하면서

> "게다가 이번 것이 원분이라는 것도 중요한 점인데 한국의 묘는 다 원분이다. 그러니까 이것은 일본황족은 아니다. 일본황족 관계자라면 전방후원분이 된다"

라고 씀으로서 일본에서 천황과 관련된 무덤은 다 전방후원분으로 알고있었고, 이를 소개한 김달수씨도 "천무 지통천황 합장릉이라고 전해오는 고분이 원분인 것을 보면 마쓰모토씨의 이 주장은 오류를 범한 결과가 된다"고 해서, 당시 천무 지통릉이 원분이라고 알고 있었음을 증언해주고 있다.[20)]

천황릉 등 황실의 고분을 관리하는 궁내청은 1959년과 1961년에 이 무덤에 대해서 조사를 벌여 이미 그 당시 팔각임을 확인했지만 어찌된 일인지 그 사실을 공표도 안한 것이다. 그러다가 2011년 일본 요미우리 신문의 폭로, 2012년 5월 NHK의 발굴취재 등을 통해 일본언론은 궁내청이 50년 전에 이 고분을 조사하고 8각의 모서리가 있는 8각분임을 확인하고도 이 사실을 발표하지 않고 쉬쉬해왔으며 이 때문에 진즉에 아스카 시대

---

20) 김달수, 『일본열도에 흐르는 한국혼』, 102쪽, 1993, 동아일보사.

천황릉이 팔각임을 확정할 수 있었는데 하지 못했다고 보도함으로써 이 문제가 불거지게 되었다.

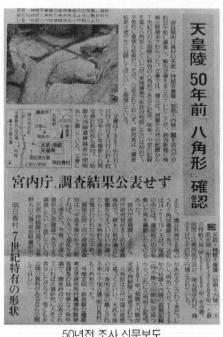

50년전 조사 신문보도

이같은 보도가 나오고 각 언론사가 궁내청에 정보공개를 청구하는 사태에 이르자 일본 궁내청은 2013년 5월 앞에서 언급한 제명천황릉인 견우자총牽牛子塚고분에 대한 아스카촌의 발굴보고서가 나오는 것을 틈타 그 안에 궁내청 조사관의 보고서 형식으로 끼워 이 천무지통릉을 팔각으로 묘사함으로써 공식으로 천무지통릉이 팔각분임을 확정 공표하였다. 5월25일자 마이니치(毎日)신문에 따르면 아스카촌 교육위원회가 5월24일 발표한「견우자총고분발굴조사보고서(牽牛子塚古墳発掘調査報告書)」안에 궁내청의 후쿠오 마사히코(福尾正彦) 능묘조사관陵墓調査官이 보고서를 실었는데, 그 보고서에서 천무지통릉(野口王墓)은 분구의 측량 결과 5단의 팔각형으로서, 높이는 전체가 7.7미터이고 최상단은 다른 단의 배인 3미터, 분구전체에는 가공한 응회암을 붙여 불탑과 같이 보이고 있다고 분석했다. 가장 밑단의 한 변의 길이는 약 16미터이고 그 주위에 폭 약 3미터로 돌을 깔고 있다고 추측했다.

50년전 확인된 천무지통 천황릉의 팔각모퉁이

궁내청은 그 전에 왜 조사를 해놓고도 이를 발표하지 않았느냐는 언론의 추궁에 대해 "현장의 정확한 도면이 없는 등 조사가 불충분해서 공표하지 않았다"고 밝혔지만 실제로는 제대로 된 발굴보고서가 있었던 것이다. NHK의 폭로로 이런 사실을 알게 된 궁내청의 능묘위원의 한 사람인 고고학자 카와가미 쿠니히코(河上邦彦)같은 이는 "고분의 형태를 확실히 알 수 있는 보고서가 있었다는 데 대해 크게 놀랐다. 재조사를 하는 것이 궁내청의 책임이 아닌가?"라고 NHK프로그램(2012년 5월 18일)에서 말하기도 했다.

또한 제명천황의 경우도 새로 발견된 견우자총牽牛子塚고분이 천황의 능임이 확실해지면 이를 어떤 형식으로든지 인정하고 발표를 해야 하지만 차일피일 미루다가 보고서 형식으로 그 존재를 확인하는 정도였다.

이같은 일본 궁내청의 태도는, 그전에는 자신들이 천황릉이 팔각임을 몰랐으니까 그랬다고 할 수 있지만 알고 난 후에도 어떻게 하든 쉬쉬하며 그냥 모르고 넘어갔으면 하는, 그런 태도를 견지해왔다는 점이 참으로 이상한 것이다. 도대체 궁내청은 왜 이러한 팔각분의 존재를 사실상 감추어

온 것일까? 사실 서명천황으로부터 천지천황, 문무천황으로 이어지는 천황의 무덤이 팔각으로 확인된 이상, 천황의 무덤의 상부를 그냥 원분으로 만든다면 그것은 천황의 무덤이 아니라 천황을 모시던 수장급首長級이라 할 소아(蘇我 소가)씨氏나 물부(物部 모노베)씨氏정도의 레벨로 모시는 것이 되므로 불경不敬도 그런 불경이 없다. 앞으로도 현 아키히토(明仁) 천황의 사후에는 어떤 형식의 무덤을 써야 하는가? 어차피 천지천황릉의 형식을 채용하기로 한 만큼 새로 확인된 팔각분 형식을 해야 하는가? 아니면 그냥 명치 천황 이후의 법대로 상원하방분을 그대로 써야 하는가? 일본 황실로서도 고민이 아닐 수 없을 것이다.

처음 공개된 천무지통릉 전경

아무튼 앞에서 살펴본 대로 일부 시대를 앞서거나 뒤서는 무덤들이 없는 것은 아니지만, 그것들은 누구의 것인지 알 수 없는 상황이니까 일단 제쳐놓고 다시 한번 역사를 되돌아보자. 일본이 일본으로 독자적인 길을 가게된 것은 한반도에서 백제가 망하고 그 여파로 당나라와 신라가 일본을 쳐들어올까 염려해서 한반도를 향하는 주요 해안에 한국식 성을 쌓아 방비를 서두르고 이어서 새로운 역사를 편찬하고 그때까지의 지도자의 호칭도 천황으로 승격시킨 7세기 후반에서 8세기 초라고 한다면 그 7세기에 갑자기 일본의 최고지도자의 무덤에 전방후원분 등 기존의 형식이 아니라 팔각이란 전혀 새로운 형식이 나온 것은, 현대의 일본인들에게는 충격이었던 것 같다. 그래서 궁내청은 그러한 사실을 대놓고 얘기하지 않고 사실상 쉬쉬해온 것이 아닌가? 그러다가 최근 몇 년 사이에 잇따라 팔각무덤이 발견되고, 또 궁내청이 청보공개를 제대로 하지 않았다는 의심에 따라 언론사들의 정보공개청구가 이어지자 마지못해 주요한 천황릉이 팔각임을 사실상 인정하게 된 것이 아닌가?

이렇듯 이 팔각이란 무덤은 일본인들이 전혀 몰랐던 비밀스런 형식인데, 정말로 이상하게 이 형식이 생전에 그렇게 백제 사람처럼 행동하던 서명천황으로부터 그의 부인, 그의 두 아들과 며느리, 그 손자, 다시 증손자까지만 쓰고, 그 다음에는 다시 원분이나 다른 형식으로 바뀌었다는 점이다. 그리고 그들의 역사에 이러한 팔각형식에 대해서는 전혀 언급이 없다. 그러니 오사카 근처의 거대한 전방후원분만을 천황분이라고 알고, 세계 최대라는 그 크기에 자부심을 느끼고 있던 일본인들은, 정작 그 큰 무덤들은 일본전체를 장악한 완전한 대왕급의 무덤이 아니라 지역 수장급의 무덤이며, 실제로 일본 전체를 장악하는 천황이 된 7세기 중반 이후 8세기 초까지의 천황들이 모조리 팔각분이라는 독특한 형식을 갖고 있다는 것을 전혀 듣지도 배우지도 못한 상태였다. 그러다가 현대에 비로소 알려진, 갑자기 나타난 팔각무덤을 본 일본인들은 왜 이런 무덤이 나왔고 그 팔각분의 뜻이 무엇인지를 잘 설명을 하지 못하고, 이해가 되지 않는 설명만 하고 있는 상황인 것이다.

일본은 고분의 나라라고 할 만큼 전 국토에 고분들이 널려 있는데, 수만萬기基에 이르는 이 고분가운데 팔각 무덤은 지금까지 겨우 15기 정도이고, 그 핵심은 아스카 시대의 핵심 천황 4대이다. 그 외의 다른 천황들은, 천황이 아닌 수장급일 경우 전방후원분이나 원분, 천황제도가 확립된 이후에는 원분, 혹은 상원하방분, 산형山形분을 썼다. 팔각무덤은 전례가 없고 그 다음도 없다. 그러니까 일본의 학자들은 갑자기 팔각이 등장한 이유를 설명하는 아무런 자료가 없으니까 새롭게 그 이유를 찾느라 무척 고심을 하고 있다는 느낌이다.

아스카 시대 이전에는 일본 천황의 능에 팔각이 없었다면 다른 어디서든 팔각을 쓸 수밖에 없는 이유가 나와야 한다. 그런데 그것을 찾는 일이 그리 쉽지 않다. 어쨌든 무덤 이외에서 일본인들에게 있어서의 8의 의미를 찾아볼 수밖에 없다.

일본 신화의 8

대팔주 탄생 만화

일본이란 나라의 탄생을 알려주는 신화들을 대거 채록해놓은 일본의 역사서인『日本書紀(일본서기)』神代신대에는 이런 귀절이 보인다.

"아이를 낳을 때에 첫째 아이로 담로주(淡路洲 아하지노시마)가 태어났는데, 마음에 들지 않아서 담로주(淡路洲)라 이름 붙였다. 다음으로 대일본풍추진주(大日本豊秋津洲 오호야마토토요아키츠시마)(本洲)를 낳았다. 그다음에 이예이명주(伊豫二名洲 이요노후타나노시마)(四國)를 낳았다. 그다음에 축자주(筑紫洲 츠쿠시노시마)(九州)를 낳았다. 그다음에 억기주(億岐洲 오키노시마)(隱岐島)와 좌도주(佐度洲 사도노시마)(佐渡島)를 낳았다. 세상 사람들이 쌍둥이를 낳는 것은 여기에서 비롯된 것이다. 다음에 월주(越洲 코시노시마)(北陸地方)를 낳았다. 다음에 대주(大洲 오호시마)(屋代島)를 낳았다. 다음에 길비자주(吉備子洲 키비노코지마)(備前兒島)를 낳았다. 이로써 대팔주국(大八洲國 오호야시마노쿠니)이라는 이름이 생겼다." 21)

이른바 일본이란 땅덩어리가 나온 연유를 설명하는 신화인데, 대일본풍추진주에서 길비자주까지가 8개의 섬이 태어난 과정을 설명한다. 여기에서 처음 大八洲國(대팔주국)이란 호칭으로 8이 나온다. 그런데 그 독음을 보면 오호(大)야(八)시마(洲)노 쿠니(國)이라고 해서 8을 '야'로 읽고 있다.

이후『일본서기』의 일본 건국 신화에 8이 여러 번 나오는데 모두 '야'로 발음한다.

"두 신이 그 섬에 내려가서 **팔심지전(八尋之殿 야히로노토노)**22)을 세우고 또 천주(天柱)를 세웠다."

---

21) 동북아역사재단,『역주 일본서기』, 신대(神代) 상(上), 네 번째 대팔주국의 생성.
22) 八 즉 야(や)는 크다는 의미이며, 여기서는 광대한 넓이의 궁궐을 지칭하고 있다. 尋은 원래는 양손을 좌우로 펼친 길이의 단위이다. 중국에서는 8척 또는 7척이라 하여 일정하지 않지만, 일본에서는 曲尺의 6척(약 1.8m)을 말한다.

"중신련(中臣連)의 선조인 천아옥명(天兒屋命)과 기부(忌部)의 선조인 태옥명(太玉命)이 천향산(天香山)의 수많은 진판수(眞坂樹)를 뿌리째 뽑아 그 위의 나뭇가지에는 **팔판경**의 수많은 방울을 달고, 가운데 가지에는 **팔지경**(八咫鏡 야다노가가미)23)을 걸고, 아랫가지에는 청화폐(靑和幣)와 백화폐(白和幣)를 걸고 함께 기도를 올렸다."

"마침내 때가 되자 과연 큰 뱀이 찾아왔다. 그 뱀은 머리와 꼬리가 각각 여덟 개씩 있었고 눈은 적산장(赤酸醬)과 같았다. 등에는 소나무나 동백과 같은 상록수의 큰 나무가 나 있고, 여덟 개 언덕 여덟 개 골짜기 사이에 걸쳐 있을 정도의 크기였다."

"그런 연후에 소잔오존은 결혼할 곳을 찾아서 여행을 떠나 출운(出雲 이즈모)에 있는 청지(淸地 스가)에 이르렀다. 그래서 "내 마음이 산뜻하구나."라고 말하고 그곳에 궁전을 세웠다.[일설에는 그때 무소잔오존(武素戔嗚尊 타케스사노워노미코토)이 다음과 같은 노래를 불렀다고 전한다]
많은 구름(八雲)이 서리는 출운(出雲 이즈모)의 **팔중원(八重垣)**[겹겹이 친 담장]이여, 아내를 안에 숨기게 하려고 **팔중원**을 만든다. 그 **팔중원**으로 된 집이여.

이처럼 일본의 건국신황에는 숫자 8이 나온다. 이외에도 八十建, 八衢, 八重雲 등 8로 시작되는 개념들이 많다. 그런데 여기에서 8은 '야'라고 읽으며 뜻은 '많다'는 개념이다. '많다'는 것은 곧 '번성', '번영'을 의미하기도 한다. 자손을 많이 낳는 것이 곧 번영이므로 8이란 말, '야', 혹은 '이야'라고 읽는 그 8이란 숫자에는 많다는 뜻, 번성한다는 뜻이 담겨져 있다고 하겠다. 그러나 그런 많다는 뜻의 8이 곧 8각 무덤의 의미를 설명해주지는 못한다.

---

23) 커다란 거울을 말한다. 咫(지)는 중국 주나라(周代)의 길이의 단위로 약 18cm이다. 일본에서는 엄지와 중지를 펼친 길이를 말한다. 『古事記』에서는 尺이라 하고 있다.

출운(이즈모) 대사(大社)

뿌리를 모르는 8

그래서 일본인들의 관념만으로 팔각에 대한 설명이 잘 안되니까 일본인들은 중국의 숫자 8을 가지고 설명을 해보려고 한다.

8이란 숫자는 한자로 쓰면 八인데, 중국인들도 이 글자를 좋아한다. 곧 한자로 八이라고 쓰는 이 글자는 밑이 벌어지는 형상이어서 번영을 상징한다고 보고 있다. 또 방위를 나타낼 때도 사방팔방이란 말에서 보듯 기준이 8이다. 불교에서도 팔정도라고 해서 여덟 가지 수행방법을 기본으로 생각하고 있고 사람에게도 8덕이 있다고 하는 등 8은 원만한 것, 전체적인 것 등을 가리키는 말이라고 생각하고 있다.

불교에서 특히 8이란 숫자를 좋아하는데, 팔계八戒, 팔정도八正道, 팔고八苦, 팔부중八部衆, 팔대명왕八大明王 등등 불교에 유난히 '8[八]'자가 붙은 용어들이 많다. 불교 건축학적으로도 마찬가지다. 팔각형은 반구형 천장을 만들 때 중요한 도형이 되며, 부도의 형식은 기단부, 탑신부, 상륜부가 모두 팔각을 이루고 있다[24]. 불교에서 여덟 팔八을 신성한 숫자로 여기다 보니 부다(Buddha)의 일생도 여덟 가지 사건으로부터 나누어본다. 석가모니의 일생을 8단계로 나누어 극적인 장면을 그린 그림이 바로 팔상도八相圖이며, 이를 봉안한 전각이 팔상전八相殿이다.[25]

일본인들은 자신의 신화나 전설만으로는 팔각릉의 출현을 설명하지 못하니까 이러한 불교와의 관련성을 찾는다. 곧 불교를 독실하게 믿다보니 이런 8의 개념, 8각의 개념을 채용했다고 설명한다. 그리고는 그러한 증거로 법륭사에 있는 팔각으로 된 전각(몽전 夢殿)의 영향을 받았을 것이라고 설명한다. 그러나 법륭사 몽전의 팔각원당에 대해서는 나중에 상세히 알아보겠지만 그것이 곧 8각릉의 근본적인 설명은 되지 못한다.

아보시 요시노리(網干善教) 같은 일본 학자들이 그런 생각을 하고 있다. 팔각릉과 불교에서의 8과의 관련성을 단호히 부정하는 것이다. 8 또는 8각이라는 것이 불교에만 있는 것이 아니며, 천지천황이나 천무천황릉, 서명천황릉의 조영과 불교에서의 팔각원당 창건의 시기를 고려하면 팔각원당이 8각릉에 영향을 주었다고는 생각하기 어렵다는 것이다.[26]

이렇게 무덤에서 팔각을 왜 채용했는가를 밝혀줄 근거를 찾지 못하다 보니 일본인들은 무덤 이외에서 8의 의미를 찾으려는 노력이 행해졌다. 그 중의 하나가 일본의 노래집인『만엽집(萬葉集 만요슈)』같은 고전 기록이다.

---

24) 팔각의 부도가 어떤 의미인지는 뒤에서 상세히 다룬다.
25)『한국 미의 재발견』-불교회화, 유마리, 김승희, 2005, 솔출판사.
26) 網干善教,『古墳と古代史』, 138쪽, 1996, 學生社.

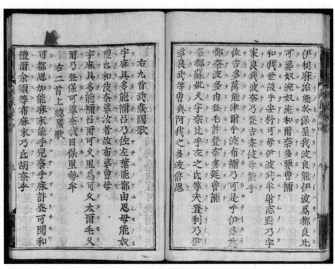
만엽집

    만엽집을 보면 서명천황이 수렵을 나갔을 때에 중황명中皇命이 사람을 시켜 천황에게 올린 노래가 3번째로 실려 있는데, 그 노래는

    「八隅知之 我大王乃 朝庭 取撫賜 夕庭 伊縁立之…」
라는 한문으로 쓰여져 있다. 이것을 일본인들은

    「やすみしし 我が大君の 朝には 取り撫でたまひ 夕には い寄り立たしし…」
라고 훈독을 하는데, 맨 앞에 '야스미시시'라는 말이 나온다. 이 말은 노래의 앞에 상투적으로 붙이는 이른바 침사枕詞[27]라고 일본인들은 설명한다. 그런데 이 침사의 한자표기가 팔우八隅, 곧 여덟 구석(모퉁이)라는 것에

---

27) 침사(枕詞, まくらことば))는 일본의 고전적인 시(詩)인 와카(和歌)에 사용되는 수식어 그룹의 일종으로, 특정한 단어 앞에 붙어서 그 의미를 강조하거나, 정서를 환기시키거나, 어조를 고르게 하는 기능을 한다.

주목해서 천황의 지배가 국토의 구석구석까지 미친다고 하는 뜻이라고 풀이하며, 이러한 말이 담긴 노래가 서명천황에게 처음 바쳐진 것을 보면, 팔각형 고분을 처음 채용한 서명천황 시대에 이미 팔각의 개념이 있었을 것이라고 와타 아쓰무(和田萃) 교토교육대 명예교수(1944~)가 주장했다. 그는 「팔각형에는 구석구석까지 모두를 통치한다고 하는 의미가 있다」고 했다. 또한 「(천황의 즉위식 때) 천황이 앉아 있는 고어좌(高御座 다카미쿠라)도 팔각형으로서, 천황이 생전만이 아니라 사후에도 나라를 다스릴 수 있다는 상징으로 삼았을 것이다」라고 말했다. 하시모토 다쓰오(橋本達雄, 1930~2013, 만엽연구가)씨가 그런 설을 냈는데, 침사枕詞의 「やすみしし」는 「전 세계를 통치한다」는 뜻이며, 나아가서는 나라의 구석구석, 나아가서는 전 세계 골고루에 천황의 치세가 퍼지는 것을 의미한다고까지 확대해석하는 것이다.

여기에는 도교의 영향이란 해석까지 등장한다. 역사지리학자인 센다 미노루(千田稔) 나라(奈良)현립 도서정보관장은 팔각형은 곧 천황의 권력을 상징한다고 분석하고, 「8방위로 세계를 표시하는 도교의 사상에 기초하고 있으며, '천황'이라고 하는 칭호 자체도 도교의 최고신神의 이름으로부터 왔다. 천황이 지도하는 형태의 정치시대를 팔각형으로 표시하고 있다」고 주장한다.[28] 또한 8이란 개념은 잠자는 것, 곧 우주의 중심에서 잠자는 것이 된다는 설명도 한다. 그러나 이것은 결정적인 이유가 되지 않는다. 일본 신화에 나오는 8은 여덟 만을 지칭하는 것이 아니라 '많다'는 뜻이 더 강하다. 8이 사방팔방을 뜻하므로 새로 권력을 잡은 천황가에서 예전과 다른 개념으로 8을 찾았다고 하는 설명도 있는데, 구체적인 설명이 없으며 더구나 왜 이 시대에 무덤에 팔각을 썼느냐는 확실한 설명은 되지 않으니 그야말로 숫자의 뜻에 맞춘 어거지 설명이란 느낌이 들고 만다.

---

28) 每日新聞, 2010년 9월 10일자.
　　http://mainichi.jp/select/wadai/news/20100910k0000m040072000c.html

일본서기

　또 중국식의 '천원지방天圓地方'의 개념으로 설명하는 목소리도 있다. 천원지방이란 말은 '하늘은 둥글고 땅은 네모져 있다'란 뜻으로, 옛 사람들이 우주를 인식하던 개념이다. 이것은 천지천황릉이 밑에 기단이 네모이고 그 기단 위에 팔각의 봉분이 있는 것에서 팔각이 곧 원에 가까운, 사실상의 원 개념이기에 천원지방을 의미한다고 설명하는 것이다.

　여기에 대해서도 아보시 요시노리(網干善敎)는 천원지방설을 부정한다. 『구한서(旧漢書)』, 「예의지(礼儀志)」와 『대당교기록(大唐郊記録)』 권8(卷八), 「제례1(祭礼一)」 등을 보면 팔각은 원이 아니고 네모(方)의 개념이라는 것이고 황제에게 가장 중요한 것은 하늘과 땅에 제사지내는 것인데 하늘에 제사지내는 곳은 원이고 땅에 제사지내는 곳은 네모난 단이기에 거기에는 팔각이 없다는 것이다. 다만 중국에서 황제가 하늘에 제사를 지내는 경우 명당을 세우는데, 여기에서는 원과 네모난 언덕, 팔각의 단을 만들고 있기에 일본의 팔각릉의 축조는 중국의 정치사상에서 보는 중앙집권제의 확립이라는 사실을 드러내기 위한 것이 아니냐고 말한다. 즉 일본에서 천지천황 이후에 중앙집권제가 확립된 것을 과시하기 위한 것이라는 말이다.29) 이 설명은 땅위에서 하늘을 보는 개념이 어떻게 땅 속의 무덤으로까지 연결되는지에 대한 설명이 미흡하다는 약점이 있다. 다만 중국에서 하늘에 제사지내는 개념을 일본에서 채택해서 썼을 가능성은 열어둔다. 뒤에 상세히 설명할 것이다.

이처럼 일본인들이 여러 논리를 찾으려하고 있지만 왜 서명천황 이후 4대까지만 팔각무덤을 쓰는가에 대한 속시원한 설명은 하지 못한다. 심지어는 『일본서기』나 『고사기』30)에 나오는 대팔주국大八洲國, 팔지경八咫鏡, 그리고 신무천황을 이끌어 준 팔지오八咫烏라는 까마귀, 팔판경구옥八坂瓊勾玉, 그리고 팔번신(八幡神 야하타노카미),31) 팔백만의 신들(八百万の神々 야오요로스노카미가미)등 신화에 등장하는 8까지도, 어찌 보면 신화 자체가 서명천황보다 80년 늦은 훨씬 후대에 채록된 것이니까, 신화에 나오는 이런 8이란 개념도 서명천황의 팔각분 이후에 채택된 개념이라는 추정이 가능할 정도다. 요컨대 적어도 무덤형식에 관한 한 팔각이라는 형식이 왜 등장했는지에 대해서 일본 사람들은 확실하게 설명을 하지 못하고 있다고 하겠다. 무덤 형식으로건, 문서로건 무엇이건 8은 있지만 무덤에서의 팔각이란 개념은 확실히 어디에서 어떻게 나왔고 왜 그 시대에 나왔는지에 대해서 설명이 부족하다는 것이 현실이라 하겠다.

---

29) 網干善敎『古墳と古代史』, 140쪽, 1996, 學生社.
30) 일본의 오노 야스마로(太安麻呂)가 원명천황(元明天皇 707~715)의 부름을 받아 저술한 신화전설집. 천무천황(678~686)이 히에다노 아레(稗田阿禮)에게 자료가 될 당시에 있던『제기(帝記)』와『구사(舊史)』를 읽고 배우게 했으나 완성하지 못했고, 30여 년 뒤에 오노 야스마로가 이를 집필하여, 712년에 헌상했다. 천황을 중심으로 한 국가 체제를 다지고 정당화하기 위하여 편찬한 이 책은, 나라를 세운 신의 이야기부터 추고천황(推古天皇, 592~628)의 이야기까지 신화와 전설을 기록했다.
31) 여덟 개의 깃발, 혹은 많은 깃발이란 뜻으로, 일본인들은 이를 응신(應神)천황, 또는 일본이란 땅을 지켜주는 큰 신으로 숭상한다. 그런데 그 원류에 대해「逸文일문」,『豊前国風土記풍전국풍토기』에는「昔, 新羅国の神, 自ら度り到来して, 此の河原[香春]に住むり」라고 되어 있어 신라국의 신이었다는 설이 있다.

(3) 일본의 팔각 문화

나니와궁

무덤형식에 팔각이 없었다면 혹 다른 데, 이를테면 건축물 같은 데서 팔각형의 개념이 있었을까? 그것에서 팔각분이 유래됐을까?

필자가 팔각무덤이란 새로운 형식에 관심을 갖고 연구하던 2013년 6월, 필자는 일본 오오사카와 코베, 교토 등지를 다녀볼 기회가 있었다. 최광식 전 문화체육관광부 장관 등 문화에 관심이 많은 회원(고려대학교 문화예술 최고위과정 1기)들과 찾아간 곳은 오사카의 시립역사박물관. 전에도 1983년 8월에 여행으로 이곳을 다녀갔지만 그 때는 눈에 띄지 않았는데, 이 날은 유독 눈에 띄는 것이 나니와궁(難波宮)의 모형을 복원해놓은 전시물이었다. 그런데 그 전시물 중에 팔각으로 된 2층의 누각樓閣과 같은 것이 궁궐의 문 양쪽에 서 있는 것이 눈에 띄었다. 완벽한 팔각건물이었다.

누각이 서 있는 곳 바로 뒤는 담장과 문으로 둘러싸여 있는데, 당시 천황이 정사를 살피던 정전과 후전이 있는 조당원朝堂院이고, 그 뒤에 천황의 거주공간인 내리內裏가 있다. 조당원에 들어가는 정문 앞 양쪽 모퉁이에 두 개의 높은 누각형 팔각건물이 서 있는 것이다.

복원된 모형은 기와지붕으로 그럴듯하게 서 있지만, 원래 이 궁궐 건물은 모두 초가(草葺屋根)로 지붕을 덮었다고 한다. 사진에 보이는 사람과 비교하면 엄청난 크기의 이 건물이 나니와궁을 만들 때부터 있었다면 이것은 서기 652년(효덕천황 백치2년)에 완공되었으니, 서명천황이 죽은 11년 후의 일이다. 따라서 이 연대로 보면 적어도 서명천황과 거의 동시대에 만들어진 것이기에 여기서 보는 팔각건물은 당시 이미 팔각에 대한 개념이 들어와 있음을 시사하는 중요한 흔적이라고 하겠다. 그러나 일본인들이 팔각분을 설명하면서 이 건물지에 대해서는 일절 언급하지 않고 있다. 그것은 정말 의외라고 하겠다.

前期難波宮(大阪市)の復元[

나니와궁과 팔각전 상상도
- 오사카 시립 미술관 -

여기서 잠깐 나니와궁에 대해서 좀 더 살펴보면 이 궁이 완성된 것이 효덕천황이 즉위한 후 7년만이다. 효덕천황孝德天皇은 서명천황의 부인인 황극(제명)천황의 동생이었다. 서명천황이 641년에 죽은 후에 당시에 실권은 소아(蘇我 소가) 집안이 쥐고 있었지만 왕자들 사이의 권력투쟁으로 후사가 마땅치 않자 부인이 황극皇極천황이란 이름으로 즉위한다. 그러다가 4년 후인 645년에 서명천황의 아들인 중대형황자(中大兄皇子, 후의 천지천황)가 이른바 '을사의 쿠데타

(乙巳の変)'를 일으켜 당시의 실권자인 소아씨 집안을 죽이고 정권을 잡은 뒤에, 자신이 직접 즉위하기가 뭐해서 엄마 황극천황이 갖고 있던 천황위를 양도시켜 외삼촌이 즉위하도록 했으니 이가 효덕천황이다. 그러므로 효덕천황은 말하자면 중대형황자의 허수아비 천황인 셈이다. 효덕천황은 즉위한 후 곧바로 아스카에서 오사카로 들어오는 큰 부두가인 나니와(難波)에 궁궐을 짓는데, 그 궁 이름이 난파장병풍기궁(難波長柄豊碕宮 나니와노 나가라노 토요사키노 미야)이다. 새 천황이 즉위하고 나서 이뤄진 가장 큰 일은 제도를 정비하는 일, 이것을 일본역사에서는 대화개신(大和改新 타이카가이신)이라고 하는데, 이때에 관제를 새로 정하고 나서 왕이나 귀족이 죽을 경우 치르는 장례절차를 간소화(薄葬令 박장령)하고 모든 순장

제도를 폐지하는 등 획기적인 조치가 많았다. 아마 이것도 중대형황자가 주도한 새로운 개혁조치일 것이다(뒤에 보다 자세히 다룬다). 아무튼 이렇게 해서 나니와궁은 652년에 완공됐으나, 중대형황자와 어머니는 천황을 놔두고 아스카로 되돌아간다. 혼자 남은 효덕천황이 3년 후인 655년에 화병으로 죽자 그 전 황극천황이 다시 제명천황으로 즉위하고 수도는 아스카로 다시 옮겨간다. 그리고 약 30년 후인 686년에 불이나 나니와궁은 전소하는데, 그 전까지는 일본 최초의 본격적인 궁궐이었다. 본전의 크기만도 동서 길이 36미터, 남북 길이 19미터에 이르는 장대한 위용을 자랑하는 건축물로, 일본이 자신들도 놀랄만한 정도32)의 대단한 건축물이다. 이런 건축물의 황궁의 정면 양쪽에 팔각형의 누각형 전각이 서 있었던 것이다33).

그렇다면 분명히 이 건축물이 팔각분의 기원과 관련해서 언급되어야 하지만 일본학자나 언론이 이를 다룬 것은 지금까지 보지 못했다. 아무튼 이 건물의 존재는 분명히 서명천황이나 그의 부인, 아들이 있던 시기에 팔각이란 개념이 있었다고 증언하는 것이라 할 수 있다. 또 서명천황이란 사람이 살아생전 백제천 옆에 백제대사를 세웠고 죽은 다음에도 백제식 빈소를 차리는 등 백제식 장례를 한, 그야말로 백제 사람 그대로인데, 그 왕(천황)이 죽으면서 바로 처음으로 팔각의 무덤이 만들어졌고, 그가 죽자마자 세워진 궁전에 팔각건물이 들어선 것을 주목하지 않을 수 없다. 34)

---

32) "秋 9月, 궁을 만드는 일이 끝났다. 그 궁전의 멋진 모양은 표현할 수 없을 정도였다
(秋九月 造宮已訖 其宮殿之狀 不可殫諭)" ─『일본서기』효덕천황 백치3년 추9월조.
33) 팔각전, 혹은 누각이 1층인지, 2층인지에 대한 문서자료는 없을 것이다. 다만 초석
을 보고 2층으로 추정했을 것으로 보여진다.
34) 효덕천황이 살던 때의 나니와궁이 686년에 모두 불에 탄 이후 폐허가 되었다가 약
60년 이후인 744년(天平16년)에 같은 장소에 성무천황(聖武天皇)이 다시 궁전을
세워 궁 이름을 다시 나니와궁(難波宮)으로 한다. 학계에서는 이를 구별하기 위해
그 전에 있던 궁전을 전기 나니와궁, 새로 지은 궁전을 후기 나니와궁으로 구별한
다. 그런데 후기에 세운 나니와궁에는 이런 팔각건물이 없다. 그 때에는 이미 천황
의 무덤에서도 팔각은 보이지 않는다.

이 나니와궁의 팔각전보다도 일반적으로 유명한 팔각건물이 바로 법륭
사法隆寺의 몽전夢殿이다.

나니와궁 팔각전 모형

몽전의 비밀

법륭사

법륭사(法隆寺 호류지)라고 하면 한국인들에게는 이 절에 있었던 금당
벽화 때문에 꽤나 친숙한 절이다. 일본 나라현(奈良縣)에 있는 고찰로 추
고(推古 스이코)천황의 아들 성덕(聖德 쇼토쿠)태자가 601~607년에 세

웠다고 전해지는 현존하는 일본 최고最古의 목조건축물이며 일본 최초로 유네스코의 인류문화유산으로 선정된 곳이기도 하다. 금당金堂. 오중탑 (五重塔; 오층탑)을 중심으로 하는 서원西院과, 몽전夢殿을 중심으로 하는 동원東院의 두 부분으로 나뉜다. 금당 내부에는 벽화가 있는데 이 벽화는 610년(고구려 영양왕 21) 고구려의 담징曇徵이 그린 것이어서(화재로 소실되었다가 다시 복원함) 우리들이 그 이름을 많이 들었다. 백제 기술자들에 의해 건축된 세계에서 가장 오래된 목탑인 5층탑은 백제의 정림사지 5층 석탑과 매우 유사하다. 법륭사에는 또 백제관음상百濟觀音像과 함께 구세관음상救世觀音像이 있다. 구세관음상은 녹나무(樟木)로 만들었고[35] 불상의 크기만 179센티, 완전히 생전 사람의 크기와 똑같은 크기의 등신等身조각이다. 흔히 성덕태자를 묘사한 것으로 알려져 있지만 원래 이름은 허공장보살虛空藏菩薩로서 백제에서 만들어진 것이라고 한다. 홍윤식 박사는 자신이 발굴한 호류지 고문서인 '제당불체수량기 금당지내諸堂佛體數量記 金堂之內'에 "허공장보살은 백제국으로부터 도래하였다(虛空藏菩薩百濟國ㅋ リ 渡來)"라고 쓰여 있는 데서, 이 목조상이 백제에서 왔음을 알 수 있다고 했다[36]. 역사지리학자였던 요시다 도고(吉田東伍 · 1864~1918) 박사가 저술한 '대일본지명사서'(大日本地名辭書 · 1900)에서도 "허공장보살을 가리켜서 구다라관음으로 부르게 된 것은 백제국에서 보내준 목상관음상木像觀音像이기 때문이다"라고 했다.

그런데 동원東院에 있는 몽전(夢殿: 유메도노)이 팔각형의 건축물이고, 백제에서 보낸 구세관음상도 이 몽전 안에 있다가 발견되었다는 점을 주목하지 않을 수 없다.

---

35) 한 때 일본 일본 지바(千葉)대학의 목재학 담당 오바라 지로(小原二郞) 교수가 한국에는 녹나무가 자라지 않고 일본에만 자란다((上代木彫の用材 · 1971)고 해서 일본이나 한국에서 발견된 녹나무로 된 유물을 모조리 일본제로 주장하던 때가 있었다. 그러나 녹나무 연구가인 야마모토 렌조(山本鍊造)라는 연구가가 이 녹나무가 현재 한국에도 자생하고 있다며 녹나무의 일본자생설을 부정한 이후(大和古寺巡歷 · 1989) 그러한 주장은 수그러들었다. 즉 구세관음상은 한국, 곧 백제에서 만들어졌다는 것이다.
36) 홍윤기 『일본 속의 한국 문화유적을 찾아서』322쪽. 서문당 2002.

구세관음상

구세관음을 왜 왕실로 보내준 위덕왕은 백제 제26대 성왕(聖王 523~554년 재위)의 제1왕자이다. 성왕은 잘 알다시피 서기 538년에 몸소 일본에다 불교를 전파한 왕이다. 위덕왕이 구세관음을 왜로 보낸 발자취를 상세하게 기술해 놓은 것이 법륭사의 고문서 『성예초(聖譽抄)』이다. 홍윤기 교수가 발굴한 『성예초』의 구세관음 기술 내용을 요약하면 다음과 같다.

"백제 위덕왕은 서거한 부왕인 성왕을 그리워하여 그 존상(尊像)을 만들었다. 즉, 그것이 구세관음상으로서 백제에 있었던 것이다. 성왕이 죽은 뒤 환생한 분이 일본의 상궁(上宮) 성덕(쇼토쿠)태자이다. 상궁태자의 전신(前身)은 백제 성왕이다." 37)

『성예초』보다 약 200년 전인 13세기의 사서인 『부상략기扶桑略記』38)도 백제에서 만든 것임을 다음과 같이 밝히고 있다.

"금당에 안치된 금동 구세관음은 백제 국왕이 서거한 뒤에 국왕을 몹시 그리워하면서 만든 불상이다. 이 불상이 백제국에 있을 때에 백제로부터 불상과 함께 율론(律論), 법복, 여승 등이 왜 왕실로 건너왔다."39)

---

37) 홍윤기 『일본 속의 한국 문화유적을 찾아서』312쪽. 서문당 2002.
38) 平安時代 개인이 편찬한 역사서. 寬治 8年(1094) 이후의 堀河天皇代에 比叡山 功德院 僧인 황원(皇円. 코엔. 法然의 스승)이 편찬했다고 한다. 내용은 신무(神武)천황 이후 堀河天皇 寬治 8年(1094) 3月2日까지의 일본역사에 대해 帝王系図와 같은 종류를 기초로 和漢年代記를 써넣고 나아가 불교관계 기사 등을 편년체로 기록했다.
39) 金堂安置金銅救世觀音像。百濟國王吾入滅後, 戀慕渴仰所造之像也。在百濟國之時, 佛像經律, 論法服尼等, 渡越是朝。『扶桑略記』推古元年條.

구세관음

법륭사의 몽전

한 가지 흥미로운 사실은 오랜 세월 동안 행방을 알 수 없었던 구세관음을 찾아낸 것은 미국인 동양사학자 페놀로사(E F Fenollosa 1853~1908년) 교수였다. 그는 지금부터 130년 전인 1884년 몽전(유메도노) 한구석에서 먼지가 잔뜩 쌓인 큰 짐 보따리를 손수 풀어헤쳤다. 보따리에는 등신대 크기의 구세관음이 길고 긴 무명천으로 헤아릴 수 없이 많이 감겨있었다. 페놀로사 교수가 이 커다란 짐 보따리를 감싼 천을 손수 풀어내지 않았다면, 이 훌륭한 구세관음은 지금까지도 그냥 짐 보따리로 남아있었을지도 모른다. 그 당시까지 호류지의 승려들은 이 짐 보따리를 푸는 것을 금기시하며 매우 두려워했다고 한다. 페놀로사 교수가 몽전 안에서 이 천을 풀 때 우연히도 하늘이 일시에 시커멓게 어두워졌고, 지켜보던 승려들은 불벌이 두려워 혼비백산하여 도망쳤다.(龜井勝一郞,『大和古事風物誌』, 1942년)

아버지 성왕을 그리워하면서 백제에서 만든 구세관음상이 안치되어 있던 곳, 그것이 팔각건물이라니. 그렇다면 만약 팔각건물이 서명천황의 팔각무덤보다 먼저 세워졌을까? 만약 그렇다면 어쩌면 서명천황도 이 팔각건물을 생각하며 팔각무덤을 만들도록 했을 가능성이 있다. 그렇다면 이 몽전은 언제 만들어진 것인가?

성덕태자 초상(상상도)

법륭사는 상궁 성덕태자와 고모인 추고(推古 스이코) 천황(재위 593~628)이 죽은 용명(用明 요메이) 천황(재위 585~587)의 명복을 빌기 위해 세운 것으로 알려져 있다. 그러니까 성덕태자로서는 아버지를 기리기 위해 세운 것이 된다.

법륭사의 동쪽 경내인 동원東院에 있는 몽전(夢殿 유메도노)은 불교에서 이야기하는 이른바 팔각원당八角圓堂 형식이다. 법륭사가 건립된 시기는 607년이지만 이 몽전의 건립은 서기 739년으로 알려져 있다40). 몽전을 중심으로 한 동원東院가람은 성무聖武천황 때인 천평天平11년(739년) 무렵에 당시 승도僧都인 행신行信에 의해 옛날 성덕태자의 반구궁斑鳩宮이 있던 자리에 성덕태자의 명복을 빌기 위해 만들었다고 한다. '몽전夢殿'이라는 말은 이 부근에서 성덕태자가 명상에 잠긴 거실居室이 있었다는 데서 나왔다고 알려져 있다. 몽전은 일본에 현존하는 팔각원당八角圓堂 가운데에 가장 오래된 것이지만 건립연도는 서명천황이 죽은 지 훨씬 뒤의 일이다.

백제 위덕왕이 아버지 성왕을 그리며 만든 구세관음상은 애초에는 나니와(難波), 곧 오사카에 있는 사천왕사로 보내졌다가 6세기 말에는 아스카에 세워진 비조사(飛鳥寺, 아스카테라, 나중에 法興寺로 이름이 바뀜) 금당에 옮겨져 있었고, 나중에 법륭사로 옮겨졌다고『부상략기扶桑略記』[41] 등이 기록하고 있다. 즉 구세관음상은 그 전에 만들어졌다가 739년 이후 몽전에 보관한 것으로 보인다.

불교에서의 팔각당은 무슨 뜻일까? 불교대사전에 팔각당八角堂 설명을 보면 "팔각팔릉八角八楞이란 본래 아미타의 삼매야형三昧耶形[42]으로 미타와 관음의 전당殿堂은 대개 8각이며, 팔각당을 원당圓堂이라 함은 팔각이 거의 원형인 까닭이다. 관음의 정토보타낙산淨土補陀洛山이 팔각이란 것도 이에서 나온 것으로 미타와 관음은 동체同體이다."라고 하였다.

그렇다면 이 몽전이라는 팔각건물의 팔각에 담긴 뜻은 서명천황릉에 담긴 팔각과 곧바로 통하지는 않는다고 보여진다. 연대적으로 볼 때 서명천황이나 그 뒤 천황들이 이 몽전의 팔각을 보고 팔각무덤을 만들었다고

---

40) 독일의 신부로서 일제시대에 우리나라에 와 한국 문화 전반을 연구한 안드레 에카르트에 의하면 이 몽전은 일본 내에서 한국식(조선식)으로 만든 가장 오래된 건물이다.『에카르트의 조선미술사』, 권영필 옮김, 열화당, 2003, 33쪽.

41) 굴하(堀河,호리카와)천황(재위 1086~1107)대에 비예산 공덕원(比叡山 功德院)의 황원(皇円.코우엔) 스님이 편찬했다고 하는 역사서. 불교문화에 관한 기록이 많다.

42) 삼매(三昧;Samadhi), 또는 삼매야(三昧耶;Samaya)는 산란한 마음을 한 곳에 모아 망념(妄念)으로부터 벗어나오도(悟道)의 단계를 획득하는 상태를 묘사하는 말이다. 진언밀교에서는 부처님이 수행하던 당시의 모습을 삼매야형(三昧耶形)이라 하며 손에 칼, 탑, 보주를 든 형상을 교훈적으로 나타내기도 한다.

는 볼 수 없다. 다시 말하면 팔각무덤에 관한 한 당시 아 무것도 일본 안에 서는 참고할 만한 것이 없었다는 것이 된다.

영산사 팔각당

법륭사에 있는 몽전과 거의 비슷한 형태의 팔각원당이 나라지방에 있 다. 나라현 남서쪽의 오조(五條 고조)시市에 가면 영산사(榮山寺 에이산 지)라는 절이 있는데, 거기에 법륭사 몽전과 똑 같은 형태의 팔각원당이 있다. 천지천황을 도와 그가 정권을 잡는데 결정적인 기여를 한 등원겸족 (藤原鎌足 후지와라노 가마타리)의 손자인 등원무지마려(藤原武智麻呂 후지와라노 무치마로. 680~737)가 서기 719년(養老三年)에 그 부모를 위 해 아버지 생전에 세운 원당이다. 무지마려의 아버지는 유명한 등원부비 등(藤原不比等 후지와라노 후히토. 659~720), 후지와라 가문을 일본 최 대의 가문으로 만든 사람이다. 영산사 뒤편에는 무지마려의 무덤이 있고 이 절에 그의 초상화가 있는 것을 보면 그의 개인사찰이라고 할 수 있을 것이다. 따라서 현재 우리가 다루고 있는 팔각의 기원과 관련해서 직접 시사하는 점은 없다고 하겠으나, 연관은 있다. 이러한 팔각건물을 만든 계기가 되는 등원부비등(藤原不比等 후지와라노 후히토)에 대해서는 나 중에 알아볼 것이고 그 때 상세히 서술하겠다.

기쿠치성(鞠智城)

기쿠치 성

오히려 우리의 팔각무덤에 관한 탐사과정에서 중요한 것은 일본 구마모토(熊本)현 기쿠치성(鞠智城 국지성)의 팔각건물지일 것이다.

일본 내 고대 산성山城은 29개 정도가 확인된다. 이 가운데 백제식 산성은 6개 정도. 그 중 4개가 규슈(九州)지역에 집중돼 있다. 후쿠오카(福岡)현 다자이후(太宰府)의 오노성(大野城), 사가현(佐賀)현의 기이성(基肄城), 나가사키(長崎)현 쓰시마(對馬島)의 가네타성(金田城), 그리고 구마모토(熊本)현 야마가(山鹿)시의 기쿠치성(鞠智城)이다. 이와 함께 가카와(香川)현의 야시마성(屋島城), 옛 야마토(大和) 땅(현 오사카부와 나라현의 접경지역)의 다카야스성(高安城) 등도 백제식 산성으로 꼽는다. 이들 산성은 뚜렷한 공통점이 있다. 660년 백제가 멸망한 뒤 왜가 구원병을 보내 벌인 백촌강白村江 전투에서의 참패 이후, 왜 왕조가 일본 방어를 위해 축조한 산성들이다. 백제인들에 의해 백제식으로 쌓은, 백제의 혼이 어린 산성이다.

기쿠치성 팔각고루

기쿠치성의 축조 시기에 대한 문헌상의 기록은 남아 있지 않다. 『일본
서기(日本書紀)』에는 다른 백제식 산성의 축조 시기가 나오지만 기쿠치
성은 빠져 있다. 다만 698년 다자이후 관청에서 오노 · 기이 · 기쿠치성을
수리했다는 기록이 있어 665년 축조된 오노 · 기이성과 같은 시기에 축조
된 것으로 추정하고 있다. 기쿠치성은 표고 160미터에 불과하지만 주변
의 산봉우리들을 연결시켜 축조한 포곡식包谷式 산성이며, 둘레 3.5킬로
미터의 규모를 가진 큰 성곽이다. 지난 67년부터 모두 30여 차례의 발굴
을 통해 팔각형과 구각형, 십이각형 등 수 십동의 대형건물지와 목간, 막
새, 농경용구 등이 발견됐다. 성 안에서는 초석과 탄화된 벼, 조, 밀 등의
낟알과 함께 백제의 기와 막새조각이 발견되었다. 한국 계통의 베천기와
가 20개소에서 출토되었다.[43] 일본의 고대역사서인 『六国史』[44]의 기록
이나 백제계 기와 출토 사례 등으로부터 볼 때 기쿠치성은 백제로부터
의 망명귀족의 지도하에 만들어졌다고 생각되며, 유적으로부터는 백제의
귀족이 갖고 온 것으로 추정되는 청동 보살입상도 2008년에 출토되었

43) 이도학,『새로 쓰는 백제사』, 563쪽, 1997, 푸른 역사.
44) 일본의 奈良 · 平安 시대에 편찬된 여섯 역사서. 日本書記 · 続日本紀 · 日本後紀 ·
   続日本後記 · 文徳実録 · 三代実録의 여섯; 모두 한문으로 쓰여 있다.

다45). 이 팔각형의 건물지는 일본의 고대 산성에서 유일하다. 또 토루와 석루 등의 구조도 판명됐다. 그야말로 우리나라 하남시의 이성산성과 거의 흡사한 구조이다.

이를 토대로 기쿠치성에는 팔각형의 고루鼓樓가 3층으로 복원돼 있고 미창米倉, 병사兵舍, 무기 보관창고로 여겨지는 판창板倉 등도 복원해 놓았다. 이 산성을 축조한 연대는 660년 백제 멸망 후 당나라의 일본 침략을 걱정해 대대적인 방어책을 시행한 때의 일이라고 한다면 천지천황 때의 일이다46). 일본 천황의 팔각무덤이 서명천황 사망(641년) 이후 구축되기 시작된 것이라면 이 기쿠치성의 팔각건물지는 그보다는 최소 20년 이상 늦은 시기에 만들어졌다고 하겠다. 다만 현재 서명천황릉이 그의 사후 2년 만에 만들어졌다지만 나중에 수리를 하면서 팔각으로 바꾸었을 가능성도 배제하지는 못한다. 서명천황릉이 팔각으로 조성된 것이 후대의 일이라면 영향을 받았을 수도 있다. 아무튼 이 기쿠치성이 백제 멸망 후에 백제귀족들이 만든 것임이 명확한 이상, 일본 팔각무덤의 발생과 관련해 중요한 흐름을 보여주고 있다고 생각된다.

어쨌든 결론적으로 일본 내에서 팔각 무덤의 원류나 발생과정을 전해주는 구체적인 유물이나 유적은 없다고 하겠다.

---

45) 2008년 11월 기쿠치 성 유적을 발굴 중인 구마모토현립장식고분관은 "지난달10월 말 기쿠치 성 내부 서쪽 저수지의 1.5m 지하에서 7세기 후반에 만든 것으로 보이는 백제계 청동보살입상을 발굴했다"고 발표했다. 이 불상의 출토로 기쿠치 성의 축성 과정이 좀 더 명확해졌다. 그동안 일본 학자들 사이에서 "일본에 망명한 백제 귀족들의 지도와 기술에 의해 건설됐다"는 견해가 있었으나 이를 뒷받침할 만한 물증은 없었다. 이런 상황에서 이 불상은 그 중요한 물증이 될 것으로 보인다.

46) 천지천황 3년(664)12월. 이 해 對馬島, 壹岐島, 筑紫國 등에 방비병사와 봉화를 두었다. 천지천황 4년(665) 추8월 달솔 答烌春草를 보내어 長門國에 성을 쌓게 하였다. 달솔 憶禮福留, 달솔 四比福夫를 筑紫國에 보내어 大野 및 椽의 두 성을 쌓게 하였다.

═══3장
팔각의 원류

일본에 7세기 중엽에 갑자기 튀어나온 팔각무덤, 그것이 일본 내에 원류나 초보적인 형태도 없다면 한국이나 중국의 무덤에는 있는가? 사람과 종족, 문화의 이동경로를 보면 당연히 그 어딘가에 이와 유사한 형태가 존재하고 있어야 한다.

그런데 정말로 그런 형태는 한국이나 중국 전체를 뜯어봐도 아무데도 없다. 무덤의 양식은 그야말로 천태만상, 역사적으로 볼 때 아득한 원시시대부터 고대 중세를 거쳐 현대에 이르기까지 그 양태가 수백 가지는 넘을 것이지만, 무덤에 시신이 들어가는 부분을 구덩이로 하느냐, 널로 하느냐, 방으로 하느냐, 아니면 항아리 같은 것 속에 넣느냐, 또 그것을 만드는 방법을 흙으로 하느냐 나무로 하느냐, 돌로 하느냐, 또 무덤의 봉분을 둥글게 하느냐 네모로 하느냐. 또 봉분을 1단으로 하느냐, 2단이나 3단으로 하느냐에 따라 다시 수 없이 나뉜다. 사람이 죽을 때 그 시신을 처리하는 방법은 아마도 태어나는 것보다도 훨씬 더 다양하고 복잡하고 또 차이도 많을 것이다. 그렇지만 그 어떤 경우든 7세기 일본에서 나타난 바, 무덤의 봉분 주위에 팔각을 장식하는 것은 그 유례가 지구상 어디에도 없는 것으로 알려져 있다.

고구려의 무덤들

좀 지루하더라도 민족문화대백과사전을 통해 일본에서 팔각분이 나온 7세기, 곧 우리의 삼국시대까지의 무덤양식의 변화를 일별해보면

(1) 고조선~삼한시대
이 시기에는 토장묘 · 토광묘 · 지석묘 · 석곽묘 등이 있었다. 토장묘는 가장 먼저 발달한 무덤의 형태로서 상호 영향 없이 각 지역에서 자연발생한 것으로 보인다.

이 토장묘는 가장 전통적이며 기초적인 무덤의 형태이지만, 두드러진 특징이 없기 때문에 주거유적과 혼동되는 수도 있다. 토광묘는 중원(中原)지방의 전통적인 무덤형식이다.

이것이 우리나라에 유입된 시기는 대개 청동기 중엽인듯 하다. 대동강유역에 가장 많이 밀집 분포되어 있고, 다음으로는 낙동강 하류유역에서 최근에 많이 발견되고, 그 밖에 영산강과 한강유역에서도 더러 나타나고 있다.

(2) 삼국시대
이 시대에 이르면 정치 · 사회 · 문화 등 각 분야가 고루 발전하고, 특히 국가형태를 갖추면서 권력지배층에서는 그 신분의 과시를 위하여 궁궐 · 저택 · 복식 등을 호화롭게 치장하게 되었다. 그에 따라 무덤에 대해서도 전 시대와 다른 여러 가지 양상이 나타나게 되었다…

고구려에서는 적석총과 벽화고분, 백제에서는 전실분(前室墳)과 판석조석실분, 신라에서는 적석봉토분과 궁륭상천장식석실분(穹窿狀天障式石室墳), 가야에서는 장방형석실분, 그리고 영산강유역의 토축묘 등이 그것이다…

백제의 무덤은 수도의 이전에 따라 서울 · 공주 · 부여의 세 지역으로 나누어지는데 각 시기와 지역에 따라 특징이 있다. 서울지역은 적석총과 그 밖에 토축묘 · 토광묘 · 석실분 등이 있다… 공주에서 가장 특기할만한 무덤의 형식은 전축분으로 송산리 제6호분과 무령왕릉을 들 수 있다. 벽돌을 구워서 횡혈식으로 석실을 쌓고 천장을 터널식으로 축조한 삼국시대의 무덤은 여기밖에는 없다… 송산리 제6호분과 무령왕릉을 비롯한 이 지역의 무덤들은 철저한 풍수지리적 방법으로 묘지가 선정되었음을 알 수 있다. 이러한 풍수지리법의 응용은 부여로 내려오면서 더욱 성행하게 되는데 그 전형적인 예로 능산리 왕릉군을 들 수 있다. 현무(玄武)에 해당하는 뒤에 주산(主山)을 업고 좌우에 청룡(靑龍)과 백호(白虎)에 해당하는 능선이 감싸고 있다….

경주 대릉원(신라의 무덤들)

신라 무덤형식의 특징은 돌을 쌓아서 이루는 적석형식인데 이런 적석봉토분(積石封土墳) 또는 적석목관분은 경주의 도립지와 그 주변의 산기슭,

그리고 안강·창녕 등지에서만 발견되었다. 분구가 거대한 단곽식(單槨式)과 작은 다곽식의 두 종류가 있다.

　낙동강유역과 가야지역인 남해안에 분포되어 있는 무덤들은 토광묘·장방형석실분·석관묘·옹관묘 등이 있으나 이 지역 특유의 무덤형식은 장방형석실분이다. 이 무덤의 위치설정은 삼국의 경우와 달리 독립된 구릉이나 능선 정상부의 돌출한 곳을 택하였으므로 아래서 올려다보면 장관을 이룬다. 그 대표적인 예로는 대구 불로동, 고령 지산동 및 본관동, 함안 말이산, 고성 송학동의 고분군들이 있다. 이런 무덤들의 분구 형상은 대부분 원형봉토분이고 전방후원분도 약간 끼어 있다. 내부의 매장주체시설은 좁고 긴 장방형석실로서 수혈형(竪穴形)과 횡구형(橫口形)이 있고 깬돌이나 막돌 등 약간 편평한 돌로 쌓았다.

-『민족문화대백과』「무덤」항목에서 발췌

　이상이 고대 우리나라의 무덤에 대한 쾌괄적인 설명인데 그 어디에도 팔각형이란 말이 나오지 않는다. 특히 일본과 밀접한 관계를 맺고 있었던 백제의 경우에도 여러 가지 형식과 양식이 있지만 팔각이라는 장식요소를 무덤에 채용한 사례는 지금까지는 없다. 그만큼 일본 천황의 팔각무덤은 특별한 것이다.

　그렇다면 일본의 팔각은 그 원류가 아주 없는 것인가? 무덤을 장식하는 양식만을 볼 때 팔각무덤의 원류나 뿌리는 우리나라 쪽에도 없다. 다만 이것을 건축물이라는 개념으로 확대해서 보면 그 원류가 없는 것은 아니고 오히려 일본보다 훨씬 풍부하고 시기적으로도 앞선다.

(1) 고구려의 팔각

고구려에 8각이 있다

고구려 환도산성 밑 고분군

　우리 민족의 역사를 어디까지로 소급할 수 있을까? 우리가 공유하는 역사는 단군조선의 건국이 처음으로, 삼국유사 등의 기술을 근거로 대략 지금부터 4천 년 전으로 보는 견해가 많아졌지만 당시의 건국지나 주 활동 영역에 대해서는 아직도 논란이 있고, 그러기에 단군조선의 수도나 왕족의 무덤 등 그에 관련된 유적으로 우리에게 알려진 곳은 없다. 다만 단군조선에서부터 기자조선, 위만조선으로 이어지는 고조선의 실체를 가장 잘 증명하는 것으로 고인돌을 들고 있다. 고인돌은 바로 중국과는 다른, 고조선의 독특한 무덤이며, 이 고인돌이 훗날 적석총으로 변모했다고 보고 있다. 고인돌은 무덤과 제단으로 사용한 흔적들이 곳곳에서 발견되는데 적석총 또한 그런 흔적들을 보여주고 있다.

그런데 서력기원 전 100년 무렵 이후에 시작된 것으로 보이는 고구려, 백제, 신라 등 삼국의 건국, 그리고 그 보다 앞서 있었다는 중국 대륙 국가들의 흥망성쇠에 따른 인구의 유입 등으로 해서 무덤의 형식이 많이 바뀌었고 문화의 흔적도 변화가 많았다고 하겠다.

그러한 상황에서 가장 먼저 영향을 받은 나라가 고구려일 것이다. 건국 연대에 대해서는 학설이 분분하지만 대륙과 겹쳐있는 지리적 조건 때문에 일찍부터 강력한 국가로 성장할 수 있었던 고구려, 거기에 혹 팔각과 관련된 것이 무엇이 있지 않을까?

그것을 추적하는 과정에서 뜻밖에도 고구려 초기의 수도인 집안, 이른바 국내성이라고 알려진 그 수도를 엄호하기 위해 만들어져 있는 국내성 뒷편 환도산성에 팔각의 유구가 있다는 것이 알려졌다.

환도성의 팔각

2004년 중국의 국가문물국이 발간한『2003년 중국 중요 고고발현(考古發現)』에 길림성吉林省 집안시集安市 환도산성 내의 궁궐터 사진이 처음으로 공개됨으로서 팔각유구의 실체가 명확히 알려지게 되었다.

국내성에서 북쪽으로 2.5km 지점에 위치하며 해발 676m인 산성자산에 의지하여 쌓은 삼태기 모양의 환도산성은 둘레가 6천947미터이고 7개의 성문터가 있는데, 그 중 1호인 남문은 평지에 만들어졌고 나머지 6개는 산언덕이나 꼭대기 부분에 전략적 요충지를 찾아서 세웠다. 남문은 남쪽 정문에 움푹 들어간 곳을 택해 옹문으로 세웠다. 5미터 높이의 성을 쌓은 재료는 잘 다듬은 쐐기 모양의 돌. 성 안에는 4개의 건축지가 있어 궁궐터와 전망대, 거주지와 저수지의 흔적, 그리고 무덤도 38기가 있었다.

궁궐터는 서기 198년에 세워 342년에 전쟁으로 불에 탔는데. 남북 길이 95.5미터, 동서 넓이 75미터의 크기로 4층 계단식으로 만들고 건물을 서향으로 배치했으며. 장방형의 건물지, 네모난 건물지, 그리고 팔각형의 건물지 2개가 있었다.

환도산성 팔각유적　(사진제공: 사공정길)

앞 측 궁궐건물지(대형건물)는 길이가 무려 90미터로서 엄청난 크기를 자랑한다. 고구려 세 번째 궁궐인 평양 안학궁의 중궁 1궁전(19칸 87미터, 옆면 27미터) 보다도 더 크다. 경복궁 근정전의 좌우너비가 30미터인데, 그 세배가 된다는 이야기이다.

환도산성은 고구려의 두 번째 수도였던 국내성과 한 세트를 이루어 전쟁 등 비상시에 왕성 역할을 대신하던 방어용 도성이었던 것으로 보이며, 10대 산상왕山上王은 209년에 아예 환도산성으로 천도해 왕성으로 삼기도 했다. 그런 궁궐터의 최대 건물지 앞에 팔각의 건물터가 나란히 서 있는 것이다.

팔각건물지 2기는 2001년과 2002년의 전면 발굴조사 때 궁궐지 2단의 남쪽에서 확인되었다. 두 건물지가 나란히 붙어 있어 팔각건물이 쌍을 이루어 들어섰던 것으로 보인다. 건물지의 규모는 길이 12미터, 너비 11.2미터 가량이며 각 면의 길이는 4.2미터정도다. 이 팔각의 주춧돌 바깥으로 다시 팔각모양의 배수구 구조물도 발견되었다. 팔각건물지 안쪽에는 기초석 4개가 4.1미터 간격으로 자리하고 있고, 내부에 다시 동서, 남북으로 각 1열의 초석이 1.5미터 간격으로 직행하고 있다. 건물지 지면은 평탄하고 주춧돌이 놓인 위치나 구조가 거의 똑같으며 내부에서 난방시설은 발견되지 않았다.

산성 건물 평면도   (자료: 이글루)

이 건물의 용도는 무엇일까?

건물지에서는 귀면문, 연화문 와당 및 선각부호가 그려진 기와, 철기류가 공통으로 출토되기 때문에 처음 건축된 시기나 폐쇄된 시기도 완전히 일치하는 것으로 조사되었다. 중국측 보고서에서는 초석의 형태로 미루어 내부의 방형초석은 목주木柱가 아니라 다른 특수한 용도에 쓰인 것이라 하고, 내부에서 직행하는 초석은 팔각건물의 부속기둥을 지지하는 것이 아닐까 추측하고 있다.[1] 또는 대형 팔각건물 중앙에 한 변 3미터의 정사각형 건축물이 자리했던 것으로 보고 이것이 하늘은 둥글고 땅은 모나

---

1) 최광식, 「한 중 일 고대의 제사제도 비교연구」, 『선사와 고대』 27輯, 2007, 261쪽, 한국고대학회.

다는 천원지방의 원리를 구현한 것이라 이해하는 견해도 있다.²⁾ 또 하남의 이성산성 내부에는 계란 모양의 돌이 있는데, 이 팔각건물지 내부에 직행하는 초석들은 외곽의 주초석 등에 비해 규모도 작고 모양도 불규칙하다는 데서 이성산성의 계란모양 돌과 관계가 있을 것으로 추측하는 사람도 있다.

최광식 교수는 이들 건물지 앞쪽에 중심광장이라 불리는 상당히 넓은 공간이 마련되어 있어 국가의 중요한 의례를 거행한 장소였을 것으로 추정했다³⁾. 궁전지 중에서 이들 팔각건물지는 단일규모로는 가장 큰 편에 속하며 그 위치도 궁전의 중심이다. 따라서 팔각건물지는 환도산성 안에서 차지하는 비중과 의의가 매우 높았을 것으로 추정했다.

환도성 안에 있던 건물들은 342년 모용황⁴⁾의 침입 때 환도산성이 불에 타면서 함께 타거나 폐기되었을 것으로 추정된다. 그렇다면 이 팔각건물지는 아직 고구려에 불교가 들어오기 이전 시기의 것이 되므로, 불교와는 관련이 없는 것으로서, 아마도 고구려의 시조신에 대한 경배장소로 쓰였을 가능성이 높다. 곧 하늘과 관련된 시설이었을 것이라는 뜻이 된다. 뒤에 언급하겠지만 이 환도산성의 팔각건물과 규모가 비슷한 크기로 확인

---

2) 김일권, 2005, 「환도산성 궁전터에서 발견된 쌍둥이형 팔각건물터」, 『고구려문명기행』, 고구려연구재단, 129쪽, 최광식 상게서에서 재인용.
3) 최광식, 상게서, 261쪽.
4) 모용황(慕容皝, 297년~348년, 재위: 337년~348년)은 오호십육국시대 전연(前燕)의 제1대(초대) 황제. 모용외(慕容廆)의 적장자로, 321년에 황태자로 책봉되었다. 333년에 모용외가 사망하자 뒤를 이어 전연 제1대(초대) 황제가 되었다. 337년 동진(東晉)에 대한 종속적 관계를 끊고, 연왕(燕王)을 자칭하며 전연을 건국하였다. 고구려 고국원왕 12년(342년)에 모용황은 주력부대 4만을 이끌고 길이 험하고 좁은 남도로 나갔고, 따로 장사(長史) 왕우(王寓) 등이 군사 1만5000명을 이끌고 북도로 쳐들어 갔다. 남도를 방비하던 고구려군은 모용황의 대군에 크게 패하고 말았으나 북도에서는 연나라 군대가 대패했다. 이 소식을 들은 모용황은 철수를 서둘러 환도산성을 불태워 파괴하고 미천왕의 무덤을 파헤쳐 시체를 거두어가는 한편 왕의 어머니 주씨(周氏)와 왕비를 포함한 5만여 명의 남녀를 포로로 하여 끌고 갔다.

된 경주 나정의 신라시대 팔각 건물을[5] 왕조의 제례祭禮와 관련된 건물로 추정하고 있듯이 이 팔각 건물도 제례와 관련 있을 것으로 보고 있다는 것이다.

집안의 팔각주

환도성과 집안 등 옛 고구려 수도 근처에는 팔각의 양식들이 눈에 띈다. 환도산성 아래에는 귀족묘지가 있는데, 그 묘지 중에서 팔각으로 된 묘비기둥(墓碑柱)이 있었음이 알려졌다.[6] 국내성 서쪽 약 1킬로미터에 위치한 태왕진 민주마을유적은 3,600평방미터의 터에 세 개의 대형 건물이 있던 주거지였는데, 이중으로 깎은 팔각 주춧돌도 발견되었다. 최고급 건물에만 사용하는 것이었다고 한다.[7]

2005년 8월5일부터 11일까지 중국 집안시 일대 고구려유적을 답사한

5) 환도산성의 팔각건물이 그 건축기법 상 팔각형의 외주(外周) 안쪽에 사각형(井字)의 내주가 배치되는 방식인 점에서 일본 영산사의 팔각원당, 그리고 경주 나정과 비슷한 형태로 추정하기도 한다. 李陽浩, 2004, 「고대의 팔각형건물에 보이는 2종의 평면형태에 대하여」, 『영남문화연구』 17, 참조.

6) http://china.ocef.org

7) KBS1 TV, 『한국사傳』, 「고구려 여인 우씨 두 번 왕후가 되다」, 2008년 5월17일.

서길수 교수 등 답사반은 집안 박물관에서 야외에서 고구려의 주춧돌과 문을 달 수 있는 주춧돌, 돌절구 등이 전시돼 있는 것을 보았는데 팔각형으로 다듬은 주춧돌이 10여개나 있었던 것으로 전하고 있다. 이 팔각주춧돌은 처음 보는 것이었으며 이렇게 잘 다듬어진 것으로 보아 왕궁 같은 건물에 쓰인 것으로 추측된다고 답사기에 밝히고 있다.8)

팔각 주춧돌

이런 것들을 통해서 고구려 건물에서 8각형 주좌를 지닌 초석이 많이 사용되었음을 확인할 수 있다. 또한 유명한 고분벽화인 쌍영총의 현실로 들어가는 곳에 세워진 석조 기둥도 팔각으로 되어 있는 것 등을 보면 고구려에서는 팔각이란 형태가 건물의 형태만이 아니라 기둥이나 기둥의 받침돌로서도 많이 사용되고 있다고 하겠다. 이런 석조기둥들의 용도가 제사와 관련된 것이라는 데서, 8각의 8을 사후세계와 연결되는 신성한 의미로 고구려인들이 생각하고 있음을 보여주고 있다고 하겠다.

특히 쌍영총 현실의 두 팔각기둥을 보면 기둥의 상단과 하단에 연꽃이 장식되어 있어 일종의 연꽃주두형태를 이루고 있는데, 바로 그 기둥에 황룡이 장식되어 있다. 이 황룡은 기둥을 휘감고 연꽃을 향해 비상하는 모습을 연

8) http://noza.tistory.com/1352005/09/14
　고구려답사기 5 : 집안 (광개토대왕릉비, 태왕릉, 오회분, 집안 박물관)

쌍영총 내부 팔각기둥

출하고 있어 용이 노신爐身의 연꽃을 물고 비상하는 백제대향로의 모습과 매우 흡사하다. 여기서 우리 백제대향로와 고구려 고분벽화 사이에 상당한 정도의 연속성이 존재한다는 것을 확인할 수 있다. 이 경우에 한쪽은 향로이고 다른 쪽은 벽화라는 기물상의 차이는 있지만, 이와 같은 공간 구획 방식이나 구성상의 유사성은 백제대향로의 세계관내지 우주관이 고구려인들의 그것과 대단히 밀접한 관계에 있음을 강력히 시사한다.9)

팔각 목탑

사실 일반인들이 잘 몰라서 그렇지, 일제시대에 평양과 평양 인근의 사찰 유적지에서 잇달아 팔각형 목탑이 있었음을 보여주는 흔적들이 나옴으로서 고구려의 팔각형 건축은 한국건축사에서 특수한 현상으로 부각되어 있었다. 청암리사지, 상오리사지, 원오리사지 등 평양에 있는 사지寺址에서 팔각형 목탑지를 중심에 둔 가람배치형식이 확인되었고, 해방 이후 북한에서 조사된 평양 정릉사지와 봉산 토성리 사지에서 연이어 유사한 가람배치형식이 확인되면서 팔각형 목탑지는 고구려 건축을 대표하는 건

---

9) 서정록, 「백제금동대향로와 고구려 벽화」
   http://blog.naver.com/ilong4u/140002067999.

축유형으로 자리잡게 되었다.[10] 다시 말하면 고구려의 전성시대에 수도의 주요한 사찰들이 대부분 팔각목탑을 가운데 두고 그 주위에 전각을 배치하는 형식으로 만들어졌다는 것이고, 그것은 그만큼 고구려인들이 팔각이라는 형식을 중요시하고 있었다는 뜻이 된다.

우리나라에서 사찰이 최초로 지어진 것은 불교가 고구려에 전래된 372년(소수림왕 2) 이후이다. 375년에 초문사肖門寺와 이불란사伊佛蘭寺를 건립하고 그 후 평양에 9개 절을 짓는 등 많은 사찰이 조성되었으나 실제 남아 있는 건물들은 없고, 여러 사지寺址들이 조사·발굴됨으로써 당시의 사찰을 미루어 생각할 수 있을 뿐이다.

이러한 고구려 사찰 중에 비교적 가장 빨리 조사한 곳이 원오리사지元五里寺址이다. 일제시대에 이른바 조선고적연구회 소속의 연구원들은 1937년부터 1년에 한 군데 씩 원오리와 청암사, 상오리 등의 절터를 차례로 조사했다. 가장 먼저 조사한 원오리 사지는 중앙에 8각형의 목조탑지가 있다는 얘

청암사 팔각기단
『飛鳥』朝日新聞 (1972)

기가 있지만 현장이 많이 교란돼 실체를 알기 어렵다는 주장도 있다.

이듬해인 1938년에 조사한 청암리淸岩里 사지寺址는 평양의 대동강 북쪽 언덕, 대성구역 청암동(平壤市 大城区域 淸岩洞) 청암리토성 안에 있다. 이 사찰에 대해 북한 학자들은 문헌에 나오는 고구려 금강사라고 주장하고 따라서 청암리사지를 금강사지로 부르기도 한다. 이 청암리 사지는 일제시대 당시에

---

10) 이강근, 「고구려팔각건물지에 대한 연구」, 2005, 한국고대학회, 『선사와 고대』 29호, 5쪽.

는 장수왕이 천도한 평양의 왕성으로 기대를 하면서 발굴을 시작했는데, 이미 드러나 있던 중앙의 대전지大殿址 남쪽에서 발굴을 시작한 지 6일 만에 팔각형건물지가 드러남으로서 불교사찰터임이 확인되었다. 가장 관심을 끄는 것은 중앙에 8각형 목조탑이 있고, 그 탑을 둘러싸고 좌우와 북쪽에 방형의 금당이 있었다는 것이다.

한국불교의 시작인 고구려의 초기사찰들은 보통 도시의 평지 한가운데 위치하면서 중심에 목탑을 세우고 좌우에 거대한 건물을 균형되게 좌우배치, 엄숙하고 장엄한 모습을 보여주는 것이 보통인데 중심에 세우는 목탑을 팔각으로 세운 가람형태는 다른 나라에서는 볼 수 없는 고구려의 고유한 형태라는 것이 특이하다. 청암리사(금강사)의 구조는 8각의 평면을 가진 다층 목탑을 중심으로 세 금당이 둘러싼 1탑 3금당식의 가람이다. 이 양식은 나중에 일본에까지 전해진다. 청암리사(금강사)가 주목되는 가장 큰 이유는 누가 뭐래도 역시 높이 61미터이상으로 추정되는 대목탑의 존재 때문일 것이다.

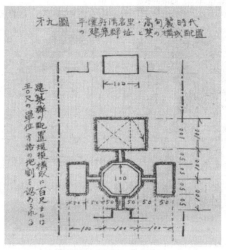

청암리 팔각탑 평면도 (米田美代治 작성)

이 거대한 목탑지 모양은 전형적 고구려양식인 8각형으로, 한 변의 길이가 10.2~10.4m이며, 폭은 24.7m이어서 다음에 소개할 정릉사 팔각목탑 보다도 한 변의 길이가 근 2미터나 더 길다. 문화재건축 전문가 황세옥(1999)에 따르면 "고구려자(1자= 35㎝) 35자를 반지름으로 하는 원에 외접하는 정8각형으로 만들고 그 위에 목조탑을 세운 것으로 추측된다. 복원에 의하여 탑은 7층의 목탑으로 전체 높이가 고구려자 175척, 즉 61.25m에 해당된다"라고 추정했다. 당시 이 탑지를 조사한 일본인 건축가 요네다 미요치(米田美代治)는 고한척古漢尺을 적용해서 탑의 안쪽 폭을 100자, 바깥쪽 폭을 110자로 추정했고, 다른 건물도 고한척 100자로 추정하였다11). 아무튼 이 거대한 목탑이 팔각이라는 것이 새삼스럽다. 고구려에 불교사찰이 만들어진 것이 375년 이후이고, 만약 이 절이 금강사가 맞다면, 이 절이 만들어진 것은 고구려가 안학궁安鶴宮과 대성산성大城山城에 도읍을 정하고 있던 시기인 498년(문자왕 7) 대동강을 끼고 수도의 서남쪽에 둘레 5㎞의 반월형으로 축조된 청암리성淸岩里城 안에 세워졌기에 당연히 환도산성의 팔각건물보다는 훨씬 후대이다.

청암리 사지에서 동남쪽으로 2㎞ 떨어진 곳에도 또한 절터가 있어서, 이 동네 이름을 따서 상오리上五里 사지로 불려졌다. 1939년에 당시 전답이었는데 지표를 약 50㎝ 파고 들어가니 한 변이 약 8미터인 팔각건물지가 나왔다. 이 팔각기단지의 동쪽과 서쪽에 팔각기단으로부터 약 4미터 떨어져 동서 약 12.6미터, 남북 약 25.8미터 정도의, 남북으로 긴 건물지가 발견되었다. 팔각건물지를 사이에 두고 두 건물이 마주 보는 형상이다. 결국 목탑과 2금당이라고 할까, 팔각목탑이 이 절의 중요한 핵심 요소가 되고 있고, 그만큼 팔(8)의 의미가 새롭다고 하겠다.

---

11) 米田美代治지음, 신영훈 역, 『조선상대건축의 연구』, 1976, 동산문화사, 169쪽~170쪽.

청암사가 있던 평양

복원된 정릉사 우물과 팔각탑

　이처럼 일제시대에 여러 절터에서 팔각건물지가 나왔고, 그 건물은 목
탑이라는 것이 알려진 가운데 해방 이후인 1874년 평양 동명왕릉 부근에
서 정릉사定陵寺라는 절터에서, 그리고 1987년에는 황해도 봉산군 토성리
의 한 절터에서 각각 팔각건물지가 발굴되었고, 건물지는 목탑지로 판명
되었다. 정릉사는 서기 427년에 고구려의 장수왕이 평양으로 수도를 천
도하면서 동명왕릉을 함께 옮기고, 그 명복을 빌기 위해 세운 원찰이라고
전해지는, 국가적인 사찰이다. 그 절의 규모도 웅장한 것으로 유명한데

그 한 가운데에 너비가 20미터를 넘는 팔각목탑이 앞뒤의 전각과 함께 세워져 있었음이 발굴조사과정에서 드러났다.

이처럼 해방 전과 후에 북한 고구려지역에서 잇달아 팔각형 목탑지를 중심에 둔 가람배치형식이 확인되면서 팔각형 목탑지는 고구려 건축을 대표하는 건축 유형으로 자리잡게 된다. 이렇게 되자 팔각건물은 고구려만의 독자적인 창안으로 생각될지 않을 수 없게 되었으며, 앞에서 언급한 팔각주초석, 팔각기둥, 그리고 고구려 고분에 가장 특징적인 팔각고임천정 등의 건축요소마저도 고구려적인 산물로 여겨질 정도로[12] 고구려 유적에서만 등장하고 있다. 팔각기둥(八角柱)은 고구려 초기 고분에서 보이는데, 그 예로는 대성리 1호분, 안악3호분, 요동성총遼東城塚, 그리고 쌍영총 등을 들 수 있다. 특히 안악 3호분은 팔각기둥이 주主된 기둥이고 이차적으로 네모난 기둥(方柱)를 부재副材로 사용하고 있다.[13] 그러므로 고구려가 가장 이른 시기부터 팔각이라는 독특한 의장을 궁궐의 제사와 관련된 유적의 바탕으로, 그리고 주요 사찰의 가장 핵심적인 요소로 조성하고 있다는 것은 분명하다고 하겠다.

이와 아울러 고구려의 우물도 팔각으로 돌을 쌓아올린 것이 최근에 알려졌는데, 이 문제는 이 뒤에 우리나라 우물의 팔각요소 항에서 함께 다루도록 하겠다.

---

12) 이강근, 「고구려팔각건물지에 대한 연구」, 2005, 한국고대학회, 『선사와 고대』 29호, 6쪽.

13) 서정호, 「壁畵를 통해 본 高句麗 집문화 (住居文化)」, 고구려문화연구회 홈페이지 (http://www.koguryo.org/Frame.htm)

(2)신라의 팔각

나정

나정

신라의 수도인 경주에 가면 탑동에 나정蘿井이란 우물터가 있다. '숲에 둘러싸인 우물'이란 뜻이다. 이곳은 신라의 시조인 박혁거세가 알에서 태어나 발견된 곳으로 알려져 있다. 『삼국유사』卷一「왕력」편 혁거세조에 보면 이런 내용이 있다.

전한(前漢) 지절원년(地節元年) 임자(壬子) B.C 69) 3월, 초하룻날 신라(新羅) 건국(建國)의 주역(主役)들인 육촌(六村)의 촌장(村長)들이 각각(各各) 그 자제(子弟)를 거느리고 알천(閼川)옆의 언덕에 올라 회합을 갖고 육촌(六村)에는 다스릴 군주(君主)가 없어 백성들이 방일(放逸)하여지고 나태하여지니 유덕(有德)한 인물(人物)을 선출하여 군주(君主)로 모시고 도읍(都邑)을 정하자고 결정하였다. 이와같이 결정을 한 후에 그 일행(一行)이 높은 곳에 올라 사방을 바라보니 양산(陽山)아래에 있는 나정(蘿井)이라고 하는 우물근처에 이상야릇한 기운(氣運)이 전광(電光)처럼 땅에 드리워져 있었고 백마(白馬) 한 마리가 무릎을 꿇고 경배(敬拜)하듯 하고 있었다.

이러한 광경을 바라본 일행(一行)은 모두 나정(蘿井)으로 달려가서 보니 그곳에는 붉은 색의 커다란 알(卵) 하나가 있었는데 백마(白馬)는 사람들을 보자 길게 울부짖으며 하늘에 올라가버렸다. 육촌(六村)의 사람들이 그 알을 쪼개어 보니 의외로 자태가 단정한 어린 사내아이 하나가 있었다. 나정(蘿井)에 모였던 육촌(六村)의 촌장(村長) 이하(以下) 모든 사람들은 모두 이상하게 여겨 동천(東川)에서 목욕시키니 어린아이의 몸에서 광채(光彩)가 나고 새와 짐승들이 어울려 춤추듯 놀고 천지(天地)가 진동(振動)하고 일월(日月)이 청명(淸明)해졌다. 모든 사람들은 이 어린아이가 세상을 밝게 한다 해서 혁거세(赫居世)라 이름하고, 같은 날에 알영정(閼英井)에서 계룡(鷄龍)의 왼쪽 옆구리에서 태어난 계집아이 알영(閼英)과 함께 짝지워 남산서록(南山西麓)에 궁(宮)을 마련하여 놓고 봉양(奉養)하였다.

이런 전설을 안고 있어서 사적 245호로 지정, 보호되고 있던 나정 일대에서 통일신라시대 팔각형 건물터가 발굴됐다. 2002년 5월부터 나정 일대 정비 사업을 위해 이 지역을 발굴하던 중앙문화재연구원은 2003년 6월 한 변의 길이가 8m, 동서 · 남북 길이가 20m쯤 되는 팔각형 건물터를 발굴했다.

팔각건물지는 평면팔각형이며 기단 한 변이 8m 내외로, 동-서·남.-북 길이가 약 20m이며, 중앙에서 확인된 우물지를 중심으로 사방 약 10m이다. 조사된 건물지의 내부면적은 300,27㎡(옛 단위로 약 90평)이나 되는 넓은 건물이다.

2002년 1차 조사에서 팔각건물지가 조사되고 2차 조사에서는 팔각건물지를 둘러싼 담장터가, 2005년의 4차 조사에서는 팔각건물지 밑에 우물이 있었음이 확인되었다. 따라서 이 우물이 바로 나정이었음이 확실시되었다. 팔각건물지는 이 우물지를 복토한 후에 약간 북쪽으로 이동하여 세운 것으로서, 내부에는 크기 20센티 내외의 강돌을 사용하여 4.5미터 간격으로 4개의 적심을 배치하였고, 중앙엔 구덩이를 하나 만들었는데, 우물을 덮고 나서 그 상징적인 기능을 위해 조성한 것으로 보인다. 요컨

대 구덩이와 우물지, 팔각건물지 등의 확인으로 이곳이 신라의 신성한 장소로서, 나라의 제사가 행해지던 곳이었음을 알 수 있게 되었다. 나정에서 출토된 유물은 모두 1,200여 점에 이른다. 기와와 토기류가 절대 다수를 차지하고 있고, 철기류와 자기류도 나왔다. 그 중 팔각 건물터에서 집중적으로 나오는 토기류에 주목할 필요가 있다. 팔각 건물터에서 발견된 토기류는 대부분 깨진 채 발견되었다. 의례용으로 쓰고 버린 제기라는 뜻이다.

특히 제21대 소지 마립간(照知麻立干)은 2년(480년) 춘2월에 시조묘를 배알했다는 기록, 9년(487년) 2월에 '나을(奈乙, 곧 蘿井)에 신궁을 지으니 나을은 시조가 탄생한 곳이다'라는 구절이 『삼국사기』에 있는 것을 보면 이때에 이곳 나정에 신궁을 세운 것이 아닌가 보여진다.

따라서 나정은 유적 전체가 사찰건물이 아니라 제사와 관련이 있다고 할 수 있고 특히 팔각형건물은 신성한 장소에 독특하고 웅장한 건물로 축조됨으로써 신성성과 상징성을 모두 가지고 있었다[14]. 아울러 소지 마립간 9년조의 나을이라는 이름 등을 연결하면 팔각건물지가 곧 신궁이라는 설이 가능하다. 그런 신성한 건물의 구조가 팔각이라는 것이다. 이것이 무엇을 의미할까? 신라인들이 이 신궁을 세운 것을 5세기 말로 본다면 그 때 신라인들은 팔각을 하늘과 인간을 연결하는 성스러운 수(聖數)로 믿어오고 있었다는 것을 의미하는 것이며, 동시에 하늘과 연결돼 하늘의 권위를 받고 있는 강력한 왕권을 과시하려는 의도가 있었다고 추측할 수 있다[15]

---

14) 최광식 상기 논문 267쪽
15) 나정의 발굴을 맡은 중앙문화재연구원은 이 유적을 2003년 일본 교토에서 새로 나온 다이고(醍醐)카야노모리(栢ノ杜)유적과 비교검토의 필요성을 제기했다. 이 유적에서도 팔각원당 유구가 나왔다.

팔각목조쌍탑

그런데 나정은 불교와 관련이 없는 제사시설인데 반해, 150년 후인 6세기 중반에 사찰 건물에 팔각이 있었음이 밝혀졌다. 즉 1982년 1월 7일 동아일보를 보면 사적 15호인 경주시 사정동의 흥륜사지에서 이 절이 목조쌍탑을 가진 대규모 사찰이었을뿐 아니라 쌍탑의 기초가 8각형으로 되어 있는 신라시대 유일의 건축물이라는 사실이 밝혀져 학계의 주목을 받았다고 한다.

흥륜사지

이같은 사실은 1981년 12월7일부터 보름간 금당 터 동남쪽 30여 미터 지점을 발굴한 문화재관리국 경주고적발굴조사단(단장 조유전)이 자연석으로 둘러싼 직경 11미터의 팔각기단 목탑지를 발굴, 확인함으로서 밝혀졌다. 목탑지는 78년 9월 금당지 서남쪽에서 발굴조사된 8각형 목탑 터와 대칭을 이루고 있으면서 직경 11미터의 같은 규모에 둘레는 직경 1미터 트기의 자연석으로 2단의 호석을 쌓았고 호석 안 중심부는 황룡사 9층 목탑지와 같이 머리 크기의 냇돌을 깔고 적심석을 다져 기초를 튼튼히 하는 수법을 썼음이 확인됐다는 것이다.

이 홍륜사터는 조사결과 홍륜사가 아니라 영묘사터일 가능성이 높게 나와 있다16). 이 절에는 선덕여왕의 설화17)가 얽혀있다. 이를 고려하면 금당과 그 앞의 목조 쌍탑의 건립연대는 이르면 선덕여왕 4년인 635년일 가능성이 있고18), 그 때에 목탑을 팔각으로 했으므로 신라의 불교사찰에서도 팔각에 대한 관념들이 있었음을 알 수 있다. 이것은 이미 4~5세기에 팔각목탑을 중심으로한 사찰조성형식이 마련된 고구려에 비하면 한참 늦은 것이지만 신라에도 이런 개념이 있다는 것 자체가 팔각에 대한 고대 한반도 거주민들의 신앙심을 입증하는 것이라 하겠다. 일본의 천황릉의 시초인 서명천황릉이 만들어진 것이 그가 죽고 난 후 2년 만인 643년이니, 만일 서명천황의 능을 팔각으로 조성한 것이 그 때였다면 그 10년 사이에 일본 황실에도, 신라 왕실에도 팔각에 대한 관념이 존재하고 있었다는 가설이 가능하다.

---

16) 현재 홍륜사터로 알려진 이곳이 실제는 영묘사터(靈妙寺址)이며, 홍륜사터는 지금의 경주공고가 있는 자리라고 보는 견해가 많다. 이곳이 홍륜사터로 지정된 것은 일제시대 일본인들이 사정동 일대를 조사하던 중 이 일대가 '홍륜들'로 불리고 있었는데다가 절터라곤 이곳밖에 보이지 않아 홍륜사터로 단정했다고 한다. 이곳에서 많은 와당조각이 출토되었는데, 그 가운데 '대령묘사(大令妙寺)' '영묘지사(靈廟之寺)' 등의 명문이 새겨진 것들이 있어, 이곳이 영묘사터임을 입증하고 있다는 입장이다.
17) 『삼국유사』에 등장하는 여근곡(女根谷) 이야기가 대표적인 것이로서 영묘사의 옥문지(玉門池)에서 개구리가 우는 것을 보고 백제의 군사가 여근곡에 숨어 있음을 짐작하여 그들의 기습을 막아 내었다는 이야기가 있다. 또 다른 이야기는 지귀(志鬼)의 설화이다. 지귀는 신라의 활리역(活里驛) 사람으로 선덕여왕의 아름다움을 사모하여 근심하며 울고 지내다가 모양이 파리해졌는데 여왕이 불공을 드리려고 절로 행차할 때, 그 소식을 듣고 절의 탑 아래에서 왕이 돌아가는 모습을 보려고 기다리다가 잠시 잠이 들어버렸다. 지귀의 사연을 전해들은 선덕여왕은 팔찌를 빼어 지귀의 가슴에 얹어두고 궁궐로 돌아갔다. 후에 잠이 깬 지귀는 이 팔찌를 보고 감격하여 이윽고 마음의 불이 일어나 그 탑을 돌다가 불귀신으로 변했다고 한다.
18) 홍륜사터라고 한다면 법흥왕 14년(527)에 이차돈의 순교로 다시 짓기 시작하여 진흥왕 5년(544)에 완성되었으므로, 그렇게 본다면 일본 서명천황릉보다는 한참 더 앞선다.

이성산성의 팔각

이성산성 동문지

팔각건축물을 신라의 항목에서 알아보면서 골치 아픈 점은 이성산성에서 나온 팔각건물지를 어떻게 보느냐 하는 문제이다. 즉 그 건축물이 신라에 속하느냐, 백제에 속하느냐, 혹은 고구려에 속하는가 하는 것이다.

잘 알다시피 이성산성은 경기도 하남시 춘궁동, 초일동, 광암동 등에 걸쳐 있는 이성산의 중턱에 축조된 삼국시대의 산성으로 사적 제422호이다. 성벽의 높이 4~5m, 둘레 1,925m에 달하는 포곡식의 석축산성으로 그 형태는 부정형이다. 이 산성에서는 다수의 건물지와 저수지, 신앙유적 등이 조사되었고, 명문목간을 비롯해서 토제마, 철제마 등의 의례용품, 기와와 토기 등의 유물이 출토되었는데, 그 중에 목간과 고구려척은 학계의 비상한 관심을 모았다. 건물지는 장방형 건물이 3동, 8각 · 9각 · 12각 건물이 1채씩이다. 장방형 건물은 규모가 정면 15칸 측면 4칸, 정면 17칸 측면 4칸, 정면 16칸 측면 4칸의 대형건물로 형태는 누각형樓閣形이며 병영이나 창고 등 산성의 주요기능을 담당한 건물들이었을 것으로 보인다. 산성의 정상부 가까이에 있는 8각·9각 건물은 장방형 건물을 사이에 두고 동서로 배치되어 있다.

이성산성 팔각건물지

8각 건물지는 1987년 2차 조사에서 전면 발굴되었는데, 좁고 완만한 경사면을 따라서 중심부를 중심으로 전체 3열의 초석이 돌아가는 형태이다. 이 건물지는 이성산성의 정상부를 배후에 두고 이성산성의 중심부를 바라볼 수 있는 지점에 위치하며 8각 건물지의 서쪽에 위치하는 정상부는 남북으로 긴 타원형을 이루며 이성산성의 중심부를 감싸 앉는 형상을 띠고 있다. 그렇기 때문에 8각건물지에서 성의 바깥부분을 관찰하기는 거의 불가능하다. 더우기 다른 곳의 다각형 건물지와 달리 여러 사람이 모일 수 있는 외부 공간 확보가 가능하다는 점 등을 고려해 볼 때, 방어를 위한 기능보다는 제사의 기능을 수행했을 가능성이 더 크다고 본다. 발굴단은 8각 건물지는 사직단으로, 인근의 9각 건물지는 천단으로 각각 추정하였다.

그런데 이 건물지가 어느 나라 때 만들어진 것이냐 하는 것이 논란이 되어왔다. 이 지역은 백제의 도성으로 믿어지는 풍납토성이나 몽촌토성과 가까운 곳이어서 백제의 것으로 생각되어 왔지만 한양대 발굴단의 조사에서 건물지 내의 출토유물이 신라의 것이기에 축조연대도 신라가 한강유역을 점유한 이후, 즉 신라인들이 만든 것이라고 하는 시각이 일반화되어 있다[19]. 그래서 일단은 신라 항목에서 살펴본다.

그런데 이러한 산성의 다각 건물지는 앞에서 본 것처럼 고구려의 환도산성의 사례가 최초이고, 고구려의 토기와 고구려척이 출토된 사례가 있어 고구려가 만든 것일 가능성도 아주 없는 것은 아니며, 또 성벽의 문지에서 양쪽으로 뻗어가는 성벽의 축조방식이 백제의 것과 유사하다는 지적, 그리고 공주 공산성과 순천 검단산성 등에서도 다각형건물지가 보이고 있으므로 팔각건물지가 백제건물의 영향이 있었을 것이라고 보는 견해도 있다. 경기도 박물관장과 문화재위원을 지낸 장경호씨는 이성산성을 중심으로 주위에 몽촌토성, 풍납토성, 암사동 토성, 그리고 남한산성과 구산성 등이 사방으로 약 4~5킬로미터의 거리를 두고 있는 (백제의) 중요한 요새였다는 점을 들면서 이 산성이 다분히 백제적인 요소도 있다고 밝히고 있다.[20]

이성산성 9각지

요는, 이 산성의 8각건물지가 신라시대라면 경주 나정이라는 평지에 하나가 있는 8각건물지가 갑자기 산성에 나올 이유나 개연성이 설명되어져야 하며, 그것이 아니라면 환도산성의 경우처럼 고구려의 것이거나 혹은 공산성

---

19) "1986년부터 한양대학교 박물관에 의한 발굴조사가 시작되어 10여차에 걸친 조사 결과 이성산성은 백제성이 아니라 신라가 한강유역을 장악하고 난 이후에 쌓은 성임이 밝혀지게 되었다…." 「이성산성」, 문화컨텐츠닷컴.
20) 장경호, 『아름다운 백제건축』(2004, 주류성), 33쪽과 50쪽.

의 사례(출토 유물이 신라시대의 것이라서 신라로 보기도 한다)에 따라 백제의 것일 가능성이 있다는 것을 지나쳐 볼 수가 없다는 점이다. 또 앞에서 언급한 것처럼 일본 큐슈의 기쿠치성(鞠智城)이 백제의 멸망 이후 백제의 귀족들의 지휘 하에 만들어진 것이라면, 그와 아주 유사한 형태로 산성에 지어진 팔각건물, 그것도 백제의 수도 바로 옆에 있는 8각건물이 백제인들의 관념에 따라 만들어졌을 가능성을 배제할 수는 없다.

이런 상황에서 중요한 것은 이 8각건물은 그것을 만든 사람이 고구려인인가, 신라인인가, 혹은 백제인인가를 불문하고 이 8각건물이 하늘에 제사를 지내는 사직단의 역할을 했다면 그것은 환도산성의 경우에도 그랬고, 경주 나정의 경우에도 그랬듯이 곧 하늘과 인간을 연결하는 가장 대표적인 제사유적이라는 것이다. 곧 여기에 쓰인 8각이라는 도형, 8이라는 숫자는 고대 한국인들이 하늘을 상징하는 개념으로 신앙해온 것임을 알 수 있다는 것이다.

산성의 팔각

흥미로운 것은 경기도 일대의 산성에서 이러한 팔각건물지가 추가로 발견되고 있다는 점이다. 설봉산성과 망이산성 그리고 아주 최근에 확인된 용인 할미산성의 팔각건물지가 그것이다.

설봉산성은 이천시 사음동과 관고동에 걸쳐 위치하고 있는 해발 394m인 설봉산雪峰山 정상에서 동북쪽으로 700m 정도 떨어져 있는 '칼바위'를 중심으로 축조되어 있다. 설봉산 정상에서 북동쪽으로 약 700m 떨어진 해발 325m 봉우리의 7부에서 9부 능선을 중심으로 축조된 설봉산성은 둘레 1,079m의 테뫼식 산성이며, 면적은 85,880㎡이다. 설봉산성 내에서는 모두 6개소의 건물지建物址가 확인되었다. 이들 건물지는 대부분이 성내의 평탄대지를 활용하여 조성하였다.

설봉산성 팔각지

장대지 남동쪽의 완경사를 이루는 평탄지에서 8각 제단으로 추정되는 기단유구가 확인되었다. 이 기단유구의 석축길이는 정면이 3m, 측면이 1.8m로 부등변 8각형의 형태를 나타내며, 전체면적은 27.9㎡, 높이는 0.6m로 추정되고 있다. 성내에서 수습된 유물은 4세기 말 백제시대 토기를 비롯하여 삼국시대에서 통일신라기에 조성된 것으로 추정되는 기와, 그리고 청자 및 백자편에 이르기까지 넓은 시기의 것이 수습되었다. 석제류는 '함통咸通'명 벼루를 비롯하여 봉인封印과 18점의 석전용 석재가 있다. 철제류는 상당량이 출토되었는데, 생활용구로 솥과 그릇, 뚜껑 등이 있으며, 농기구로는 보습, 쟁기벽, 무기류로는 2단 유경식철촉(二段 有莖式鐵鏃) 등 화살촉이 많은 예를 보이고 있는데, 이들 철제류는 백제시대에 제작된 것으로 추정되며 이를 종합해 볼 때 설봉산성의 초축시기는 백제로 판단된다(고고학사전).

다시 말하면 백제시대에 처음 만들어진 이 설봉산성의 정상부근에 8각의 건물지가 있다는 것이다. 이곳 팔각건물지는 제단의 성격으로, 그간의 발굴 출토된 각종 유물로 보아 4세기 백제를 비롯하여 삼국이 이용하기 시작해 고려시대까지 이어진 것으로 추정되고 있다. 일부에서는 이 곳에서 나온 '의봉4년儀鳳四年'이라고 새겨진 기와 등을 근거로 경주 나정과 맥을 같이하는 신라라는 설도 제기하고 있지만,[21] 어쨌든 이 설봉산성도 삼국시대에 만들어진 매우 중요한 산성이었음은 분명하고 그 정상에 제단시설이 있었다는 것이다. 따라서 만약 이 산성의 팔각제단이 백제의 것으로 확인된다면 이성산성의 8각건물지도 백제일 가능성이 있으며, 아울러 그것은 고구려의 전통일 가능성도 있다는 데서 고구려에서 백제로 연결되는 8각제단의 흐름을 보여주는 중요한 유적이라고 생각된다.

망이산성

경기도 안성시 일죽면 금산리 일대에 있는 망이산성은 충청북도와 남도, 경기도를 조망하는 전략상의 요충지이다. 이 망이산성에서 8각형 건물터가 발굴되었다. 단국대학교 매장문화연구소(소장 박경식)가 2005년 8월부터 11월 30일까지 실시한 '망이산성 3차 발굴조사'에서 팔각건물지를 비롯해 성벽축조방법, 기와편, 자기류, 철제류, 청동제류 등을 발굴했다. 특히, 이 발굴조사에서는 성벽축조방법과 건물지에 대한 조사에 중점을 두었다.

망이산성의 팔각 건물지는 중앙에 심초석(180×135×40㎝)을 놓고, 외부로 8개의 초석과 1~2개의 기단열 그리고 각 기단열과 대응되는 암거시설을 한 구조의 건물지이다. 이 팔각형 건물터는 그 정중앙에는 다층건물에서만 발견되는 거대한 심초석이 확인됨으로써 단층이 아니라 적어도 2층 이상 되는 건물이었던 것으로 예상할 수 있다. 그리고 그 옆에는 동서 너비 약 22m에 이르는 부속건물이 있었다는 것이 특이하다. 2층 이상의 팔각건물이라면 일본 기쿠치성의 팔각건물지와 유사한 목적으로 세워졌을 것이다.

---

21) 의봉 4년이란 명문이 있는 기와는 우물에서 나왔다고 하는데(김성구, KBS역사스페셜 '신라건국의 수수께끼, 나정(蘿井)은 알고 있다' 2005년 6월 24일), 우물터가 경주 나정처럼 팔각지 밑에 있는 것이 아니고 그 옆에 있는 것이기에 그것이 팔각제단의 형성 시기를 증언하는 것은 아니라고 필자는 생각한다.

망이산성 팔각건물지

 평지가 아닌 산성에서 팔각 등의 각형 건물지가 출토된 예는 지금까지 충남 공주의 공산성, 경기 하남시 이성산성과 이천시 설봉산성 등지에서 확인된 바 있으며 제사나 의식과 관련된 건물로 학계에서는 추정하고 있다. 기본적으로는 옆의 부속건물의 존재만 다를 뿐 설봉산성의 팔각건물지와 같은 용도로 보인다. 그럼 이 유적의 팔각건물은 언제 때 것일까? 조사단은 기와 출토 양상을 근거로 통일신라말-고려시대 초기의 유적일 것으로 보았다. 그러나 축성방식이 외벽을 높게 하여 적군을 방어하도록 하였고 내벽은 낮게 하여 내부에 이르면서 평평하게 다져놓아 인마人馬의 통행이 가능하도록 한 것을 볼 때 삼국시대에 흔히 볼 수 있는 내탁방식(內托方式: 속을 단단히 다지고 겉을 쌓는 방식)이며 따라서 이 산성은 삼국시대에 축조된 것으로 보인다. 1980년 단국대학교 학술조사단에 의하여 처음 발견됐을 때에는 성안에서 고구려계통의 기왓장이 다수 출토된 것을 들어 고구려의 산성으로 추정하였으나 1차 발굴에서는 백제식 토성을 발견하기도 했다.22) 2001년 12월 충북 음성군이 망이산성 봉수대 아

22) "1차발굴조사에서는 봉수대 주변, 남문지와 2호 치성 및 건물지에 대한 조사를 진

래 남쪽 경사면의 약수터를 정비하기 위해 공사를 벌이던 중 땅속에서 백제시대 철제갑옷과 철제 솥을 발견한 것도 있다. 지금까지 삼국시대 철갑옷은 신라계가 주로 발견됐으며, 백제시대의 완제품이 발견된 것은 처음이다. 봉수대 주변이 백제 토성이었다면 성 정상부는 백제시대에 만들어진 것으로 보는 것이 더 합리적이다. 그런데 나중에 통일신라말기에 만든 것이라고 바뀌었다.

축성방식과 팔각건물지의 존재 등을 놓고 볼 때 분명히 환도산성의 구조, 이성산성의 구조, 설봉산성의 구조와 맥을 같이 하는 것으로 보이므로 이 산성도 적어도 고구려에서 시작돼 백제로 이어진 산성형식이 아닐까 하는데, 학자들은 자꾸만 축성연대를 신라 말로 내려잡는 것이 아닌가 생각된다, 신라 말기에도 성을 사용했을 가능성은 있지만 갑자기 신라가 이런 성에 팔각건물을 하나만, 그것도 경기도와 충청도 사이에만 세울 이유가 없지 않은가? 그렇다면 이 망이산성의 팔각건물은 당연히 백제 혹은 고구려로 보아야 하는데, 이상하게 신라로 알려지고 있다.

할미산성 팔각건물지

가장 최근인 2015년 10월에 용인의 할미산성에서 팔각건물지가 2기나 발견된 것이 충격을 주고 있다. 경기 용인시 처인구 포곡읍 마성리에 소재하는 할미산성(경기도 기념물 제215호)에서 팔각 건물지와 집수시설이 발견된 것이다. 용인시와 한국문화유산연구원이 할미산성에서 2014년부터 진행해 온 3~4차 발굴조사 결과, 팔각형 등 다각을 이루는 2동의 건물지와 대형의 장방형 초석 건물지 2동, 점토와 석재로 구축된 집수시설 1기가 발견됐다고 한다. 초석 건물지와 집수시설은 산 중턱에 경사면을 깎

행하였는데, 봉수대 주변에서는 백제시대에 축조된 것으로 추정되는 토성이 확인되었고" 「망이산성2차발굴보고서」, 19쪽, 단국대학교 중앙박물관, 1999.

아내어 마련한 평탄 대지면 위에 일렬로 위치하고 있다. 집수시설을 중앙에 두고 좌우 대칭으로 초석 건물지가 조성돼 있는데, 이들은 계획적인 설계에 따라 같은 시기에 만들어진 것으로 보인다는 것이다.

발굴단은 이 8각형 건물지는 고배(高杯, 굽 높은 잔)와 토기완(흙으로 만든 사발모양의 접시) 등의 유물이 내부에서 출토된 것으로 미뤄볼 때 6세기 중반 한강유역을 점유한 신라인에 의해 축조된 것으로 추정됐다고 밝혔다. 그 외에는 건물지의 크기나 초석의 배치 상황 등 자세한 사항을 설명하지 않아 정확한 실상을 알기 어렵다. 다만 할미산성은 신라산성이고 팔각건물지도 신라인들에 의한 것이란 설명이 된다. 문화재청은 할미산성은 효과적인 전투 수행을 위해 조성된 것으로, 전투가 없는 평시에는 시조신과 천신에게 제사를 모시는 의례적 공간으로 활용된 것으로 보이며 이번에 조사된 팔각형 건물지와 집수시설, 대형의 초석 건물지가 이런 역할을 담당한 공간이었던 것으로 추정된다고 밝혔다. 초석 건물지는 의례를 치르기 위해 준비하는 공간, 집수시설은 의례 준비과정에서 필요한 물을 제공하는 시설이었을 것이라고 설명한다.

그런데 건물지가 나온 곳은 산성의 중심구역이라 할 수 있는 성내 남쪽 경사면이다. 다시 말하면 남쪽을 방어하기 위한 성이란 것이다. 신라인들이 왜 남쪽을 향해 성을 쌓았을까? 내가 신라인이라면 고구려를 방어하기 위해 북쪽을 향해 쌓았을 것이다. 혹시 신라와 각축을 벌이던 백제가 신라의 침공을 방어하기 위해 남쪽을 보고 쌓은 것이 아닐까? 이곳에서는 그동안의 조사결과 '삼국 시대' 수혈 주거지 25기와 원형 수혈 13기, 매납(埋納, 목적을 가지고 땅에 묻음) 유구 2기 등 다양한 종류의 유구가 높은 밀집도를 보이며 확인됐다고 하는데, 여기에는 신라가 아니라 삼국시대라는 표현이 등장한다. 삼국시대라고 하면 곧 백제의 것이 아닌가? 또 신라의 산성이고 시조신에게 제사를 지냈다면 신라의 시조신이란 이야기인데 고구려라면 동명왕이란 시조신이 있지만 신라의 시조신은 누구란 말인가?

아무튼 형식으로 보면 건물지가 1곳이 아니라 2곳이 나란히 있다는 데서 누가 봐도 고구려 환도산성의 형식이 그대로 재현되고 있다. 그런데도 발굴단은 여기에 대한 언급이 없이 신라시대의 토기가 나온 것만을 근거로 신라인들이 만든 것으로 발표했다. 할미산성에서의 팔각건물지의 발견은 팔각건물에 대한 기존의 학설에 대해 다시 깊은 연구를 하게 만들 것이다.

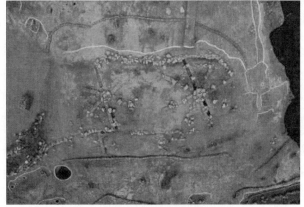

할미산성 팔각건물지

(3)백제의 팔각

이성산성 다시 보기

이성산성 12각 건물지

이렇게 이성산성의 팔각지를 신라가 한강지역을 점령한 이후라고 하고 망이산성 팔각지도 신라 말이라고 하고 나니 백제시대에 만들어진 팔각건물은 거의 없는 셈이 된다. 다만 팔각건물을 대상으로 해서 한중일 고대 제사유적을 비교 연구한 최광식은 설봉산성의 경우 8각 제단 주변에서 발견된 토광이 여타 산성에서 조사되는 백제의 토광과 유사하고 토광에서 백제시대로 추정되는 토기가 출토된 점으로 미루어 이 유적이 백제시대에 만들어졌을 것이라는 견해(박승범, 1999, 「이천 설봉산성 1차 발굴조사 보고서」)를 채택해 백제의 팔각건물지로 분류를 해놓았다.[23]

---

23) 최광식, 「한 중 일 고대의 제사제도 비교연구」, 『선사와 고대』 27輯, 2007, 263쪽.

필자는 전문고고학자가 아니어서 산성의 구조나 성벽의 조성방법, 건물지의 토층이나 출토유물 등 고고학적인 자료를 정밀하게 분석하지 못하기에 감히 강하게 말을 할 수는 없지만 설봉산성이나 망이산성의 팔각건물이 신라시대의 것이라는 일반적인(?) 견해는 받아들이기 쉽지 않다. 그것은 어느 현상이든 최소한 비슷한 선례나 그에 대한 이유가 있어야 하는데, 엉뚱하게 설봉산성이나 망이산성의 어느 구덩이에서 기와가 신라기와 등이 나왔으므로 신라말기라고 한다면, 그 전에 나온 토기류는 무엇이고, 어찌 후대의 것만을 들어 단정하는 것이 이치에 맞을까 하는 생각이 든다. 수비를 위한 성이라면 그 성이 향한 방향이 남쪽이란 점을 보아도 그것이 신라가 만들었을 이유가 있겠는가? 나중에 신라가 그런 산성을 사용했을 때에 유물이 들어가 있었던 것이 아닌가?

학자들 가운데에도 필자보다 먼저 같은 생각을 하시는 분이 있다. 한밭대 심정보 교수가 이성산성의 축조를 통일신라로 보는 한양대 발굴단의 견해를 비판하고 나온 것이다.

　　이성산성은 20년간 11차례에 걸쳐 발굴조사가 이루어졌으며, 제8차 발굴조사보고서에서는 남벽에서의 2차 성벽과 3차 성벽이 고구려 축성술로 판단하고 출토유물 중 고구려 토기와 목간을 들어 고구려가 점거한 후 축성되었음을 밝히게 되었다. 그리고 축조기법을 비교하고 가능성을 제시하였음에도 불구하고 발굴조사기관에서 간행한 이성산성 발굴조사 20주년을 기념하는 특별전 논고에서는 초축시기를 통일신라시대로 규정하는 예상밖의 견해를 밝혀 혼동을 주고 있다. 초축시기의 축성기법은 암반까지 굴착하고 지대석 없이 기단석 위에 장방형 및 방형의 면석을 한자 품자 형태로 바른층 쌓기로 축조한 것으로, 한성백제시기에 축성한 설봉산성, 설성산성, 반월산성, 장미산성 등과 유사한 축성기법을 보여주고 있다. 동문지는 설성산성 서문지와 같이 다락문에 내옹성을 시설하였으며, 통일기에 성문 너

한국고대학회

비를 2M 정도 좁혀서 서용하였으며, 성내외로의 출입을 용이하게 하기 위하여 등성시설을 한 것 까지 매우 유사하다는 것이 확인되었다. 이 밖에도 이성산성이 백제에 의해 축조되었다는 결정적인 증거는 세가지나 된다.

첫째. 곡면을 이루고 있는 성문지의 특징이 바로 백제의 성이라는 결정적인 증거이다.

둘째. 백제 성벽의 가장 큰 특징은 마치 옥수수알처럼 다듬은 돌로 쌓은 큰 특징을 가지고 있다.

셋째. 삼족기, 고배, 직구단 등의 유물은 백제 중앙세력이 머물렀다는 결정적인 증거이다.

- 하남문화원 하남역사문화 강연, 「이성산성 바로 알기」, 미디어하남,

(2014. 7. 11)

이성산성의 구조와 배치

실제로 2000년 백제의 흔적을 보여주는 유물이 이성산성에서 발견되었다. 당시 한양대 발굴팀장이었던 유태용은 2000년에 발간된 「이성산성 8차 발굴 보고」에서 "이성산성 출토 토기기종가운데 태토, 문양, 기형, 색조, 제작 수법 등에서 '삼국시대 전기후반의 토기' 특징을 보여주는 것들이 일부 확인되고 있다"라고 했다. 더욱이 성벽을 잘라 조사하던 중에 겉으

로 드러난 성벽 안쪽에 그 성벽보다 먼저 쌓인 성벽과 또 그 전에 쌓여진 성벽, 즉 초축성벽이 발견되었다[24]고 한다. 이 초축 성벽에서 백제토기가 나왔다고 한다. 이것으로서 이성산성이 신라보다 앞선 백제시대에 처음 쌓여진 것이 확실해졌지만 나중에 학자들이 이 문제에 대해서는 보고서에서도 백제토기라는 표현이 사라지고 연대도 얼버무리고 있는 상황이다.[25]

전체적으로 우리 고대사에서 나타난 팔각건물지를 보았을 때 연대순으로 보면 고구려에서 발생해서 백제로 내려온 것으로 보이며, 신라 나정의 팔각은 고구려보다도 늦은 시기에 당시 3국 사이에 형성된 8에 대한 개념이나 신앙심에 따라 제사유적으로 활용된 것이 아닌가 보여진다. 실제로 당시 중국에는 이러한 팔각건물을 선행하는 사례[26]가 아직까지 발견되지 않고 있고, 팔각건물이 유목민족의 필요에 의해 발생했다는 설도 있는 것을 보면 팔각이야말로 고구려에서 시작돼 남으로 내려온 것으로 주장하는데 크게 무리가 없을 것이다.

---

24) 강찬석, 이희진『잃어버린 백제 첫 도읍지』201쪽. 2009년 소나무
25) 발굴보고서에 실린 '삼국시대 초기 토기'라는 표현은, 삼국시대 초기에 이 일대가 백제의 옛 수도였으므로 백제토기라고 쓰는 것이 맞지만 발굴단의 기존의 발표와는 다른 백제토기의 출현에 대해, 자신들이 속한 학계의 입장에 따라 백제라는 말을 쓰지 않으려 이런 표현을 썼다는 주장이 제기되었다. 그리고 그런 보고서를 본 원로 고고학자 한 분이 발굴현장에서 보고서를 집어던져 버리기까지 했다고 한다. 강찬석, 이희진,『잃어버린 백제 첫 도읍지』, 242~242쪽, 2009년, 소나무.
26) 중국의 팔각에 대해서는 다음장 '중국의 8각'에서 상세히 다룬다.

동사지의 팔각

동사지 탑 2기

이와 관련해서 가장 중요한 또 하나의 팔각유적이 무시되고 있는데, 그 것은 경기도 하남시에 있는 동사지桐寺址의 팔각유적이다.

1991년 사적 제352호로 지정된 동사지는 중부고속도로 하남인터체인 지에서 남쪽으로 2.5km 지점의 금암산(金岩山: 322m) 기슭에 있다. 사찰 이 있었을 것으로 믿어지는 이 곳의 건축물들은 모두 소멸된 상태이고 초석과 심초석 그리고 토기편과 기와편들이 발견되었다.

동국대학교 박물관 조사단이 1988년 4~7월에 발굴 조사한 결과 '동사桐 寺'라는 이름의 명문銘文기와가 출토되어 통일신라 말부터 고려 초기로 이 어져 내려온 절터인 것으로 발굴단은 보았다. 다만 동사라는 절에 대한 기 록은 문헌상으로는 나타나지 않아 이 절에 대한 내력은 알 수 없다.

발굴조사시 금당터와 4곳의 건물터의 흔적이 발견되었다.

부처를 모시는 건물인 금당은 당시 매우 큰 건물이었고, 금당 안에는 지름 5.1m의 8각 대좌 흔적이 나왔다. 이 절터 중앙부에는 보물 제11호·제12호로 지정된 신라양식을 계승한 3층석탑과 5층석탑이 원형그대로 남아있다. 이 절터의 발견은 1988년 발견 당시 크게 화제가 되었다

백제의 첫 수도였던 하남위례성 지역에서 황룡사 금당법당에 버금갈만한 초대형 금당 터와 금당 정중앙에 안치된 흙으로 만든 국내 최대의 소조불좌상의 8각 대좌 하대석, 그리고 신라 말 고려 초에 걸친 각종 정교한 무늬가 있는 암막새 수막새기와 귀면와, 금동불상, 소조불상의 나발과 코, 동사라고 글귀가 쓰인 명문기와 등이 동국대학교 발굴단에 의해 발굴됐다. 이번 발굴은 여러모로 역사적인 의의를 갖고 있다고 평가된다.

첫째 사찰의 초창과 중창의 역사적인 의의이다. 현 금당 터에서 5백 미터쯤 떨어진 지역의 절터에서 통일신라 내지 그 이전 백제시대의 기와 토기들이 출토되어 이 사찰이 백제 내지는 통일신라 때 처음으로 창건되었다는 것을 알 수 있다. 만약 백제 때 창건되었다면 우리나라 최고의 백제사원이 발견되는 역사적인 의의를 갖게 된다. 이른바 백제수도와 관련되는 가장 오래된 절터인 셈이다.

둘째 이 옛 절은 신라말 고려초에 대대적으로 확장하여 중창된 것임을 알 수 있는데 이번에 문제의 최대 규모의 금당을 포함해 모두 2개의 금당이 발굴되었지만 중앙 금당 오른편에 또 하나의 금당이 있을 가능성이 있기 때문에 전체적으로 황룡사와 동일한 1탑삼금당의 가람배치를 보여줄 것으로 기대된다.

최대규모의 금당은 정면이 7간, 측면이 6간이다. 이 금당은 정면의 주춧돌 사이 너비가 28.9 센티미터, 측면의 초석 사이 너비가 21미터, 기단너비가 27미터나 되는 초대형 법당이다.

통일신라 내지 고려기의 전체 사원을 통틀어 이만한 규모의 금당 터가 발견되지 않았으므로 앞으로 이 사찰터는 반드시 역사적인 사적지로 재평가되어야 할 것이며 교과서에서도 경주 황룡사, 익사 미륵사와 함께 신라 말, 고려 초의 최대사원으로 광주 동사가 거론되어야 할 것이다.

동사지 탑과 팔각대좌

셋째 금당의 정중앙에 위치한 거대한 불상대좌는 하대석만이 남았는데, 8각형대좌의 전체규모를 충분히 이해할 수 있다. 대좌의 직경은 5.1미터로 지금까지 알려진 불상대좌로서는 가장 큰 것이다. 지금까지 초대형의 좌불상은 알려지지 않았기 때문에 신라말 고려초의 한국조각사 연구에 획기적인 일이라 하겠다.

넷째 이 절터에서 출토된 다양하고 정교한 유물의 성격문제이다. 금입사 청동불상은 비록 얼굴이 없고 편불이지만 옷무늬가 가늘게 음각되어 여기에 금이 다시 입사한 것으로 현재까지 발견된 예로는 처음으로 확인된 금입사금동불이다. 이 절의 격을 잘 나타내는 화려한 불교미술의 일면을 단적으로 보여주는 것이다.

다섯째 각종 명문기와들의 확인으로 이 금당은 901년 내지는 978년 등 여러 차례 중창된 사실을 알 수 있고 더욱 중요한 사실은 이 절의 이름이 同寺 혹은 廣州桐寺로 명확히 확정할 수 있게 되었다는 사실이다.

– 1988년 6월10일 경향신문

이처럼 이 절이 통일신라나 그 이전 백제시대에 만들어졌을 가능성이 제기되었지만 그 뒤에 이 절의 창건 연대가 통일신라 말기로 내려가는 현상이 생긴다. 2010년 8월 하남역사박물관(관장 김세민) 주최로 열린 학술세미나에서 엄기표 교수(단국대)는 "하남 춘궁동 3층 · 5층석탑의 양식과 의의"라는 논문을 통해 동사지는 "발굴조사시 확인된 유적과 유물에 의하여 통일신라 말기에 창건된 것으로 파악되었다"고 말하면서 "발굴시 출토된 명문기와와 현존하는 석탑으로 보아 고려시대에 들어와 대대적인 중창이 있었던 것으로 이해되고 있다"며[27] 동사가 통일신라시대 말기에 최초로 건립되었다고 주장하고 있다.

훨씬 내려간 연대

왜 이렇게 창건 연대가 수 백 년이나 내려갔을까? 현 금당 터에서 5백 미터쯤 떨어진 지역의 절터에서 통일신라 내지 그 이전 백제시대의 기와 토기들이 출토되어 이 사찰이 백제 내지는 통일신라 때 처음으로 창건되었다는 것을 알 수 있다고 하지 않았던가? 동국대 발굴단의 연대 기준과 엄기표 교수의 연대 기준이 다르단 말인가?

그 사정을 정확히 헤아리기는 어렵지만, 우선은 이 일대에서 출토된 기와에 신유광주동사辛酉廣州桐寺 흥국3년興國三年라는 명문銘文이 새겨 있는데, 신유는 961년(고려 4대 光宗 12년)이며 흥국은 송나라 태종의 연호인 대평흥국太平興國이 분명하므로 태평흥국삼년은 978년(고려 5대 景宗 3년)이라는 계산에서 나온 것으로 보인다.

그런데 필자는 아마도 이 일대에서 백제 사찰이 나왔다고 하는 것이 현 고고학계의 상황에서 아주 어려워 연대를 낮춰 잡지 않았나 추정해본다. 이 하남시 일대는 향토사학자들이 하남위례성이 위치하던 곳이라며 대대적인 발굴조사를 강력하게 요청해왔는데, 이성산성에서 백제계 유물이

---

27) 엄기표는 「河南 春宮洞 3層과 5層石塔의 建立 時期와 意義」 논문에서도 같은 주장을 폈다. 『선사와 고대』 第34號, 2011年 6月호 참조.

별로 보이지 않고 있다는 점, 그리고 궁궐의 주춧돌이 아니냐는 설이 제기되었던 하남시 교산동 일대 야산도 발굴조사 결과 특별한 유적이 나오지 않은 점 때문에 굳이 이 절을 백제 절이라고 주장할 근거가 미약해졌다고 보는 데서 비롯된 것으로 보고 있다. 어쨌든 백제토기가 나온 곳도 현 금당터에서 약 500미터 떨어진 곳이라니 그것을 같은 절로 동일시하기가 어려워 적어도 동사의 경우는 신라 말이나 고려 초에 만든 것으로 보고 싶다는 뜻일 것이다.

그러나 이로부터 얼마 뒤 2010년 8월에 발간된 정부기관인 문화재청 문화재대관에서는 "동사지 일대에서 백제시대의 토기편과 기와편이 산재해 있어 백제의 첫 수도인 하남위례성으로 추정되기도 한다"고 하는 한편 "건물터 일부와 기와 토기편, 저울추 등이 발견되어 이곳은 시기적으로 백제시대의 옛 토기편일 가능성이 크다"고 말함으로서 엄 교수의 주장보다 훨씬 이전에 건립된 것으로 보는 견해를 싣고 있다. 문화재대관의 이같은 기술에 대해 향토사학자들은 반기는 분위기이지만 학자들의 공식적인 인정은 아니다.

불상 대좌인가?

팔각대좌

금당지 한가운데에서 발견된 거대한 팔각유적지, 이것이 과연 무엇일까? 직경 5미터 10센티에 달하는 정팔각형의 이 유적을 불상을 봉안한 대좌로 추정하는 것이 일반적인 견해이다. 불상의 대좌라고 해도 지금까지 발견된 대좌 가운데 가장 큰 것이기에 그 성격이 중요하지 않을 수 없다. 불상의 대좌로 보는 이유로는 대좌 주변에서 흙으로 구운 불상조각이 다량 나왔기 때문인데, 이곳에 불상이 봉안되었다면 그 크기는 최소한 4미터 이상의 소조塑造장육상丈六像이었을 것으로 추정했다.[28] 그리고 탑 뒤에 있는 금당지가 정면 34.3미터 측면 26.2미터의 크기로 신라 황룡사지 금당(정면 45미터, 측면 20미터)에 버금가는 크기라는 것이 주목되었다. 이처럼 큰 금당과 대좌가 학자들의 의견대로 신라 말에 조성된 것이라면 어느 곳에서라도 관련 기록이 나와야 한다. 고려 초에 만들었다고 해도 마찬가지이다. 그러나 신라나 고려 최대의 사찰에 대한 기록이 전혀 없는 것이다.

당시 발굴조사를 지휘한 동국대 문명대 박물관장은 '사찰의 규모로 보아 이 사찰의 건립에는 국가권력에 버금하는 지방 호족의 후원이 있었을 것'이라고 주장을 했고 이에 따라 엄기표 교수를 비롯한 일부에서는 고려 초에 권세를 누렸던 이 지역 출신의 호족인 왕규[29]가 그 주인공일 가능성도 조심스레 제시했지만 왕규가 나중에 역적으로 처벌되었다는 점 때문에 그 설은 신뢰를 얻지 못하고 있다.

따라서 이 절이 신라 말이나 고려 초에 절이 세워졌을 가능성은 많시

---

28) 향토사학계에서는 이 곳에서 발견되었다고 하는 와당편을 목탑의 토석을 만드는 데 쓴 와적편으로 보고 이 대좌가 목탑지라는 주장을 하기도 한다.

29) ?~945(혜종 2). 고려 전기의 재신(宰臣). 광주(廣州) 지방의 호족 출신으로 태조 왕건(王建)을 받들어 대광(大匡)에 이르렀다. 두 딸은 태조의 제15비(妃) 광주원부인(廣州院夫人)과 광주원군(廣州院君)을 낳은 제16비 소광주원부인(小廣州院夫人)이 되어 왕실의 외척으로서, 광주의 강력한 지방세력을 기반으로 막강한 정치권력을 장악하였다. 왕규는 자기의 외손자 광주원군을 왕위에 앉히려고 몇 차례 혜종을 죽이고자 하였으나 실패하고 유배당했다가 참수되었다.

않다는 것이 필자의 생각이다. 오히려 백제 초기의 절터가 아닐까 생각해 본다. 백제는 삼국 중 2번째로 제15대 침류왕 때 전래를 받았다는데 그가 왕위에 오르던 384년에 동진에서 온 마라난타라는 인도의 승려를 교외에 나가 맨발로 맞이했다고 한다. 왕은 그를 궁궐에 머물게 하는 등 극진히 대접했고, 이듬해 2월에 한산에 절을 세우고 10명의 승려를 머물게 했었다고 한다. 백제가 불교국가가 된 후에는 당연히 왕실이 원찰을 세우고 공양을 드렸을 것인데 그 흔적이 아직까지 확인되지 못한 것을 보면 백제가 왕성하던 시기의 사찰의 흔적이고, 국가적으로 큰 공을 들여 만든 절일 가능성이 있다.

동사지 팔각대좌

그렇다면 여기에 있는 거대한 팔각유적지는 고구려에서 발달한 목탑 유지일 가능성도 있다. 아니 불상대좌라고 해도 8각으로 거대한 소조불상을 세웠다면 그것도 백제 초기에 세웠을 가능성이 높다고 하겠다. 신라 말이나 고려 초는 왕권이 안정되고 기록이 많을 때인데 이에 대해 전혀 기록이 없는 것을 보면 이 팔각대지와 금당의 연대가 훨씬 올라가야 한다고 필자는 믿고 있다.

초기 도성의 문제

이와 관련해서 역사학계의 가장 중요한 이슈 중에 하나였던 백제 초기의 도성인 하남위례성의 위치 문제와 관련해서 최근에는 대체로 학자들의 의견이 풍납토성으로 모여지는 것 같고, 이성산성도 통일 신라 이후에 조성된 것이라는 주장이 (아직까지) 주류를 이루고 있는데, 이 경우 가장 큰 약점은 왕궁이라면 응당 있어야 할 도로나 건물터가 보이지 않고 있고 특히 백제왕실의 가장 큰 특징인 시조묘에 제사 지내는 공간이 풍납토성이나 몽촌토성에는 없다는 것이다. 무슨 이야기인가 하면 삼국사기 백제본기를 보면 온조왕이 백제를 건국한 원년(BC18년) 동명묘를 세웠다는 사실이 기록돼 있으며, 이후 나라에 우환이나 왕이 등극한 정월에 왕이 직접 제를 올렸다는 기록이 등장하는데 이 경우 풍납토성보다는 이성산성의 유적지가 이와 관련성이 더 높다.[30] 실제로 이성산 정상에서는 나라의 신에 대한 제를 지낼 수 있는 8~9각, 그리고 12각 건물지가 발견된 반면, 풍납토성과 몽촌토성에서는 아직 이같은 유적지를 찾아내지 못했기에 이성산성을 백제시대에 조성된 곳으로 보는 것이 가장 무리가 없고, 마찬가지로 하남시 교산동 일대가 여전히 백제 초기의 수도로서의 가능

30) 1999~2000년에 걸쳐 계속된 한신대학교 박물관의 경당지구 발굴에서 제사유적과 제사 후 폐기된 도구와 음식을 버리는 구덩이로 추정되는 유구, 기와와 건물바닥에 까는 전(塼), '大夫(대부)' '井(정)' 등의 문자가 새겨진 토기를 비롯한 다량의 토기조각, 유리구슬 조각, 제사 때 희생(犠牲)으로 사용된 것으로 보이는 12마리분의 말의 머리 등이 나왔다. 특히 제사유적의 주 건물은 길이 13.5m, 폭 5.2m, 깊이 3m의 '몸(여)'자형 지상가옥이었다고 발표되었다. 그러나 이러한 평지형 제사유적은 시조묘를 위해 단을 세우고 참배하는 형식이 아니어서 성격이 조금 다르다고 판단된다.

성이 아주 없지는 않다는 것이다. 그런데 한양대학교의 발굴조사 이후 이 성산성을 신라시대로, 동사 유지의 금당이나 불상좌대를 신라 말 또는 고려 초로 늦추는 바람에 초기 백제의 역사는 깡그리 묻히고 말았다는 목소리가 나오는 것이 그것이다.[31]

하남 팔각대좌 장독대

실제로 동사지에서 1킬로미터 쯤 떨어진 하남시 하사창동 어느 민가에서는 연화문 팔각대좌의 조각이 발견되었다. 발견된 지 20년 이상 지났지만 민가에 방치되어 있다. 이 대좌는 보물 332호인 광주철불의 대좌가 거의 확실하다고 향토사학자들은 말한다. 주변에서 천왕사를 알리는 명문 기와가 출토돼 천왕사지 철불이라고 볼 수 있지만 조성 연대는 대체로 신라 말에서 고려 초로 추정할 뿐이다. 신라 말과 고려 초에 이곳에 왜 「천왕사」라는 이름의 절을 세웠을까? 천왕사라는 이름은 왕도일 경우에 왕

---

31) 2000년 8월에 열린 이성산성의 8차 발굴 지도위원회에서 한 지도위원이 보도자료를 던지며 엉터리라고 화를 낸 사건이 있었고, 그 사건 이후 나온 발굴보고서에 이곳에서 나온 백제식 토기가 삼국시대토기로 그 명칭이 변해 실렸다는 주장이 있다. 최몽룡 전 서울대 교수는 이성산성을 백제의 산성으로 본다.

실의 절로 세우는 것이 보통이다. 이것을 신라 말이나 고려에 이곳에 세울 이유가 전혀 없다는 데서, 하남 일대 유적을 신라말이나 고려 초로 끌어내리는 학설이 고고학적으로는 어떨지 모르지만 역사적으로는 전혀 이치에 맞지 않는다고 감히 주장한다.

어쨌든 시간이 얼마가 걸리든 역사는 언젠가 그 실체가 드러난다. 최근 남한산성 내에서 초기 한성백제시대의 유물이 출토되어 학계의 주목을 끌었다. 없어진 남한산성의 행궁行宮을 복원하기 위해 그 터를 발굴 조사하는 과정에서 AD 2~3세기 대의 백제토기편들이 다량으로 출토되었다. 사실 남한산성에서는 그동안 신라 인화문토기편印花文土器片들이 수습됨으로써 나름의 확인이 되었으나, 그때까지만 해도 그보다 앞선 시기의 유구나 유물이 발견되지 않았다. 그러다가 제4차 발굴연도인 2002년에 한성백제시대 유구와 유물들이 출토되었다. 주로 구덩이 유구(竪穴遺構) 및 불을 피웠던 화덕터(爐址)와 함께 유물이 흩어져 있는 층이 확인되었다. 결국 이 유구와 유물들은 남한산성이 한성백제 도성의 최후 배후에 있는 '전략적인 요충지'였음을 시사하는 단서다.[32] 다시 말하면 남한산성과 가까운 곳에 한성백제 시대의 왕성이 있었다는 것을 말해주는 것이다.

현재 풍납토성은 엄청난 크기의 제방이 나왔고 많은 양의 유물이 구덩이에서 나온 점 등을 들어 왕성일 수밖에 없다는 설이 지배적이다. 그렇지만 도로나 일정 의도로 배치된 큰 건물 초석 등 왕궁임을 증명하는 결정적 유물은 아직 발굴되지 않고 있고 특히 인근에 고대도시의 특징인 산성이 없는데다, 한강의 홍수 등에 노출되고 겨울철 한강의 결빙 때는 적의 침공에 그대로 포위되는 평지성이라는 점, 그리고 풍납토성에 발견된 토기들이 연대가 너무 올라가 백제시대에 만든 것이 아닐 수 있다는 점[33]

---

32) 조유전, [한국사 미스터리] 남한산성, 경향신문, 2003년 06월 09일.
33) "초기백제 한가운데에 위치한 풍납토성에서 기원전 2세기까지 거슬러 올라갈 수 있는 각종 토기들이 쏟아져 나오자 이 시기를 연구하는 고대사학자들과 고고학자

등등 약점이 무수히 있음에도 불구하고 결국 한성백제의 도성은 풍납토성일 것이라는 쪽으로 기울어버렸지만, 아무튼 남한산성으로부터 이성산성을 넘어 서울 강동구 일대에 이르는 어딘가에 백제의 도성이 있었다는 뜻이 되므로 그것을 규명하는 작업은 앞으로도 후세에게 맡겨진 과제라 할 것이다. 최근에는 고고학자들 사이에서 일부 이성산성과 하남 일대의 유적에 대해 백제시대에 조성되었다고 보는 견해가 나오고 있다. 최몽룡 교수가 그런 설을 제기했다.

"하남시 二聖山城(사적 제4 2 2호)의 경우 한양대학교가 1986년 8월 13일 시작한 1차 발굴 이후 20011년까지 9차에 걸쳐 발굴해왔다. 이곳에서는 백제(8 · 9차)-고구려-신라에 걸치는 유적과 유물이 연속적으로 나오면서 이 유적이 처음 13대 근초고왕 때의 漢山(서기371~391)일 가능성이 많아졌다. 그리고 백제시대 초기부터 만들어져 사용되어오던 토성이 근초고

들이 당황한 얼굴빛을 보이기 시작했다. 왜냐하면 이들은 백제의 생성, 혹은 동네 국가를 벗어난 국가다운 국가로서의 백제 출발을 3세기 중, 후반 고이왕 때쯤이라고 보면서 그 이전, 즉 기원전후 -서기 300년경 시기는 원삼국이라 해서 백제와는 구별되는 다른 사회로 설정했기 때문이다. 하지만 이런 생각들은 1997년 이후 풍납토성이 발굴되기 시작하면서 곳곳에서 붕괴되는 소리를 내고 있다. 풍납토성 발굴은 대다수 고대사학자들과 일부 고고학자들이 생각하는 것보다 백제가 훨씬 빨리 성립했음을 보여주고 있다. 특히 지금까지 한국고고학계가 짜놓은 백제토기 역사는 전면 재검토가 불가피하게 됐다. (중략)
국립문화재연구소 조유전 소장은 '백제 토기사는 새로 써야 한다'고 단언한다. 원삼국론을 부정하면서 백제를 이미 기원 전후부터 인정하고 있는 최몽룡, 최성락 교수가 이런 조 소장의 주장에 동조하는 것은 말할 나위가 없다. 왜냐하면 풍납토성에서는 이전에 백제토기의 출발이라고 보았던 몽촌토성이나 석촌동 고분군 출토품보다 그 시대가 훨씬 앞서는 토기들이 다량 출토되고 있기 때문이다. 가장 대표적인 게 기원전 2세기까지 거슬러 올라간다는 경질무문토기(단단하면서 무늬가 없는 토기)와 이것과 거의 동시에 발생한 것으로 추정되는 타날문토기(찍어누른 무늬가 있는 토기). (중략) 따라서 풍납토성은 몽촌토성보다 규모가 훨씬 클 뿐만 아니라 그 축조시기 또한 대단히 빨라 기원전후까지 올라간다. 이는 이곳에서 출토된 목탄과 목재 및 토기에 대한 탄소연대측정치 및 열형광분석을 통해서도 증명되고 있다." - 연합뉴스, 2000년 6월 1일.

왕의 활발한 정복사업과 북쪽 고구려의 영향 하에 종래의 풍납동토성과 몽촌토성과 같은 토성에서 석성으로의 전환이 이곳에서부터 시작되었을 가능성이 많아졌다. 그리고 2001년 동문지의 발굴은 개로왕이 이곳의 전투를 최후로 고구려군에 잡혀 아차산성에서 처단되었을 가능성도 보여준다. 즉 이성산성이 한성시대 백제의 최후 격전지일 가능성이 높다는 것이다. 그리고 이성산성에서 백제 근초고왕대의 초축(서기371년)-고구려 장수왕에 의한 한성백제의 멸망(서기475년)-신라 진흥왕의 한강진출(서기551 · 553년)-백제의 멸망과 통일신라시대(660 · 668년)-고려와 조선으로 이어지는 역사적 맥락을 이해할 수 있는 고고학적 단서가 나오고 있다. 이는 이성산성이 시대를 달리해도 전략적 요충지로 사용해왔다는 이야기가 된다.[34]

하남 남한산성 일대

이런 이야기를 하는 것은 이 동사지의 팔각대좌의 조성 연대도 훨씬 올릴 수 있다는 것이다. 즉 이성산성이나 동사지의 조성연대를 적어도 백제시대로 올리면 역사의 많은 수수께끼가 풀릴 수 있다는 것이다.[35]

34) 최몽룡, 「백제도성의 변천과 연구상의 문제점」 8쪽, 기조강연, 『제3회 문화재연구학술대회』, 국립부여문화재연구소, 2002년 5월17일.
35) 또 이웃 天王寺에서 2001년 문화재보호재단에 의해 백제시대의 개와(수막새)가 발

풍납토성

　그러나 그렇다고 어거지로 올리자는 것도 아니고 풍납토성의 도성설을 주장하는 우리 학자들을 무조건 비난하는 것도 아니다. 그 분들은 유물이나 유적으로 이야기하는 것이고, 어느 시대의 유물 한 두 점이 나왔다고 그 유적이 갑자기 연대가 그 쪽으로 확정지을 수는 없는 것이며, 유적의 층위에 따라 연대와 시대가 맞아야 인정된다고 한다. 그러니 우리같은 일반인들이 함부로 떠들 일은 아니지만 여기에 대한 비판도 있고, 고고학 쪽에서 유물과 유적으로 이야기한다는 것이 우리의 상식이나 혹은 기대와는 일치하지 않으니 그런 아쉬움을 말하게 된다. 하남 일대는 아직 충분히 발굴조사가 이뤄지지 않았다. 현재 풍납토성에서 하는 것처럼 깊

굴되었다. 이 자료는 아직 백제 초기의 것인지 검증을 받아야겠지만 만약 그렇다면 384년 15대 침류왕 1년에 불교를 받아들이고 그 다음해인 385년 한산(漢山)에 불사(佛事)를 일으키는 역사적 사실과 관련을 지어 삼국사기 백제본기의 기록의 정확성도 생각할 수 있는 중요한 자료가 된다…. 최몽룡, 「백제도성의 변천과 연구상의 문제점」, 8쪽, 기조강연, 『제3회 문화재연구학술대회』, 국립부여문화재연구소, 2002년 5월17일.

이 파면 그 안에 어떤 유적이나 유구가 있을지는 아직 모른다. 성급하기보다는 미래를 기다려본다.

다시 본론으로 돌아가면 경기도 하남시 일원에서 발견되는 팔각건물지를 현재 학계에서 주장하는 대로 통일신라 이후 조성된 것으로 확정하는 것은 아직도 시기상조라는 것이다. 평양에서 발견되는 팔각으로 된 불탑이나 하남에서 발견되는 좌대 등 불교적인 구조의 용도는 고구려가 그랬듯이 불교의 도입 이후 우리가 갖고 있던 8에 대한 전통적인 관념을 바탕으로 형성된 것이라면 이성산성의 팔각지는 분명 하늘이나 땅에 제사지내는 용도로 만들어진 것이기에 그것은 불교와 상관이 없고 고구려 환도산성의 팔각건물지의 맥을 이어받고 있다고 볼 수밖에 없다는 것이다. 그것은 다시 말하면 그러한 사상과 관념이 불교가 들어오면서 불교의 개념과 결합해서 팔각탑이 되고 팔각 좌대가 되고 하지만, 그 근본에는 하늘을 섬기고 하늘로부터 메시지를 받는 우리 조상들의 하늘 섬김의식이 깔려있다고 볼 수밖에 없다. 이러한 점을 인지하고 나서 우리의 본론인 7세기에 일본 천황의 무덤이 갑자기 팔각으로 등장한 이유에 대해서 다시 종합적으로 짚어보고 그것이 한반도에 있던 백제와 어떤 관련이 있는지를 살펴보기로 하자.

(4) 중국의 팔각

중국인들의 8

지금까지 우리는 일본의 고대를 더듬으며 혹 7세기 중엽 일본 천황의 능에 팔각이 등장하기 이전에 팔각을 숭배한 어떤 흔적이나 이유를 찾으려 했다. 그런데 앞에서 살펴본 것처럼 천황릉에 팔각에 등장한 것(일단 서명천황 사후 2년 만에 만든 능이 팔각임을 전제로 하면)보다 근 70년 뒤인 712년에 만들어진『고사기(古事記)』나 다시 8년 후인 720년 에 만들어진『일본서기(日本書紀)』에 신화나 전설로서 등장하는, '많다'는 뜻의 八(야)을 제외하고는 적어도 일본인들의 무덤의 형식이나 그와 유사한 건축에서도 팔각이 등장하는 전례가 없었다. 그런데 한국에서는 342년에 불타버린 고구려의 환도산성에서 팔각 건물지 2기가 나온 것을 비롯해서 평양의 팔각 목탑, 이성산성이나 설봉산성, 망이산성 등 수도권의 팔각제사지, 신라 나정의 팔각 건물지 등이 나오고 있는데, 모두가 일본천황의 팔각릉이 나오기 훨씬 이전 시대의 것들이라 하겠다. 그렇다면 우리는 일단 일본 천황릉의 팔각은 한반도에 그 원류가 있다는 주장을 할 수가 있는 것이다.

중국 다각탑

그러면 중국은 어떠했을까? 동양의 문물이 대부분 중국에서 일어나 동서, 남, 북 사방으로 전해진 것은 부인할 수 없지만, 팔각이란 형식이나 모티브는 어땠을까?

중국 건축의 경우 이른 시기의 다각형 건물을 찾기가 어렵다. 중국에 팔각형이나 육각형의 다각형 평면을 지닌 사원의 전탑이 없는 것은 아니지만 시기적으로 비교적 늦게 출현하며, 당唐 이전 북위北魏대代까지 건축의 형식은 거의 대부분 방형方形이었다.[36]

이런 가운데 주목할 것은 기원전 2세기 후반부터 무덤에 많이 부장되는 방격규구경方格規矩鏡이다. 방격方格이란 '격자', '바둑판 무늬'를 뜻하는데, 청동 거울 표면에 네모[口]의 도형이 있다. 규구規矩는 "지름이나 선의 거리를 재는 도구"를 말하며 흔히 'L', 'T', 'V' 자 형태의 무늬로 나타난다. 그래서 이를 TLV경鏡이라고도 부른다. 한나라 때부터 위魏·진晉 시대에 걸쳐 성행했던 거울로서 거울 중앙의 꼭지를 네모난 도형이 둘러싸고 그 바깥쪽에 T·L·V자형의 무늬가 있는 것이다. 이 거울의 밖의 원은 하늘을, 중앙의 사각은 땅을 상징하며 사각 밖의 T자형 양쪽에 있는 도합 8개의 둥근 부조(꼭지)는 하늘을 받치는 기둥을 상징한다.[37] 8각의 개념이 등장하는 것이다.

동경을 떠나서 화상석에서도 8각 요소를 확인할 수 있다. 화상석의 팔각개념은 그 비중이 크지 않지만 의미가 있는 것이 거론된다. 산동성 비현費縣 타장진埃莊鎭 반가탄潘家瞳에서 발견된 후한시대 묘의 '다각삼층루화상多角三層樓畵像과 산동성 기남현沂南縣 북채촌北寨村의 후한 말기 한묘漢墓의 전실과 중실에 보이는 8각 기둥이 대표적인 것이다. 다각삼층루 화

---

36) 최광식, 2007, 「한중일 고대의 제사제도 비교 연구」, 『선사와 고대』 27호, 한국고대학회, 268쪽.

37) 강병희, 2010, 「고대 중국 건축의 8각요소 검토」, 『한국사상사학』 36집, 한국사상사학회, 9쪽.

방격규구경

상석은 3층의 제사용 누각을 투시법을 사용하여 입체적으로 그린 것으로, 6각 또는 8각으로 보이지만, 세상을 떠난 주인공의 혼이 머물면서 후손들의 제사를 받는, 하늘과 땅 사이의 특수한 공간을 표현하는 건축물이다. 6각이나 8각이 사당 건축에 등장한 이유는 한나라 시대에 사람들의 천문관과 우주관이 바뀌어 8이 중요한 개념으로 증장하기 때문이란다. 즉 땅에서 하늘을 받치는 8개의 기둥, 천체의 운행에 따라 4계절이 8절기, 24절기로 바뀌데 이때에 8풍이 분다고 생각하며, 이 시기 천단이나 고고학적인 유물에서는 8이 대부분 하늘, 공간, 땅의 방위와 연관되어 나타난다는 것이다.

산동성 기남현沂南縣 북채촌北寨村의 후한 말기 한묘漢墓에는 전실과 중실의 중앙에 대들보를 받치는 8각형의 큰 기둥이 있는데, 이 8각 기둥은 지상에 살다가 영혼이 하늘로 올라가는 입구, 즉 하늘문의 경계석이 아닐까 해석한다.[38] 고구려 쌍영총에도 팔각 기둥이 있는데, 이것과 맥락을 같이하는 것은 아닐까?

한편 중국의 제천의례 가운데 한나라 때에 원구圓丘에서 드리는 제천의식용 제단 3곳이 팔각으로 되어있어서 이러한 8각 개념은 전한 말기에 비롯된 것으로 추측되며, 그 사상은 역시 위에서 설명한 8개의 기둥, 8절기, 8풍 등 중국인들의 우주관이 반영된 것으로 보인다. 그런데 이러한 제천제단과 더불어 지붕이 있는 건물에서 천제에게 제사를 드리는 건축물인 명당明堂이 관심을 끌었다. 지난 1986년 10월~12월 중국사회과학원 고고연구소가 중국 낙양洛陽시 동북쪽에서 발굴조사를 펴던 중 측천무후의 명당유지가 드러났는데, 기대基臺가 8각이었다고 한다. 이러한 형태는 수

---

38) 이상 8각 관련 내용은 강병희, 2010, 상게서 11~15쪽.

와 당 시기의 건축 중에는 잘 보이지 않던 것이었다. 학자들이 조사를 해 보니 이 팔각 기대는 이미 당 고종 영휘永徽 3년에 명당건축을 논의하면서 팔각형의 기대 위에 상원하방 형태의 건물을 만드는 것으로 정해졌다고 한다. 측천무후 시대는 684년부터 704년까지이고 당 고종 영휘 3년은 652년이니, 이것은 고구려의 환도산성에 팔각제사유지가 생긴 것에 비하면 300년 이상 늦은 것이다. 그러니 만약에 고구려인들이 팔각제천의식을 어디서 보고 배웠다면 그것은 한나라 때의 원구단의 팔각에서 비롯됐을 가능성은 있지만 측천무후 때 만들어진 명당의 팔각기대와는 상관이 없다고 하겠다. 이 때 기대를 팔각형으로 만든 것은 팔방을 상징하는 것이며, 곧 이는 땅의 모양을 상징한다고 한다.

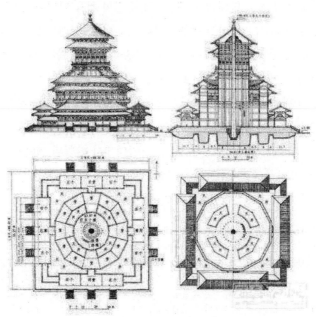

명당 평면도

여기서 짚고 넘어갈 것은 명당의 팔각 기대가 만들어진 것이 7세기 말부터 8세기 초 사이이니, 이것은 일본 서명천황의 룽이 만들어진 훨씬 뒤의 일이라는 것이다. 그러므로 천황룽의 8각이 사방팔방을 의미한다는 일본학자들의 주장은, 그 근거를 중국의 이런 우주관에서 찾은 것으로 보이지만,[39] 시기적으로는 연관성이 없다는 것이 분명하다고 하겠다. 다만 명당이란 개념은 측천무후 이전에 나온 것이기에 그것을 채택했을 가능성은 있다. 나중에 이에 관해 다시 상세히 언급할 것이다.

중국 불교의 팔각

측천무후 때의 명당 건축 외에 대부분의 팔각, 혹은 다각형 건물은 불교건축에 해당한다. 중국의 탑에서 8각 평면이 처음 나타나는 예는 북량(北涼, 397~439)의 14기의 봉헌소탑奉獻小塔이다. 형태는 2층 기단에 인도탑과 같이 주발을 거꾸로 세운 듯한 복발식覆鉢式 탑신, 그리고 여러 층이 원추형을 이룬 상륜相輪과 보주寶珠로 구성되어 있으며 이 중 2층 기단의 상단이 원형인데 반하여 하단은 8각이며 대부분 각 면에 8괘가 새겨져 있다. 복발형 탑신부에도 8개의 감실을 두는 등 중요하게 8각의 평면을 채택하고 있다.[40] 이 소탑들은 당시 이 지역에서 번역된 열반경, 미륵경, 대방동다라니경의 내용, 한나라 때의 천문우주론과 결합된 주역, 도교적인 8괘 사상이 서로 섞여서 8각 평면이 나타나게 되었다.

---

39) 아보시 요시노리(網干善敎)는 『구당서(舊唐書)』『대당교사록(大唐郊祀錄)』등을 인용해서 팔각형이 팔방을 구상화한 것이며 황제가 하늘에 제사를 지내는 원단과 땅에 제사를 지내는 방단이 천원지방(天圓地方)의 사상을 반영한 것이고, 팔각축성의 단은 천자제의, 황제예의의 상징적인 의미를 가지고 있는 것이라고 하였다(網干善敎, 1979, 「八角方墳とその意義」, 『橿原考古學硏究論文集』5, 吉川弘文館, 최광식, 2007, 상게서, 270쪽에서 재인용). 그러나 단순히 천원지방이 아니라 그 속에 팔각의 단이 들어있으므로 중앙집권제의 확립을 보여주기 위한 것이라고 아보시가 말했음은 앞에서 설명한 바 있다.

40) 강병희, 2010, 상게서 32쪽.

무위의 라십사 탑

　다만 중국과 서역을 잇는 실크로드의 중요 도시인 감숙성 무위武威에는 후량後凉 때(396년~403년)·만들어진 라십사羅什寺라는 절이 있는데 이 절에 높이 32미터의 8각 12층 전탑이 있다. 인도에서 태어나 불법을 공부한 뒤 중국으로 건너와 많은 경전을 중국어로 번역한 스님 구마라십(鳩摩羅什, 344 ~ 413)을 기리기 위해 만들었다는 이 탑이 팔각이라는 점은 우리의 관심의 대상이지만 이 탑이 건립 때의 모습 그대로가 아니라 당나라 시대에 대대적으로 확건할 때의 모습일 가능성이 있어 직접적인 연관성을 찾기는 쉽지 않다.

응현 팔각 목탑

　한편 당 천보天寶연간(743~758)에 만들어진 불광사 무구정광탑이 팔각전탑이고, 당대 후기에 들어 만들어진 산서성 진성 청련사 혜봉탑이나 오대의 남당南唐시기(937~975)에 지어진 남경의 서하사탑 등이 팔각의 평면을 가지고 있다. 이외에 당대의 밀첨탑은 대부분 사각탑이다.

오히려 거란족의 요遼 청녕清寧 2년(1056년)에 세워진 섬서성 응현應縣의 불궁사 석가탑(속칭 응현목탑)이 중국에 현존하는 유일한 목조불탑으로 총5층 높이에 평면이 8각형이어서 고구려 평양의 목탑과의 연관성이 주목된다. 이 응현목탑應縣木塔은 현존하는 중국최대 목탑(높이 67.31m, 최하단부 직경 30.27m)으로 외관으로는 6층탑이지만 실제 내부에서 보면 3층이 따로 되어 있는 8각9층탑이다. 요는 고구려가 망한 뒤 그 자리에 세워진 발해의 뒤를 이었기에 고구려의 영향력이 보인다는 것이다. 그 외의 다른 8각탑은 모두 전탑塼塔이다. 이러한 것들은 이미 불교가 들어온 이후의 것으로, 시기적으로는 일본 서명천황릉의 팔각형이 등장한 것에 비해 너무나 늦다. 그러므로 그 개념을 일본 천황릉에 대입시키기는 어렵다고 하겠다.

지금까지 알아본 것을 종합하면 다음과 같다.

팔각건물지는 한국, 중국, 일본에 모두 나타나는 건물 형태이다. 한국의 고구려와 백제 및 신라의 팔각건물지는 제사의례와 관련된 건물이라는 점이다. 집안 환도산성의 팔각건물지 2기에 대해 최광식은『삼국사기』제사지에 기록된 두 개의 시조묘의 존재로 보고 있다. 고구려와 백제 및 신라의 팔각건물지는 서로 영향관계를 갖고 있는 것으로 확인할 수 있다. 특히 고구려 환도산성의 팔각건물지의 크기는 신라 나정의 팔각건물지의 크기와 거의 유사하다는 것이 눈에 띄는데, 이것은 서로가 상관관계가 있다는 뜻이 된다.

그러나 이러한 삼국의 팔각건물지는 서로 관련이 있지만 중국 고대의 팔각건물지와의 영향관계가 잘 보이지 않는다는 점이다. 중국의 경우, 기원전 2세기 경부터 8각의 개념은 등장하지만 이른 시기의 다각형 건물은 찾기 어렵고 당 측천무후 때 건축되는 명당의 기단이 8각형이었음이 발굴을 통해 확인된다. 그리고는 당 후기부터 요遼대에 이르러 불교의 팔각전탑이 많이 만들어진다. 그러므로 중국의 경우 7세기 후반에 이르러

서야 팔각건물지가 조영되는 데 반하여, 고구려의 경우는 4세기 이전에 이미 팔각건물지가 조영되었다는 점이 다르다. 최초의 팔각건물지라 할 환도산성의 팔각건물지는, 고구려 중소 귀족의 묘인

천단

집안 통구 우산하禹山下 1080호와 1411호 무덤 위에 놓였던 8각 원추 형태의 비석들의 존재와 더불어, 불교 이전부터 존재하고 계승되었던 고구려인들의 8각 개념을 확인시켜준다. 이는 원시시대의 하늘과 땅을 연결하는 신목神木을 대신하는 통천주通天柱로 해석되며 이는 북방민족의 샤머니즘에서 비롯되었다고 한다.41) 42)

일본의 팔각건물지는 한반도의 팔각건물지의 영향을 받은 것으로 볼 수 있다. 천황릉의 형태가 팔각형을 띄고 있는 것도 이런 영향으로 보인다. 7세기 나니와궁(難波宮)에서 2기의 팔각건물지가 확인되었는데, 좌우 두 건물을 세운 것은 고구려 환도산성의 팔각건물지와 같은 개념으로 모이지만 구체적인 면에서는 아직 의론이 분분한 상황이고, 이 외 남아있는 대표적 팔각건물인 법륭사 몽전(法隆寺 夢殿)과 영산사榮山寺 팔각원당은 모두 불교건축물으로서 법륭사 몽전의 경우는 한반도 백제로부터의 인과관계를 확실하게 보여주고 있다고 하겠다.

---

41) 武家昌, 2005, 「集安兩座高句麗墓上的石碑爲通天柱說」, 『北方文物』 83, 43~49쪽, 강병희 논문 39쪽에서 전재.
42) 이와 관련하여 강병희는 거란족의 무덤 건축, 여진의 민족적 제천 건축인 배천권전(拜天圈殿)과 청나라 심양 고궁의 대정전에서도 8각 평면이 나타나고 있는 점에 주목하며 이를 동일선상에서 보고 있다.

결론적으로 한 · 중 · 일 삼국의 팔각건물지를 살펴본 결과, 한국의 팔각건물지는 제사의례와 관련된 건물이라는 점을 확인할 수 있었고, 서로 영향관계를 가지고 있었음을 알 수 있었지만, 중국 고대의 팔각건물과 한국의 팔각건물지는 영향관계가 보이지 않았다. 그러나 일본의 팔각건물은 한국 팔각건물의 영향을 받은 듯하다. 43)

(5) 한국인들의 팔각문화

고구려에 팔각우물이 있었다.

자 그러면 이같은 지상구조물이 팔각인 것을 염두에 두고 한국인들이 일직부터 조성한 우물이 의외로 팔각으로 만들어진 것이 많다는 점을 살펴보고 지나가자.

고구려 고산우물

---

43) 이상의 결론은 최광식 교수의 상기 논문을 참조했음.

얼마 전 북한의 평양시 대성구역 고산동에서는 우리나라 처음으로 고구려 우물이 발굴되었는데, 그 형태가 팔각이라는 점이 비상한 관심을 모으고 있다. 지난 2007년 9월23일 북한의 평양방송에는 김일성종합대학 역사학부의 정봉찬 연구사가 출연해서 첫 고구려의 우물 유적인 고산동 우물(북한 국보 172호)의 빼어난 축조 기술을 소개하므로서 그 존재가 알려졌다. 정 연구사에 따르면 평양시 대성구역 고산동에 위치한 이 우물은 암반이 드러날 때까지 땅을 파고 바닥을 마련한 뒤 우물벽을 차례로 쌓아올렸다. 우물 바닥에는 달걀 정도 크기의 자갈을 5~7㎝ 두께로 깔고 그 위로 지름 14~16㎝의 통나무를 이용해 사각형의 틀을 50㎝ 높이까지 짰다.

그리고는 나무틀 위로 15~30㎝ 두께의 벽돌을 어긋나게 쌓아올렸는데 나무틀부터 170㎝ 높이까지는 한 면의 길이가 115㎝인 사각형이고 그위로 265㎝ 높이에는 팔각형, 마지막 입구까지는 원형이 되도록 평면 모양에 변화를 줬다. 발굴 당시 우물의 깊이는 7.5m였는데 우물의 윗부분이 없어졌고 지면으로부터 1.5m 깊이에서 발굴된 것을 감안하면 적어도 9m 이상 깊었을 것으로 추정된다.

고구려 고산동 우물 내부

정 연구사는 이렇게 우물의 구조를 자세히 설명한 뒤 "고산동 우물 유적은 우물 축조에 사각형, 팔각형, 원형을 비롯한 기하학적 도형을 합리적으로 도입하고, 가공한 돌을 수직이 아니라 일정한 여각적 곡선을 이루도록 축조됐다"고 평했다. 정 연구사는 이어 "고산동 우물 안에서 안학궁 터와 대성산성, 그 부근 고구려 무덤에서 발굴된 유물과 같은 것들이 발굴된 것은 고산동 우물이 고구려의 왕궁이었던 안학궁 건설과 대성산성 축조 시기와 대체로 같은 시기에 만들어졌다는 것을 보여준다"고 덧붙였다. 즉 고구려의 황금시대에 평양에서는 팔각으로 우물벽을 조성했다는 사실이 드러난 것이다. 고구려인들이 이처럼 지하구조물에도 팔각이란 의장을 채택했다는 것은 평양 곳곳의 팔각 목탑과 관련해서 고구려인들이 팔각을 중요한 신앙으로 삼고 있음을 알려주고 있다고 하겠다. 또한 이러한 팔각우물은 고구려의 전통이었기에 발해의 수도인 상경성 용천부에서 발견되는 발해의 우물도 팔각인 것이고, 그보다도 뒤에 나오는 신라 경주 분황사의 팔각우물보다 연대가 훨씬 앞선다는 데서 우리나라 팔각우물의 원류가 고구려에 있음을 보여주고 있다.

신라의 팔각우물

경주 분황사에 가면 모전 3층 석탑 앞에 8각 우물이 있다. 이 우물은 화강암으로 만들어 졌고, 70cm 높이로 8각으로 틀을 둘렀다. 내부는 원통이고 바닥에는 4각형의 격자가 있다. 이 우물에는 다음과 같이 호국룡이 살고 있다는 전설이 있다.

원성왕 11년(795년)에 당나라 사신이 한 달 가량 서라벌에 머물렀다가 돌아갔는데, 그 다음날 두 여자가 나타나 원성왕에게 아뢰기를
"임금님, 저희들은 동지(東池)와 청지(靑池)에 있는 두 용(龍)의 아내입니

다. 그런데 당나라 사자가 하서국(河西國) 사람들을 데리고 와서 저희의 남편인 두 용과 분황사 우물에 있는 용까지 모두 세 용의 모습을 바꾸어 작은 물고기로 변하게 해서 통속에 넣어 가지고 돌아갔습니다. 바라옵건대 폐하께서는 그 두사람에게 명령하여 저희들의 남편인 나라를 지키는 용을 여기에 머물도록 해주십시오."라고 말했다.

이 말을 들은 원성왕은 하양관(河陽館)까지 쫓아가서 친히 연회를 열고는 하서국 사람에게 "너희들은 어찌하여 우리나라의 세 용을 잡아서 여기까지 왔느냐? 만일 사실대로 말하지 않으면 반드시 사형(死刑)에 처할 것이다."라고 말하자 그제야 하서국 사람들은 물고기 세 마리를 원성왕에게 다시 돌려주었다고 한다.

원성왕이 물고기를 받아서 다시 세 곳에 놓아주자, 세 마리의 용은 각각 물에서 한길이나 솟구치고 즐거이 뛰놀다 달아났다. 이에 당나라 사자는 원성왕의 명철함에 감복하였다….

-『삼국유사』원성대왕 조

분황사 팔각우물

이 때부터 분황사의 우물을 세 마리의 용이 물고기로 변했다는 뜻의 삼룡변어정三龍變魚井이라 부르고 있다는 것이다. 분황사에는 여러 개의 우물터가 있지만 이 우물이 가장 대표적인 것이고 겉은 팔각, 내부는 원통, 바닥은 네모로 되어 있어 외부는 불교의 팔정도를 상징하고, 원형으로 조성된 내부는 원융의 진리를 상징하고 우물 안의 4각형 격자는 사성제를 상징하고 있다고 설명하고 있다.

그런데 분황사가 세워진 것은 634년(선덕여왕 3)이고 이 후 자장율사와 원효가 이 절에 머물며 저술과 활동을 한 것을 감안하면 이 우물도 절의 창건 당시부터 만들어졌을 가능성이 높다. 호국룡의 전설이 기록된 것이 원성왕 대이므로 약 150년 뒤의 일인데, 이 전설이라는 것이 후대에 만들어진 것이라 생각할 수 있다면 팔각 우물이 생긴 것이 창건 당시인 7세기 초반으로 볼 수 있다고 하겠다. 그렇다면 이 팔각우물도 경주 나정의 팔각유적지와 동일 개념에서 비교할 만한 가치가 있다고 하겠다. 이 절의 가장 중요한 우물이 팔각이라는 외형으로 조성되었는데, 불교의 교리와 너무 부합되는 것이긴 하지만 이 우물을 조성한 것을 꼭 거기에 국한해서만 볼 이유는 없다고 생각된다.

화승원 우물

이렇게 말을 하는 것은 신라시대의 다른 우물도 팔각으로 조성된 사례가 있기 때문이다. 부산의 한 문화재 수집가가 소장하는 있는 이 팔각우물은 분황사의 것과 거의 동일한 크기로서, 출처는 확실치 않지만, 경상도 경주에서 구해진 것이라는 구전을 감안하면 신라의 우물이라고 봐서 틀림이 없을 것 같고. 그것 또한 신라인들이 팔각을 선호하고 있었다는 하나의 증거로 제시될 수 있을 것이다.

백제의 우물

팔각우물은 신라만이 아니라 백제에 의외로 많다.

부여여중 우물

충남 부여군 부여읍 쌍북리 646-10 부여여자중학교 교정에는 삼국시대의 백제 왕궁에서 이용하였다고 전해지는 우물이 있다. 우물이 있는 곳은 조선시대에 부여현의 관청 건물이 있던 자리로, 발굴 결과 백제의 도로나 연못 터 유적을 확인할 수 있어, 백제 때에 중요하게 쓰였던 장소였을 것으로 추정된다.

우물의 바닥에는 길게 다듬어진 돌로 8각형의 우물을 짜고, 그 위에 깬 돌을 차곡차곡 쌓아올렸다. 근처에서 건물에 쓰였던 주춧돌과, 집터를 만드는데 쓰였을 커다란 돌들이 많이 발견되고 있다. 우물의 주변에서 나오는 유물들이 백제의 문화를 반영하고 있어, 당시 왕궁터가 아니었나 추정하고 있다. 다시 말하면 이 우물은 백제왕국에서 사용했을 가능성이 있다는 얘기다.

백제 우물 부여

부여 궁남지扶餘 宮南池 부근에서도 팔각 우물터가 나왔다. 부여 궁남지(扶餘 宮南池, 사적 제135호)는 충남 부여군 부여읍 동남리 117번지 일대에 위치한 백제 사비시대泗沘時代의 궁원지宮苑池로서 『삼국사기(三國史記)』에 의하면, 백제본기百濟本紀 무왕武王 35년(634)에 궁宮의 남쪽에 연못을 조성했다는 기록이 있으며, 주변에 화지산花枝山의 별궁지別宮址, 또

군수리사지軍守里寺址가 있어 그와 관련하여 일찍부터 학계의 주목을 받아왔다. 사비시대의 이궁지離宮址로 전해오는 이 연못의 동쪽 일대에는 대리석을 팔각형八角形으로 짜 올린 어정御井이라 불리는 유구와 함께 백제 기와편, 초석礎石 등이 남아 있어, 궁남지는 이궁(離宮, 別宮)의 궁원지로 꾸며졌음을 알 수 있다.

같은 동남리에 있는 천왕사라는 절이 있던 곳으로 여겨지는 곳에서도 팔각우물이 나왔다. 1944년 절터 일부를 조사하니 상단과 하단으로 조성된 절의 중심부에서 약 100미터 떨어진 밭에서 초석과 와당이 발견되었고 인접한 연탄공장 뒷편에서 팔각우물이 발견된 것이다.

충청남도 부여군 구룡면 부두로 277번길 22(용당리 858-1)에도 백제시대 우물이 있다. 이 우물은 특이하게도 지상부는 4개의 판석으로 만든 '정井'자형으로 한 변의 길이는 1.8m · 높이는 45cm 인데, 지하부를 팔각형으로 쌓았다. 부여 구아리에서도 이와 비슷한 우물이 있어서 팔각으로 우물을 쌓은 것이 널리 유행했음을 알게 한다.

백제향 우물

부여시 동남리에 있는 백제향이란 음식점 안에는 특이하게 내부가 팔각인 우물이 유리덮개로 보존되어 있다. 옛 여인숙 자리를 인수해 식당을 세운 주인이 옛 우물을 그냥 묻을 수 없어서 보존했다는 이 우물은 용당리에 있는 우물처럼 내부가 팔각이다. 주인 이야기로는 이 일대에서 특이한 유적은 나오지 않아 그냥 민가에서 사용한 것이 아니냐는 의견이었다는데, 그렇다면 용당리나 동남리, 구아리 등 옛 백제의 수도 곳곳에서 민간인들도 팔각우물을 파고 사용한 것이 아닌가 생각할 수도 있다. 이렇게 보면 이 우물들은 660년 백제 멸망 이전에 백제인들이 팔각이라는 모티브를 그들의 생활 속에서 길상의 의미, 곧 복이나 건강을 주는 개념으로 갖고 있었다는 증거가 된다.

백제인들과 팔각과의 인과관계를 보다 구체적으로 알아보기 위해 이제 우리나라에서만 유난히 많이 만들어지고 있는 석등에 대해 알아볼 차례가 되었다.

백제인이 처음 만든 팔각 석등

우리나라 도처에 절이 없는 곳이 없을 정도로 불교는 우리 민족이 가장 오래 가장 많이 신봉해 온 종교이며, 그러한 신앙의 장소는 물론 절이다. 그런데 절에 가면 가장 중심이 되는 대웅전 앞에 돌로 만든 석등이 거의 다 있다. 이 석등은 누구나 알고 있듯이 조명시설이지만 그 형태가 간결하고 정돈되어 있고 그 석등의 화사火舍에서 나오는 빛은 신앙을 일으키는 불빛으로 작용하고 있다.

특이한 것은 불교의 발상지인 인도를 비롯하여 불교를 정립하고 성장시킨 중국이나 일본의 석등조형미술보다 우리나라의 석등이 조형적으로도 훨씬 앞서고, 숫자도 훨씬 많다는 점이다. 우리나라에 있는 석등은 대략 280여기에 달하고 있지만 인도에는 석등자료가 전혀 밝혀지지 않고

있으며, 그 이웃 네팔에는 2기가 있다. 또 중국에도 단 2기가 알려져 있을 뿐이다. 그런데 우리의 석등 280개는 대부분 팔각의 석주로 만들어져 있다는 점이 큰 특징이다. 물론 이런 현상을 불교의 관점에서 설명할 수는 있지만, 유독 우리나라에서만 특별히 팔각석등이 많이 조성되고 있다는 점은 특이한 일이 아닐 수 없다. 이 내용은 나중에 다른 장에서 상세히 알아볼 것이다.

이제 우리는 이러한 한반도의 팔각개념, 고구려에서부터 드러나 백제와 신라로 이어진 팔각개념은 왕궁이나 불교사원뿐 아니라 일반 민간인들까지도 좋아하고 숭상하던 개념이었음을 여러 유물을 통해서 알 수 있었다. 왕실에서는 하늘과 통하는 큰 통로로서의 팔각개념, 혹은 하늘과 왕실의 번영을 연결해주는 사다리로서 생각해왔고 그것이 민간으로 확산되면서 신앙의 한 형태로 남아있었을 가능성이 제기된다. 그러므로 이러한 팔각의 개념은 중국의 것과는 사뭇 다르다고 하겠다.

이제 이러한 한국인들의 팔각개념이 어떤 시기에 어떻게 일본에 전해졌기에 7세기 어느 날 갑자기 일본 천황릉에 팔각형이 등장하는가를 규명해보는 일이 남았다. 일본 내에서는 그 원류를 찾기 어렵고 중국도 사실상 그 원류가 되지 않으므로 한반도로부터 그 원류를 찾지 않으면 안된다. 그런데 서명천황릉의 팔각이 어느 날 갑자기 등장한 것처럼 천황릉의 팔각문화가 단 몇 代만을 지속하고 끊긴 것도 무슨 사연이 있을 것이다. 그 사연과 의미를 이제 우리가 하나하나 더듬어가 볼 수밖에 없다. 그 속에 일본과 백제를 잇는 기가 막힌 역사의 비밀이 들어있다. 그 비밀의 문의 열쇠는 익산 미륵사 서탑에서 발견된 황금으로 된 사리탑 봉안기의 출현이었다는 점이다.

4장

역사 속에 숨은 주인공

최초의 팔각릉

자, 그러면 이제 다시 일본으로 돌아가보자. 우리는 첫 머리에서 백제 무왕 때에 만들어진 것으로 알려진 전북 익산 미륵사지의 서탑이 무왕의 왕후인 사택적덕의 딸이 조성한 것으로 드러남으로써 고대사에 상당한 파문을 일으키고 있음을 지적했다. 이어서 일본에서는 제명천황의 능이 팔각임이 확인돼 그녀와 남편 등 집안에서 나온 아스카 시대의 천황들의 무덤이 모두 팔각이라는 점을 살펴보았다. 그렇다면 일본에서 천황릉을 팔각으로 쓴 사람들이 백제와 어떤 관계를 맺고 있는가를 알아보는 것이 이 문제의 해결의 실마리가 될 것이라고 생각한다. 그러기 위해서 일본의 팔각릉이 언제 어떻게 누구에 의해서 만들어졌는지를 이제 보다 구체적으로 추리해보자.

지금까지 우리가 알아본 바로는, 적어도 중국이나 한국에 능을 팔각으로 쓴 경우는 없었음을 알게 되었고, 일본에서도 팔각으로 무덤을 만든 것은 서명천황릉이 처음이라는 것이었다. 그러면 이 서명천황릉은 누가 팔각으로 만들도록 한 것일까?

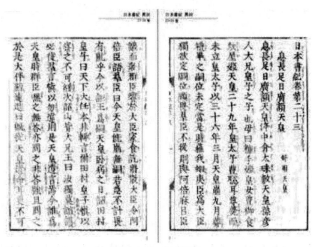

일본서기 서명천황조

　　일본의 34대 왕인 서명(舒明 죠메이)천황은 629년에 즉위해 12년을 재위하다가 641년 49살에 죽었다. 나라(奈良)현 사쿠라이(桜井)市에 있는 압판내릉(押坂内陵 오사카우치노미사사기)이 그의 무덤으로 믿어진다. 밑부분은 사각형이지만 윗부분이 팔각이다. 바로 그 앞의 왕이던 33대 추고(推古 스이코)천황(재위 592~628년)의 능, 그리고 남편이자 30대 천황인 민달(敏達 민다쓰)천황(재위 538~585년)의 능은 모두 사각형이다.

　　우리는 제1부에서 서명천황이 죽은 지 2년 후에 장사를 지냈음을 보았다. 『일본서기』를 보면

　　　　서명천황 13년(641년)10월9일 서명천황이 붕하였다.
　　　　황극천황
　　　　원년 춘정월 신미(15일)　　황후가 천황에 즉위하였다.
　　　　　12월 갑오(13일)　　　　처음으로 서명천황의 발상을 하였다.
　　　　　　　경인(9일)　　　　번개가 두 번 동에서 쳤고 바람이 불고 비가 왔다

임인(21일)　　　서명천황을 활곡강(滑谷岡)에 장사지냈다.
2년 9월 정축삭 임오(6일) 서명천황을 압판릉(押坂陵)에 장사지냈다.

라고 나와 있다. 이것이 일본서기에 나온 서명천황의 장례에 관한 기록의
전부이다. 처음 활곡강에 장사지냈다가 압판릉으로 옮겼다는 얘기이다.
여기에는 능을 어떻게 쓴 것인가에 대해서는 일체 나오지 않는다. 현재의
서명천황릉은 압판릉이므로, 부인인 황극천황 즉위 2년에 압판릉으로 옮
기면서 팔각릉으로 조성했을 가능성이 있다.

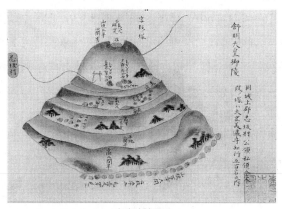

서명천황릉도

압판릉은 나라지방인 인판(忍阪 옷사카)이라는 데에 있다. 이 무덤은
앞에서 살펴본 대로 남북 약 80미터, 동서 약 110미터, 높이 12미터로 당
시로서는 엄청난 규모를 자랑한다. 3단으로 된 사각의 단이 있고 그 위에
다시 2단으로 봉분이 있다. 약 300년 후인 10세기 초(927년)에 일본 황실
의 의례, 절차 등을 담아 펴낸『연희식(延喜式 엔키시키)』에 이 능에 관해
서 언급한 부분이 있는데, 묘역이나 경내에 딸들의 묘가 같이 있다는 묘
사가 나온다. 그런 기록에도 불구하고 그 능이 어디인가에 대해서는 알

수 없었기에 능의 존재는 잊혀진 채로 있었다. 그러다가 원록元祿연간 (1688~1704)에 천황릉에 대해 일제 조사를 벌일 때에 당시「段ノ塚(단노 즈카)」라고 불리던 이 능을 서명천황릉으로 지정했다. 그리고는 도쿠카 와(德川)막부幕府가 끝날 무렵인 원치元治 원년(1864年) 9月에 능을 수리 하기 시작해 이듬해 11월에 준공했다. 수리할 이 때에 능의 구조에 대해 서 보다 더 알았을 것이지만, 앞에서 설명한 대로, 상원하방분으로 분류 되고 기록되었다.

어쨌든 압판릉으로 옮겨진 것은 왕이 죽은 지 2년 만이고, 그 때에 이미 능이 완성되었다는 뜻이기에, 그렇게 빨리 능이 조성된 것은, 이 능은 살 아생전에 천황 자신이 미리 설계를 해놓지 않으면 만들 수 없다는 뜻이 된다. 다만 이 때에 팔각으로 했을까? 아니면 근세에 능을 수리할 때에 팔 각으로 했을까 하는 의문이 있는데, 근세에 수리할 때에 특별히 능의 형 을 고쳤다는 기록이 없는 것을 보면 서명천황이 죽은 지 2년 후에 옮긴 그 능이 팔각으로 조성되었을 가능성이 높다.

서명천황

과연 서명천황 자신이 팔각으로 만들라고 지시했을까? 만약에 서명천 황이 직접 지시했다면 서명천황은 왜 그랬을까? 서명이 그렇게 특별한 결 정을 할 정도라면 그 전의 천황, 곧 아버지나 어머니와는 다른 이력이나 사연 등 무언가가 있어야 한다.

우선 볼 수 있는 것은 서명천황의 등극과정이 복잡하다는 것이다. 서명 천황의 일본식 시호는 息長足日廣額天皇(식장족일광액천황)[1]이다. 민달

---

1)「식장족일광액천황(息長足日廣額天皇)」이란 시호에 대해 김인배, 김문배는 이두식 고대한국어로「씻기 좋게 넓은 이마」라는 말이라고 주장한다(『일본서기 고대어는

천황의 손자이며 언인대형황자彦人大兄皇子의 아들로 되어있다. 추고 36년 3월 천황이 붕하자 조정에서는 후임천황 임명을 둘러싸고 논쟁이 벌어진다. 당시 서명천황과 황위등극을 놓고 대결을 펼친 사람은 산배대형왕山背大兄王이라는 인물로 성덕태자의 아들이었다. 그러므로 서열상으로 따진다면 언인대형황자彦人大兄皇子의 아들이었던 서명천황보다는 성덕태자의 아들이었던 산배대형왕山背大兄王이 황위계승에 유리한 위치에 있었다고 보여진다. 그런데도 일본서기의 기록을 살펴보면 추고천황의 유언으로 인해 산배대형왕이 황위를 서명천황에게 양보하는 특이한 사건이 일어난다. 이것은 서명천황이 당시 대신大臣이자 권력을 잡고 있었던 소아하이(蘇我蝦夷 소가노 에미시)를 등에 업거나 이를 힘으로 누르고 등극한 것을 에둘러서 표현한 것으로 보인다. 다시 말하면 사실상 황통에서 멀어진 집안에서 갑자기 등장해 당대를 호령하던 소아 씨의 세력을 누르고 왕이 되었다는 뜻이 된다. 왜, 어떻게 갑자기 왕으로 등장했을까?

아스카

한국어』, 319쪽, 1991, 빛남). 그리고 중국식 시호인「서명」은 그러한 훤한 이마의 광채만큼 <밝음, 또는 광명을 펴다>라는 뜻이라고 풀이한다.

서명천황의 재위기간은 13년간이었다. 결코 짧다고만 할 수 없는 그 세월동안 『일본서기』의 <서명기>는, 천황으로 등극할 때의 긴 논의과정만 빼고는 매우 간략하고, 전체 분량도 짧다. 특별히 눈에 띄는 것은 재위 3년 3월에 백제 의자왕이 왕자 풍장豊璋을 보내 인질로 하였다[2]는 것이고 그 해 9월에 온천에 가서 12월에 돌아오는 등 다른 천황기록에 비해 유난스레 온천행락 기사들이 많다는 점이다. 짧게는 3개월 남짓, 보통 4개월 정도를 온천에 행차하여 시간을 보내느라 신상(新嘗; 햇곡식을 조상의 사당에 올리고 음식을 맛보는 예식)을 제 때에 거행하지 못한 경우(재위 11년 춘정월)도 있었다.

그러다가 죽기 2년 전인 재위 11년 7월에 "금년에 대궁(大宮: 百濟宮)및 대사(大寺: 百濟大寺)를 만들겠다"고 말하였다. 백제천百濟川곁을 궁처로 하였다. 서쪽의 백성은 궁을 짓고, 동쪽의 백성은 절을 지었다. 12월에 다시 온천에 행차했고 그 달에 백제천 곁에 구중탑九重塔을 세웠다. 온천에서 돌아온 것이 다시 5달 후, 그리고 다시 5달 후인 10월에 백제궁으로 옮겼다. 그리고는 별 일도 없이 1년 후인 10월9일에 천황이 백제궁에서 붕한다. (18일)궁 북쪽에 빈궁을 설치하였다. 이를 백제百濟의 대빈(大殯: 큰 장례)이라 한다.

이것이 서명천황의 일생 행적이다. 치적이라고 할 것은 거의 없고 유난히 온천을 들락거리고 백제라는 이름의 절을 만들고 궁을 만들어 옮기다가 죽어 백제식으로 장례를 치른 것이 두드러질 뿐이다. 여기에서 조금 특별한 귀절이 하나 있는데 그것은 「재위3년 3월, **백제 의자왕이 왕자 豊**

---

2) 흥미로운 사실은 의자왕의 동생인 풍장이 의자가 태자로 확정되기 전 해에 일본에 파견된다는 점이다… 의자왕이 동생인 풍장과 후계자 경쟁을 한 끝에 어렵게 태자로 결정된 것이라고 추정할 수 있다… 정재윤, 「미륵사 사리봉안기를 통해 본 무왕 의자왕대의 정치적 동향」, 『익산 미륵사지와 백제』, 19쪽, 2011, 일지사.

章을 보내 인질로 하였다」는 것이다. 서명천황 3년은 631년으로, 이 때 백제는 의자왕이 아니라 무왕이 다스리던 기간이다. 그런데 어떻게 『일본서기』는 의자왕이 백제왕 자격으로 풍장을 인질로 보냈다고 했을까? 왜 왕자인 의자를 백제왕이라고 했을까? 무왕은 어디로 갔는가? 사람들은 『삼국사기』 백제 편에 이러한 기록이 없는 것에서 백제 의자왕을 무왕의 오기誤記로 보고 주목하지 않았지만 재미있는 문제를 제기하고 있다.[3] 나중에 살펴보자.

실제 천황인가?

서명천황이 처음 팔각릉을 채용한 것을 보면 뭔가 큰일을 한 사람인 것 같은데 실제로 그 행적을 보면 앞에서 살펴본 것처럼 별 것이 없다. 단지 왕통에 있지 않은 사람이 어느 날 선대 천황이 죽자 갑자기 나타나 소아씨의 추천에 의해 대왕(천황)이 되었다는 정도이고, 재위 중에는 연일 온천에 가서 몸을 풀고 온다. 그러므로 그의 생전의 행적만으로는 그의 팔각릉의 수수께끼를 풀 단서를 찾을 수 없다. 실제로 서명 천황 당시에도 대신인 소아하이(蘇我蝦夷 소가 에미시)는 여전히 건재하고 있었고 그가 죽고 나서 곧바로 다음 천황을 결정할 때에 발언권을 강하게 행사한다. 『일본서기』 황극천황조를 보자.

> 원년(642년) 봄 정월 정사삭 신미(15일) 황후가 천황의 자리에 올랐다. 이전과 같이 소아신하이(蘇我臣蝦夷 소가노오미에미시)를 대신(大臣 오호 오미)으로 삼았다. 대신의 아들 입록(入鹿 이루카)[다른 이름은 안작(鞍作; 구라쓰쿠리)]은 스스로 국정을 장악하였는데, 그 위세가 아버지 이상이었

---

3) 의자왕이 태자도 되기 전인데 이 때 왕의 신분으로 다른 왕자를 파견했다는 것은, 이미 당시 무왕이 실각해 권력을 잃고 있음이 일본서기에 기록된 것일 수도 있다.

다. 이 때문에 도적도 그 위세에 두려워 떨었으며, 길에 떨어진 물건이 있어도 아무도 주우려 하지 않을 정도였다

이처럼 소아 씨의 권세는 여전히 하늘을 찌르고 있었다.[4] 서명천황의 생존 시에도 소아 씨가 핍박을 받았다는 기록은 보이지 않으므로 그 때에도 여전히 소아 씨가 권세를 누렸을 것이다. 이런 상황에서 서명 천황의 능을 그렇게 거대하게, 그렇게 빨리 만드는 것이 순조로웠을까? 혹 당시의 능은 그 전과 같은 형식이었는데, 나중에 팔각으로 조성한 것일까?

소아씨 저택이 있던 언덕

---

4) 그전까지의 일본의 정치체제는 천황(왕)이 있지만 재정은 소아씨(蘇我氏), 군사는 물부씨(物部氏), 외교는 대반씨(大伴氏) 등 한반도에서 건너 온 호족들이 집단지도체제를 이루고 있다가 6세기에 소아씨가 세력을 강화해서 소아도목(蘇我稻目 소가노 이나메)이 자신의 두 딸을 흠명천황(欽明天皇)의 비(妃)로 넣어 그 아들들을 차례로 천황에 즉위시킴으로서 외척의 지위를 확립하였고 소아도목(蘇我稻目)의 아들인 소아마자(蘇我馬子 소가노 우마코)의 대에 그 세력이 절정에 달했다고 한다. 이 때는 사실상 소아(蘇我)씨가 천황(왕)이었다는 말이 나올 정도이다. 호칭을 천황이라 하지만 이 천황이란 이름이 천지와 천무 천황때 확립되었으므로 이 때는 천황이 아니라 왕이었을 것이다.

이쯤에서 왕후인 사택덕적의 딸을 둘러싼 사택 씨들이 왜 수수께끼처럼 역사에 기록되어 있는지 당시 상황을 좀 더 면밀하게 볼 필요가 있다.

백제의 귀족 사택 씨를 둘러싸고 백제와 일본 두 나라에 각기 혼선이 일어나던 때는 백제의 경우 무왕(武王, 재위 600~641)과 의자왕(義慈王 재위 642~660) 시대였고, 일본에서는 34대 서명천황(舒明天皇, 629~641)과 35대 황극천황(皇極天皇, 642~645), 36대 효덕천황(孝德天皇, 645~654), 37대 제명천황(齊明天皇, 655~661), 38대 천지천황(天智天皇, 661~671) 시대이다. 무왕이 세상을 떠난 것이 641년 3월이고 곧바로 의자왕이 왕위를 이어받았지만 즉위 다음 해를 1년으로 치는 계산법에 따라 642년부터 재위가 시작되는데, 일본에서도 서명천황이 641년 10월9일에 죽고 부인이 황극천황이란 이름으로 이듬해인 642년 1월15일에 즉위한다. 어쨌든 백제와 일본 두 나라의 왕이 모두 같은 해에 몇 달 차이로 죽고 그 다음해에 새 왕이 즉위한다.

백제 무왕

서명천황에 대해서는 앞에서 조금 알아보았지만 백제의 무왕은 누구인가?

우리가 아는 무왕은 과부인 어머니와 연못의 용과의 사이에서 태어났으며, 어렸을 때 마를 캐어 생계를 유지해 서동薯童이라고 불렸는데, 신라 진평왕의 셋째 딸인 선화공주가 아름답다는 소문을 듣고 신라의 도읍인 서라벌로 가서 선화공주가 밤마다 남모르게 서동과 어울리고 있다는 노래를 만들어 아이들에게 부르게 하였고 이윽고 이 노래로 선화공주가 궁궐에서 쫓겨나 귀양을 가게 되자 그녀를 데리고 백제로 와서 결혼했으며, 어렸을 때 마를 캐면서 발견해 모아두었던 황금으로 인심을 얻어 백제의 왕위에 오르게 되었다는 이야기의 주인공이다. 『삼국사기』에는 무왕이 풍채와 뛰어나고 뜻과 기상이 호방하고 걸출했다고 기록되어 있다.

그는 600년 법왕이 죽은 뒤에 왕위를 계승했는데, 재위 기간에 신라新羅에 빼앗긴 영토를 되찾기 위해 노력하였다. 그래서 신라와는 계속해서 갈등 관계에 있었는데, 『삼국사기』에 기록된 것만으로도 602년(무왕 3) 신라의 모산성母山城을 포위해서 공격한 것을 시작으로 636년(무왕 37) 독산성獨山城 전투까지 10여 차례 이상 군대를 일으켜 신라를 침공하였다. 618년 수나라가 멸망하고 당唐나라가 건국된 뒤로는 해마다 당나라로 사신을 보내며 긴밀한 외교 관계를 맺었다. 그리고 왜倭와도 가까운 관계를 유지해서 관륵觀勒을 보내 천문 · 지리 등의 서적과 불교를 전하기도 했다. 왕권 강화를 나타내기 위해 궁궐을 대대적으로 중수하기도 했는데, 630년(무왕 31)에 사비泗沘의 궁궐을 중수했으며, 634년(무왕 35)에는 궁궐 남쪽에 큰 연못을 만들기도 했다. 또한 그해에 위덕왕 때에 창건된 왕흥사王興寺의 건립을 완성하였다. 무왕은 재위 42년째인 641년 3월에 죽었고, 그의 맏아들인 의자왕(義慈王, 재위 641~660)이 왕위를 계승하였다.

미륵사지 건물지

무왕에 앞서 즉위한 29대 법왕(法王, 재위 599~600)과 바로 위의 28대 혜왕(惠王, 재위 598~599)은 모두 재위 2년 만에 세상을 떠났다. 이처럼 왕들이 모두 단명했던 주요 원인은 백제 왕실 내부의 권력 투쟁에 있었다고 보여진다. 당시 정국은 사비(지금의 부여) 천도 이후 형성된 8대성八大姓이라 불리는 실권 귀족들이 주도하고 있었고, 법왕을 제거한 실권 귀족들은 그들 중심으로 정치 운영을 지속하고자 세력 기반이 없던 익산의 몰락 왕족을 왕으로 삼았는데, 그가 바로 서동이라는 것이 우리 역사학계의 생각이다.

선화공주와의 결혼을 통해 왕권을 강화한 무왕은 즉위 후 정치적 기반이 약했던 부여를 떠나 자신의 고향이자 옛 마한의 중심지였던 익산에 새 도읍을 건설하고자 하였다. 미륵사터에서 그리 멀지 않은 곳에 위치한 왕궁면의 왕궁평성王宮枰城에서 이같은 무왕의 천도 계획을 재확인할 수 있다. 미륵사 창건을 할 때 무왕의 또 다른 관심사는 신라 공격이었다. 무왕은 무려 열두 차례에 걸쳐 신라를 공격하였는데, 그 때 중요 거점이 되었던 곳이 바로 익산이다. 따라서 미륵사터는 익산을 거점으로 백제의 중흥을 도모하고, 더 나아가 삼국 통일을 실현하고자 했던 백제 무왕의 꿈이 서린 곳이라 하겠다.5)

이러한 우리의 상식이 익산 미륵사지 석탑 밑에서 나온 사리봉안기에 의해 깨어졌음은 앞에서 지적한 바 있다. 사리봉안기는 미륵사를 건립한 무왕의 왕후를 선화가 아닌 당시 백제 최고 관직이었던 좌평 사택덕적의 딸로 기록하고 있는 것이다. 이로써 무왕의 왕후가 선화공주가 아닐 수 있다는 점 외에 사택 씨가 왕후와 대좌평을 배출한 가문이라는 점을 우리에게 보여주고 있다.

---

5) 불교 건축 (한국 미의 재발견 11) 2004. 김봉렬. 도서출판 솔 . 네이버 지식백과 인용.

무왕과 의자왕, 서명천황

이 봉안기를 통해서 미륵사탑을 세운 연대가 639년임이 밝혀졌다. 그런데, 일본에서 서명천황이 백제궁을 짓고 백제사를 세운 해가 바로 같은 해이다. 그리고는 두 나라 왕이 곧바로 2년 사이에 다 죽는다. 이것이 무슨 뜻일까?

미륵사지 (문화재청 사진)

바로 이런 상황에서 무왕과 의자왕, 무왕과 서명천황의 관계를 새롭게 보는 분석이 등장했다. 그것은 무왕이 재위30년을 경계로 해서 통치방식에 큰 변화가 있다는 것이다. 우선 백제의 무왕은 무려 42년이란 장구한 세월을 왕위에 있었는데, 재위기록을 잘 살펴보면 재위30년 부근을 경계로 통치방식에 큰 변화가 생긴다. 이때의 기록을 한번 살펴보자.

33년(서기 632)

봄 정월, 맏아들 의자(義慈)를 태자로 책봉하였다.

35년(서기 634)

봄 2월, 왕흥사(王興寺)가 완성되었다. 그 절은 강가에 있었는데, 채색이 웅장하고 화려하였다. 임금이 매번 배를 타고 절에 들어가서 향을 피웠다.

3월, 궁궐 남쪽에 못을 파서 물을 20여 리에서 끌어들이고, 사방의 언덕에 버들을 심고 물 가운데 섬을 만들어 방장선산(方丈仙山)을 모방하였다.

37년(서기 636)

3월, 임금이 가까운 신하들을 인솔하고 사비하(泗沘河) 북쪽 포구에서 잔치를 베풀고 놀았다. 포구의 양쪽 언덕에 기암괴석이 여기저기 서 있고, 그 사이에 진기한 화초가 있어 마치 한 폭의 그림 같았다. 임금이 술을 마시고 매우 즐거워서 거문고를 켜면서 노래를 부르자 수행한 자들도 여러 번 춤을 추었다. 당시 사람들이 그곳을 대왕포(大王浦)라고 불렀다.

39년(서기 638)

봄 3월, 임금이 궁녀들과 함께 큰 못에 배를 띄우고 놀았다.

41년(서기 640)

봄 정월, 혜성이 서북쪽에 나타났다.

42년(서기 641)

봄 3월, 임금이 돌아가셨다. 시호를 무(武)라고 하였다. 사신이 당나라에 가서 소복을 입고 표문을 올리어 말하였다. "임금(君)의 외신(外臣) 부여장(扶餘璋)이 죽었습니다."

그 전까지 신라를 쳐서 잃어버린 땅을 찾으려 애를 쓰며, 당나라에도 사신을 열심히 보내던 무왕은 맏아들 의자가 태자가 된 이후에는 이전과 다르게 절을 세우고 거대한 화원을 만들고 기이한 꽃을 기르고 성대한 잔치를 벌이는 일에 주력한다. 마치 정치나 군사는 팽개치고 정신적, 종교적 지도자의 역할을 수행하는 것이다. 그리고 이 통치방식의 변화의 시점에 맞물려 재위 33년인 632년에 의자왕자가 태자가 된다. 마치 정치는 아들에게 물려주고 2선으로 물러난 것 같은 느낌이다.[6]

부여 낙화암

이런 상황을 보면 무왕 31년(서기 630)에 왕이 사비의 궁을 중수하도록 하고는 웅진성으로 갔다가 여름에 가뭄이 들었다는 이유로 궁성 중수를 중지하고는 가을 7월에 웅진성에서 돌아오는 일이 뭔가 중요한 사건을 묘사한 것으로 생각된다. 그것은 곧 이 때에 왕자신분인 의자가 쿠데타를 일으켜 아버지 무왕으로부터 실질적으로 권력을 쟁취한 것이 아닌가 보여지는 것이다.

백제에서 무왕이 권력을 상실한 것으로 보이는 때(630년)에 왜국에서 서명천황이 즉위한다. 서명천황이 즉위한 것은 629년 1월로 되어있지만 631년에 왜국에서 당나라에 사신을 보낸 일을 서명2년의 조에 기록한 것으로 보면 630년일 가능성도 있다. 아무튼 이 무렵에 왜국에는 서명천황

---

6) 김상,『삼한사의 재조명2』, 386쪽, 2011, 북스힐.

이 등장하고 백제에서는 631년 봄에 그 때까지 왕자의 신분이던 의자왕자가 갑자기 백제왕이란 이름으로 왕자 풍장을 일본으로 보내 인질로 한다. 그리고 의자왕자는 원자元子였다가 다음해인 632년에 정식으로 태자가 된다. 무왕이 즉위한 지 무려 33년이 나 지난 때에 비로소 태자가 되는 것이다. 그러므로 의자왕은 630년에 권력을 잡은 후에 백제왕이란 이름으로 풍장을 일본에 인질로 보냈고 그 다음 해에 태자로 정식으로 등장하는 것으로 볼 수 있다.

이 무렵 일본에서 서명천황이 등장하는 데 그 상황은 아래와 같다;

1) 무왕이 권력을 상실할 때 서명이 즉위한다.
 - 무왕은 630년 경에 권력을 잃는 것으로 보이는데 서명은 629년 혹은 630년에 즉위한다.
2) 무왕이 죽자 서명도 死한다.
 - 무왕은 641년 3월에 死한다. 그리고 서명은 7개월 후인 641년 10월에 死한다.
3) 당에 사신을 여러 차례 보낸다.
 - 무왕은 백제에서 여러 차례 당에 사신을 보내는데, 왜국은 소아마자(蘇我馬子 소가 우마코)가 수(隋)나라에 사신을 보낸 후 서명에 의해 당(631년)과 본격적인 외교가 시작된다.
4) 학문을 숭상한다.
 - 무왕은 41닌째 사세들을 당에 보내 국학에 입학할 것을 청한다.
   서명은 당나라에서 학문승들을 초빙하여 크게 강연회를 연다.

그리고 무왕이 백제에서 어떤 행위를 할 때 서명천황은 왜국에서 어떤 행위를 하는지 보자. 삼국사기에 무왕이 나온 시기와 일본서기에 서명천황이 나온 시기를 비교해보는 것이다. (629년을 서명천황 1년으로 추산한다)

연도	무왕 출현	서명천황 출현
630	7월	10월
631	2월,7월	9월,12월
632	7월	
633		
634	2월, 3월	
635		
636	3월	6월
637		
638	3월(마지막 기록)	10월
639	1월(미륵사, 서탑 봉안)	1월,7월,12월(대건축의 해)
640		4월,10월
641	3월 죽음	10월 죽음

미륵사지 석탑부재들

　이를 비교해보면 무왕과 서명천황이 활동한 연도가 똑 같다. 달만 조금 차이가 날 뿐이다. 그리고 일본에서 백제궁, 백제사를 짓고 백제탑을 세우던 639년에 백제에서는 무왕의 왕후가 미륵사탑을 세운다. 정확히 일치하는 것이다. 그렇다면 무왕 세력은 무왕의 사후 의자왕에 의해 권력을 뺏기자 일본으로 망명해서 새로운 왕권을 확립한 후에 과거 백제에서의 활동을 그대로 기입했다는 분석이 나오는 것이다.

황극천황

앞에서 본 것처럼 『일본서기』에는 서명천황이 죽던 641년에 백제에 대란이 발생한 사실이 백제사신의 입을 통해 실려 있다. 641년의 대란 결과 수많은 왕족과 고관들이 의자왕에 의해 왜국으로 추방된다. 그런데 이 것이 사실일까? 641년의 삼국사기 백제본기를 보면 무왕이 죽고 의자왕이 왕이 된다. 즉, 서명천황이 죽던 해에 백제에 권력교체가 일어났다.

삼국사기를 보면 641년 3월에 무왕이 죽었다고 하고 있다. 백제의 대란은 3월 직후에 발생하였을 것이다. 일본서기는 서명천황이 10월에 죽었다고 한다. 그렇다면 이때 무왕의 시신이 왜국으로 건너온 것이 아닌가? 다음 해인 642년 1월에 의자왕이 보낸 백제의 사신이 왜국에 도착하여 서명천황을 조문하는 것으로 보아 이때 대란이 의자왕의 승리로 끝났을 것이다. 그리고 642년 2월에 내란에서 패한 세력이 왜국으로 건너온 것이다.

일본서기는 641년의 대란으로 다음과 같은 사람들이 죽거나 추방되었다는 백제 사신의 말을 기록하고 있다. 일본서기가 죽었다고 하는 기록한 것은 백제측 기록을 보고 옮겨적은 것이기에 실제로 죽은 경우도 있지만, 왜국으로 건너간 경우에도 죽었다고 표현했을 가능성이 있다.

1) 대좌평 지적 – 죽었음
2) 국왕의 모 – 죽었음
3) 왕자 교기
4) 4명의 공주
5) 내(신)좌평 기미
6) 고관대작 40여인

대좌평과 내좌평은 백제에서 서열 1위와 2위에 해당하는 고위직이다. 그런 사람들이 죽거나 추방되었으니 이것으로부터 백제가 아예 둘로 나뉘어 수개월 동안 내전을 치렀음을 추정할 수 있다.

백제금동대향로

교기왕자가 의자왕자에 의해 쫓겨난 것이라면 의자왕자의 반대세력이 옹립하려 한 인물은 교기왕자일 수밖에 없다. 그러면 그는 의자왕이 아니라 무왕의 다른 아들, 즉 의자왕과는 배다른 형제라고 보아야 합당하다. 그리고 죽었다는 국왕의 모는 교기왕자의 생모로서 무왕의 왕후인데 의자왕의 계모가 되는 사람이라고 볼 수 있다. 무왕이 죽자 백제의 반反의자왕자 세력이 교기를 옹립하려고 대란을 일으켰다가 실패하여 모두 죽거나 왜국으로 추방된 것이다. 국왕의 모(의자왕의 계모)도 죽었다고 했지만 죽지 않았을 것으로 추정될 수 있는 것은 사건의 당사자인 교기를 살려주는 판에 그의 어머니를 죽인다는 것은 민심을 잃는 것이기 때문이다. 일본서기가 왕모가 본국에서 죽었다고 전하는 것을 실어놓은 것은 오히려 그녀가 왜국에서 아주 중요한 인물이 되었음을 감춘 것으로 볼 수 있다. 죽었다고 한 대좌평 지적도 마찬가지로 죽지 않았고 대신 왜국에서 아주 중요한 인물이 되었을 것이다. 실제로 부여에서는 지적이 죽었다는 641년부터 13년 후에 세워진 그의 공적비가 발견되었다. 이 비에 따르면 그는 641년에 죽은 것이 아니고 그로부터 13년 후인 654년 직전에 죽은 것이다. 일본서기도 앞에서 죽었다고 하고는 뒤에서는, 642년 6월에 백제의 대좌평 지적 일행에게 향응을 베풀었다고 하는 등 살아있음을 보여 준다.

다시 정리를 해 보면 백제는 641년에 대란이 일어나고 왜국에서는 642년에 여왕이 즉위한다. 이 여왕이 처음에는 황극이라는 이름으로, 그리고 다시 제명이라는 이름으로 두 번 천황이 되는 여자이다. 이 여왕에게는, 아니 그의 남편인 서명천황에게는 뒤에 나오는 대로 천지천황, 천무천황 등 쟁쟁한 아들이 있는데도 『일본서기』에는 이 아들들에 대한 언급은 하나도 없고 서명이 죽자 갑자기 서명의 왕비라는 사람이 자리를 이어받는다. 그가 황극천황, 나중의 제명천황인데, 서명의 아들이 없는 것도 아니었는데 아들이 아니고 그의 부인이 왕위를 잇는 것으로 되어있는 것은 대단히 부자연스럽다. 에나 지금이나 여자가 최고 통치자가 되는 것은 어려운 일이다. 그러므로 갑자기 등장한 황극천황(제명천황)은 백제에서 왜국으로 온 무왕의 왕후가 아닐까 추측이 가능하다. 즉 왕자 교기 일행이 그의 어머니를 모시고 일본으로 건너왔고 정권을 압박해 그 어머니가 왕위를 이어받았다는 가설이 성립하는 것이다. 그럴 경우 백제에서 일본으로 건너온 왕후라면 미륵사를 세우는데 큰 시주를 한 사택적덕의 딸일 수밖에 없다고 추정하는 것이다. 그것은 다시 말하면 무왕의 왕후가 둘이 있었는데, 한 왕후는 의자왕의 어머니(아마도 선화공주?)요, 다른 한 쪽은 교기왕자의 어머니이며 사택씨 집안이라는 얘기이다.

정권 접수

여기서 의문은 사택적덕의 딸이 무왕의 부인, 곧 왕후로서 그의 아들 교기를 대동하고 대거 일본으로 망명했다 하더라도 어떻게 왕이 되어 일본 땅의 지배자가 될 수 있느냐는 의문이 생긴다. 그러한 의문이 해소되지 않으면 지금까지의 가설은 정말로 상상의 가설로 끝나고 만다.

무왕의 왕후와 교기왕자가 일본으로 망명했을 것으로 보이는 시기, 일본 열도의 지배자는 소아(蘇我 소가) 씨였다. 앞에서 살펴본 대로 서명천황의 행적이 무왕의 것과 겹치거나 일치하고, 백제에서의 무왕의 행적과 일본 서명천황의 행적이 서로 번갈아 일어나는 것을 보면 적어도 권력싸움에 패한 무왕이 일본으로 건너왔을 것으로 추정되는 641년, 그 전부터 645년 소아 집안이 멸망하기까지 일본의 통치자는 소아 씨였다.

서명천황조에는 특이하게도 왕후에 대한 기록이 전혀 없다.(사실은 왕족 전체에 관한 기록이 없다) 왕후가 나타나는 것은 서명천황이 죽은 뒤이다. 무왕의 왕후가 죽었다는 642년 1월이 사실은 그녀가 왜국에 도착한 해라고 보는데, 일본서기는 그때 서명천황의 왕후인 보황녀가 황극천황으로 즉위했다고 한다. 하지만 당시 왜국의 왕은, 아래 기사처럼, 소아하이(蘇我蝦夷 소가노 에미시)였다.

> *황극천황 원년: 12월, 이 해에 소아대신 하이(蝦夷)는 자기의 조묘(祖廟)를 갈성(葛城)의 고궁(高宮)에 세우고 (중국 천자만이 한다는) 8일의 무(八佾舞)[7]를 추었다⋯ 180부곡의 백성들을 징발하여 쌍묘를 미리 만들었다. 하

7) 천자(天子)의 제향(祭享) 때 쓰이는 일무. 우리나라에서는 문묘(文廟)·종묘(宗廟) 제

나를 대릉이라 하여 하이의 묘로 하였다. 다른 하나를 소릉이라 하여 (아들인) 입록(入鹿)의 묘로 하였다.

> 是歲, 蘇我大臣蝦夷, 立己祖廟於葛城高宮, 而爲八佾之儛… 又盡發擧國之民, 幷百八十部曲, 預造雙墓於今來. 一曰大陵爲大臣墓. 一曰小陵爲入鹿臣墓.

일본서기를 보면 보황녀는 아들이 둘이 있다. 큰 아들이 중대형으로 훗날의 천지천황이고 작은 아들이 대해인으로 훗날의 천무천황이다. 일본 학자들의 연구에 따르면 동생으로 기록된 대해인이 형으로 기록된 중대형보다 나이가 많다고 하는 견해도 있고 해서 어쩌면 두 아들 중 중대형은 보황녀의 생물학적 아들이고 대해인은 사료상의 아들일 가능성도 있다. 즉 대해인은 나중에 아들로 기록됐을 가능성이 있다는 이야기이다.

서명천황은 아들이 둘이나 있음에도 아들이 아니라 왕후가 왕위를 계승한다. 또 일본서기는 태자 세우는 것을 관습적으로 적고 있는데 서명 천황조는 태자세우는 기록이 없는 정도가 아니고 아예 왕자들 이야기가 전혀 없다. 일본서기에서 가장 중요한 2명이 훗날 천지천황이 되는 중대형과 천무천황이 되는 대해인인데도 이들의 존재가 전혀 보이지 않는다. 이들 왕자들이 일본서기에 모습을 보이는 것도 보황녀처럼 서명천황이 죽은 뒤이다. 보황녀의 어머니 길비희왕도 서명천황이 죽은 다음에 나타난다.

훗날 천황을 2번이나 한 보황녀나 일본서기의 가장 중요한 천황이 되는 왕자 둘을 비롯하여 서명천횡의 왕족들이 서명천황 생존 시에는 전혀 나타나지 않는 이유는 그들이 당시 왜국에 없었기 때문이라고 생각할 수 있다. 이들은 서명천황이 죽은 뒤에야 일본서기에 나타나는데 그 이유는 서명천황이 죽은 뒤에 왜국에 나타났기 때문이라고 본다. 만일 왕족들이 왜국에 있었다면 자신들에게 조금만 위협이 되어도 구 왕족들을 무자비하게 제거하던 소아 씨들이 가만 두지 않았을 것이다.

향에 쓰인다. 일(佾)은 열(列)을 의미한다. 팔일무는 한 줄에 8명씩 여덟 줄로 늘어서서 64명이 추며, 문무(文舞)와 무무(武舞)가 있다.

보황녀

자, 이런 역사적인 추론을 다시 정리해보면 서명이라는 천황은 백제의 무왕인데, 그가 죽은 후 백제에서 둘째 왕후와 왕자가 의자왕 세력에 의해 권력을 잃고 일본 땅으로 왔으며, 거기서 천황이 되었으므로 백제에서의 행적을 일본에서의 행적으로 편입시켜 기록해 놓는다. 그 기록은 물론 서명의 아들들인 천지천황과 천무천황에 의해 주도되어 일본서기나 고사기에 실리는 것이다. 그들은 아버지인 서명을 일본에서 새로운 지배계급으로 등장시키기 위해서 새로운 정치를 선언하고 새로운 역사서를 편찬토록 한다. 그리고 우리가 논의하는 팔각무덤과 관련해서도 새로운 무덤, 곧 팔각이라는 무덤 형식을 채용함으로 해서 하늘의 명을 받은 새로운 왕족이 등장했음을 당당히 선포하는 것이 된다. 이러한 새로운 정치세력의 등장을 위해서는 기존의 집단이 사악하다는 점이 부각되어야 한다. 그것을 소아(蘇我 소가)집안의 과도한 권력욕과 과시욕에서 찾는다. 그리고는 이러한 잘못을 응징하기 위해서도 새로운 정치세력이 나왔음을 천하에 알리는 것이다. 그것의 상징이 곧 일본에서가 아니라 원 조상이 살던 한반도에서 믿는 신앙의 결정체로서 하늘을 상징하는 팔각이라는 개념을 채용하고 그 개념으로 제도를 개혁하면서 새로운 왕권으로서의 지위를 강화하는 것이다. 우선은 이렇게 서명천황 이후의 역사를 개괄적으로 상정해보자.

그런데 이러한 과거 역사의 단절과 새 역사의 창조를 위해서는 서명천황만이 아니라 서명의 부인 황극천황(제명천황)까지도 새로운 인물이 아니면 안된다. 그러므로 새롭게 지배자의 부인으로 올라선 황극천황, 남편이 죽고 나서 일본의 왕위를 이어받은 황극천황의 등장과정을 잘 살펴볼 필요가 있다.

황극천황의 일본식 이름은 천풍재중일족희천황天豐財重日足姬天皇이고 황극은 중국식 시호이다.

황극천황

황극천황은 제35대 천황으로 일본의 기록에 따르면 추고推古천황 2년 (594)에 태어나 제명齊明천황 7년(661)에 사망하였다. 아버지는 모정왕茅淳王이고 어머니는 길비희왕吉備姬王이다. 처음에 용명用明천황의 손자인 고향왕高向王에게, 그리고 그 후에는 서명천황에게 시집갔다고 한다. 서명천황과 결혼하여 천지天智천황과 효덕孝德천황의 비 간인황녀間人皇女, 천무天武천황 등을 낳았다. 그런데 이 황극천황도 출신이 애매하다. 그의 아버지인 모정왕茅淳王이 언제 태어나 언제 죽었는지가 전혀 알려지지 않고 있고 단지 민달천황 집안이라는 것만이 나와 있다. 서명천황은 아버지 모정왕의 배다른 동생으로 되어 있다. 다시 말하면 황극의 아버지는 남편인 서명천황의 배다른 형인데, 황극의 어머니인 길비희왕吉備姬王은 남편의 동생에게 다시 시집가서 황극천황인 보황녀宝皇女와 남동생 경왕(輕王 나중의 효덕천황)을 낳은 것으로 되어있다.

이런 황극천황, 그런데 누구누구의 자손이라는 계보상의 이름 외에 다른 것은 전혀 알려지지 않았다. 모정왕이라는 이름의 모정茅渟도 백제계 사람들이 많이 사는 동네라는 설이 있을 뿐이다. 『신찬성씨록新撰姓氏録』 좌경황별左京皇別에는 백제왕(百済王, 혹은 百済親王)이라는 명칭의 인물이 잠깐 나오는데, 누구인지 알 수 없는 이 백제왕이 모정왕과 동일인물이라는 설을 일본의 역사학자 쓰카구치 요시노부(塚口義信)[8]가 내놓았다. 아무튼 수수께끼 같은 인물이지만 황극천황이 백제계인 것만은 틀림이 없는 것 같다. 엄마인 길비희왕吉備姬王도 출신이 불명확하다. 그렇다면 이들이야말로 백제에서 일본으로 건너와 집권한 세력일 가능성이 높다.

그런데 서명이 죽고 난 뒤에는 당연히 형제에게 천황위가 전해지면 되는데 이상한 일이 벌어진다. 『고사기古事記』에 의하면 서명에게는 동복同腹의 중진왕中津王·다량왕多良王이 있고 배가 다른 동생으로도 지누왕智奴王·상전왕桑田王·산대왕山代王 등이 존재하고 있었다. 다만 『일본서기』에는 모정왕을 황극의 아버지로 소개하는 것 외에는 이들 동생들에 대해서는 이름도 나오지 않는다. 그리고는 서명이 죽고 그 다음 천황을 정하는 문제에 대해서는 한 줄도 논의가 없이 갑자기 서명의 부인인 황극이 천황위를 받는다. 추고천황이 죽고 서명천황이 즉위하기 전에 천황위를 누가 계승할 것인가를 놓고는 신하들 사이에 논의하는 과정이 그렇게 길게 소개되었는데도 불구하고 이렇게 갑자기 부인이 천황자리를 받는 것이다. 그리고는 그 남동생에게 갔다가 다시 부인에게 오는 이상한 일이 반복된다. 또한 나중에 천지천황으로 올라서는 서명의 아들 중대형황자는, 제명

---

8) 塚口義信, 「茅渟王伝考」, http://ci.nii.ac.jp/naid/110000221102

(황극)이 죽고 나서 곧바로 즉위하지 않고 무려 7년간이나 자리를 비어놓고 있다. 이 모든 일이 황극천황을 둘러싸고 일어나는 것이다.

일본 천황에 붙여진 중국식 시호는『일본서기』를 편찬할 때에 붙여진 것이 아니라 8세기 중반 이후에 활동한 오미노 미후네(淡海三船, 722~785)라는 황족이 찬진한 것으로 알려져 있다. 나름대로 각 천황의 치적이나 역사적인 의미을 한 마디로 요약한 것이다. 그런데 보통 군왕, 임금이란 뜻을 갖고 있는 '황극皇極'을 여성천황에게 붙여준 이유는 무엇일까? '황극'은『상서(尙書)』(곧『書經』)「홍범(洪範)」편에 나오는 개념으로9) 백성을 위하여 군왕이 크고 바른 규범을 세우고 실천하면 백성이 따라온다는 교훈을 설파하는 내용이다. 이렇게 군왕을 의미의 시호를 여성천황에게 붙여준 까닭은 이 황극천황이 무언가 군왕으로서 중요한 발자취를 남긴 것을 100여년이 지난 상황에서도 잘 알고 있었기에 그것을 표현하기 위한 것이 아닌가 보여진다.

아스카궁 유적

---

9) "황극(임금)의 법칙은 임금이 그가 다스리는 법을 세우는 것이니, 다섯가지의 복을 모아 가지고서 백성들에게 베풀어주면 백성들도 임금의 법칙을 따라 그 법칙을 지켜줄 것이다." 皇極 : 皇建其有極。斂時五福, 用敷錫厥庶民。惟時厥庶民于汝極。錫汝保極 …『書經』周書 홍범편

그것은 아까 우리의 추정을 다시 상기해본다면 백제 무왕이 의자왕 세력에 의해 실각하여 죽었거나 혹은 일본으로 건너와 곧 죽음으로서 군왕으로서의 역할을 다하지 못했는데, 황극천황이 남편의 유업을 받아 일본에 진정한 왕권정치를 가동하게 된 것을 기억한다는 뜻이 아닌가 하는 것이다. 아무튼 출신이 명확히 밝혀지지 않은 보황녀라는 한 여성은 두 번째로 결혼한 남자가 일본의 천황이 되었다가 죽으니 자신이 천황의 자리를 맡아 황극천황으로 몇 년 있으면서 자기 아들이 당대의 권력을 쥐고 있던 소아 씨 집안을 궤멸시킬 때에는 일단 자신의 남동생에게 천황위를 잠시 주었다가 다시 천황위를 맡으며 집안과 아들들을 보호한다. 그 과정에서 백제를 구하기 위해서 노구를 이끌고 백제와 가까운 큐슈 근처까지 가다가 숨진다. 그 이후 자신의 아들이 천황위를 이어받아 현대까지 내려오는 일본이란 나라의 토대를 연다. 이 역사 한가운데에 보황녀라는, 나중에 황극천황이 되고 제명천황이 된 한 여걸이 있는 것이다. 우리가 지금까지 여러 가지 경로를 통해 알아본 바로는 **그 황극천황이 백제에서 활약하던 귀족인 사택적덕의 딸로서, 백제 무왕의 왕후였다가 일본으로 망명하여 차례로 권력을 잡으니 나중에 역사를 정리할 때에 그녀의 출신을 속이고 그녀의 출생을 일본 안에 억지로 짜 맞추고 견강부회한 것이 아닌가** 하는 것이다.

황극천황의 일본식 이름은 천풍재중일족희천황天豊財重日足姬天皇이고 이를 일본식으로 읽으면 아메(天)토요(豊)타카라(財)이카시히(重日)타라시(足)히메(姬)노(の)스메라미코토(天皇)가 된다. 뜻으로 읽는 이름인데 하늘로부터 귀중한 재물을 많이 받은, 태양처럼 빛나는 존귀한 여성 천황이란 뜻으로 풀이할 수 있을 것이다. 일본의 천황가운데 天(아메, 하늘)이란 시호를 받은 천황은 천지와 천무 둘 뿐인데 그 어머니인 황극천황의 일본식 시호에 하늘의 개념이 들어가 있다. 일본 천황의 시호 중에 신神을 붙인 경우는 무력 정복전쟁을 통해 새로운 왕조를 연 경우에 붙이는 것으로 되어 있고,[10] 이 천天은 무력에 의한 정복전쟁은 아니지만 새롭게 강력한 왕권이 들어선 경우에 붙인다고 알려져 있다. 그런 의미에서도 황극천황은 일본의 어느 시골구석의 한미한 집안에서 태어난 단순한 여자가 아니라는 뜻이 들어가 있다고 하겠다.

아스카의 아침

---

10) "제1회의 일본건국의 주역은 숭신이고 제2회의 주역은 응신으로서, 두 천황 모두가 그 시호에 「神」이란 글자를 쓰고 있는 것이 우연이 아니라고 느껴지는 것이다. 숭신과 응신 이외에 '神(신)'이 들어간 시호를 부여받고 있는 천황은 가공의 정복자인 神武(신무)와 神功(신공) 뿐이다. 그렇기 때문에 **神이라던가 神** 이라는 특별한 시호는 천손민족의 활동역사에서 특별히 중대한 역할을 담당한 인물, 특히 건국자나 정복자를 표시한 것으로 해석되어, 숭신과 응신이 일본의 제1차적인, 제2차적인 정복자였다고 하는 앞에서의 추정이 잘 부합되고 있다"…『騎馬民族國家』, 2부1편, '일본이란 국가의 기원과 정복왕조', 江上波夫, 中央公論社, 昭和58年(1983) 40版.

일본인들도 보황녀, 곧 황극천황의 장기집권에 대해서 놀라고 그 이유를 분석하려 하고 있다. 보황녀는 서명천황의 재위 시에는 황후로서, 서명이 죽은 후에는 자신이 천황이 되었고, 자기 남동생을 잠깐 천황으로 두던 때에도 「황조모존皇祖母尊」이란 존칭을 받으며 어른 대접을 받았고 다시 천황이 되는 등 무려 33년 동안이나 권력의 최정상에 있었다. 사실상 천왕가의 확립에 가장 기여를 한 지존과 같은 존재였다고 하겠다.

쿠데타 세력의 하늘

필자가 서명천황으로부터 황극, 효덕, 그리고 천지천황으로 이어지는 천황가의 황위계승과정을 보면서 가장 주목하게 된 것이 황극천황이라는 존재와 그 때에 왕권을 강화하기 위해 취해진 일련의 조치들이다.

일반적으로 황극천황 때 일어난 가장 큰 사건은 이른바 「을사의 정변(乙巳の変)」이라고 하는 친위 군사쿠데타이다. 소아(蘇我 소가)씨는 흠명천황(539년12월~571년 4월)때 외척으로 올라선 소아도목(蘇我稲目 소가노 이나메)(506~570)으로부터 그의 아들인 마자(馬子 우마코)—손자인 하이(蝦夷 에미시)—증손자인 입록(入鹿 이루카)의 4대에 걸쳐 정권을 장악하고 전횡까지 한, 고분시대의 가장 대표적인 호족이었다. 그런데 중신겸족(中臣鎌足 나카토미노 가마타리. 훗날의 후지와라노 가마타리)라는 사람이 갑자기 등장해 이러한 소가 씨의 전횡에 불만을 품고 이를 타도해야 한다며 나선다. 그는 먼저 황극천황의 남동생인 경황자(輕皇子, 훗날의 효덕천황)에게 접촉했으나 기량이 부족함을 알고 그만두고, 황극의 아들인 중대형황자中大兄皇子에게 접근하여 중국 유학생들을 중심으로 사람들을 모은 뒤에 황극천황 4년 (645년) 6월 12일, 아스카의 판개궁(板蓋宮 이타부키궁)에서 소아입록(소가노 이루카)를 참살하는 쿠데타를 결행한다. 이 소

식을 들은 소아하이(소가노 에미시)가 다음날 자신의 저택에 불을 질러 자결한다. 이것이 소아 씨족이 멸망하는 「을사의 정변(乙巳の變)」 사건이다.

을사의 정변 상상도

이 사건은 권력을 외척의 손에서 황실로 되돌리려는 친위쿠데타로서, 사건 이후 권력을 잡은 황극천황의 아들 중대형황자가 곧바로 천황이 되지 않고 외삼촌을 천황으로 올리는데, 이 때부터 일본 천황가의 천하경영이 본격화되니 이를 대화개신大化改新이라고 한다. 처음으로 연호年號를 정하여 645년을 대화(大化 다이카)원년으로 하고, 도읍을 나니와(難波, 지금의 오사카)로 옮겼고, 이듬해 1월에 천황 이름으로 '개혁의 칙령'을 발표한다. 이 과정을 보면 당시 친위쿠데타는 황극천황의 면전에서 이뤄졌으며, 황극 자신은 퇴위를 하지만 남동생이 천황이 되었어도 실권은 아들인 중대형황자가 쥐고 있었고, 황극은 그 아들을 통해 여전히 권력을 누릴 수 있었다.

주목되는 것은 이들이 개혁을 표방하며 주장하는 과정에서 왕권의 강화를 위해 하늘이라는 개념을 많이 차용했다는 사실이다.

우선 이들의 쿠데타를 일으킬 때의 상황을 보자. '황극천황'조를 보면 실권자였던 소아 씨는 잘 안보이고 백제에서 망명한 교기왕자 이야기가 잔뜩 나온다. 그러다가 갑자기 그가 사라지고 '중대형황자'라는 인물이 등장한다. 644년 중대형은 삼한의 표문을 낭독하는 날 소아입록이 온다는 것을 알고, 중신겸자련 등과 매복해 있다가 자신의 어머니(황극천황) 앞에서 소아입록을 급습하여 죽인다. 죽기 전 소아입록이 자신을 죽이려는 이유를 묻자 중대형은 "안작진멸천종鞍作盡滅天宗"이라고 답한다. '안작, 곧 소아입록이 천종의 씨를 다 말렸다'는 뜻이다. 즉 자신들이 天宗(천종), 곧 하늘을 이어오는 핵심이라는 것이다. 이것은 서명천황이 왜국의 왕족이 아니었음을 추정케하는 대목이다. 이 광경을 본 사람이 뛰어나가 외치기를 "韓人殺鞍作臣(한인들이 안작신을 살해했다)"이라고 했다. 이것은 중대형이 왜국사람이 아니고 한반도에서 건너온 사람임을 알려주는 일본서기의 증언이다.

일본의 신사

또 하나 주목할 것은 새로 즉위한 효덕천황을 앞세우고 황극태상천황,

중대형황자 등 집권세력은 집권한지 일주일도 안 되어 신하들을 모두 아스카데라(飛鳥寺)의 서쪽 광장에 마련한 제단 앞에 모아놓고 천명사상에 기초한 서약을 교환하도록 했다는 사실이다. 황극천황 4년(곧 대화원년) 6월 19일조를 보자.

> 乙卯(을묘, 19일), 천황, 황조모존(皇祖母尊: 퇴위한 황극천황), 황태자는 큰 느티나무 아래에 군신들을 소집하여 맹세를 하게 하였다. 천신지기(天神地祇)에 고하여 '천복지재(天覆地載)11)한다. 제도(帝道)는 유일하다. 그러하거늘 말세는 요박(澆薄)하여 군신이 질서를 잃었다. 하늘은 내 손을 빌어 포역을 주륙하였다. 지금 다 같이 마음의 성을 표시한다. 금후에는 임금(君)은 둘(二政)이 없고 신(臣)은 조정에 이심이 없다. 만일 이 맹세를 저버린다면 천재지요(天災地妖)가 일어나고 귀신이 주(誅)하고 사람이 징벌할 것이다. 밝은 것이 일월과 같다'라고 말하였다.

라고 하여 새로운 정권이 하늘의 뜻에 따라 과거 전횡을 일삼던 세력을 척결했으니 새 정권에 충성을 다할 것을 요구한다. 결국 이번 정변은 하늘의 뜻에 의한 것이며 장래 새 정권을 배반하면 누구든 벌을 받을 것임을 밝힌 것이다. 그 하늘은 과거 일본 개국 신화에서 한반도가 하늘이었듯이 왜국에서 보면 한반도인 것이고 한반도에서 행해지던 것이 곧 하늘에 대한 신앙이다.

명당의 의

여기에 덧붙여 주목하는 것은 "명당明堂의 의議"라고 하는, 중국의 황제가 민본정치를 행하는 방법을 인용해서 이것에 준하는 방법을 준비했다

---

11) 天覆地載, 하늘은 덮어주고 땅은 올려놓아 받쳐준다. 천지 우주 혹은 하늘이 우리 인간을 사랑하고 보호해준다는 뜻.

고 공표한 사실이다. 즉위 2년 차에 발표한 천황 이름의 발표문(詔)에 그러한 구절이 눈에 띈다.

　　2월 갑오삭 무신(15일)에 천황이 궁의 동문으로 행차하였다. 그리고 소가(蘇我)우대신(右大臣)에게 천황의 명을 고하게 하였다. "명신(明神)이며 천하를 다스리는 일본왜근자천황(明神御宇日本倭根子天皇)은 모여 기다리는 경들과 신, 연, 국조, 반조 및 여러 백성에게 말하노라. 짐이 듣건대 백성을 잘 다스리는 군주는 종(鍾)을 궁문에 걸어 백성의 근심을 파악하고, 집을 대로에 지어 길 가는 사람의 비방을 듣고, 꼴 베고 나무하는 사람의 말이라도 친히 물어 스승으로 삼는다고 한다…중략…관자(管子)가 말하기를 **황제(黃帝)는 명당(明堂)의 의(議)를 세웠으므로 위로 현인을 잘 관찰하였고** 요(堯)는 구실(衢室)에서 정치를 자문하였으므로 아래로 백성의 소리를 들었다. 순(舜)은 선을 알리는 깃발을 세워 선한 자를 드러냈다. 우(禹)는 건고(建鼓)를 조정에 세워 간하고 호소하는 일에 대비하였다. 탕(湯)은 총술(總術)[12]의 뜰이 있어 백성의 비난을 알았고 무왕(武王)은 영대(靈臺)에 동산을 만들어 현자를 등용하였다. 이것이 성제명왕(聖帝明王)이 나라를 보존하면서 잃지 않고, 번영하며 망하지 않는 연유라고 하였다.[13] 그리하여 짐은 종(鍾)을 걸고 궤(匱)를 설치하고 표(表)를 거두는 사람을 임명하였다. 걱정이 있거나 간언하는 사람은 궤에 표를 넣게 하고 표를 걷는 사람에게 명하여 아침마다 주청하게 할 것이다. 그리고 짐이 주청한 것을 읽고 나서 군경에게 보여 즉시 처리하게 할 것이니 지체하지 않기 바란다.

　이런 내용으로 된 효덕천황의 포고문은 당시 실권자인 중대형황자측이 준비한 것이라 생각된다. 새로 출범하는 정권은 옛날 중국의 황제가

---

12)『일본서기』 해당 본문 중에 總術은 總街의 오기인 듯. 사방으로 접근 할 수 있는 집이란 뜻이다.
13)『三國志』 魏書 文帝紀의 裵松之注와『藝文類聚』에 나오는 「管子曰. 黃帝立明堂之議. 上觀於賢也. 堯有衢室之問. 下聽於民也. 舜 有告善之旌. 而主不蔽也. 禹立諫鼓於朝. 而備訊也. 湯有總街之廷. 觀民非也. 武王有靈臺之宮. 賢者進也. 此古聖帝明王. 所以有而勿失. 得而勿止也.」를 인용한 것임.

행한 민본정치를 실시하려 하는데, 그 민본정치의 핵심이념이 '명당明堂의 의議'라고 밝힌 것이다. '명당의 의'는 무엇인가?

우선 명당이 무엇인지를 알아보자. 명당明堂은 '관창명량지청당寬敞明亮之廳堂'의 준말로서, 창이 넓어서 밝아 사람들의 말이 잘 들리는 집, 사람들의 말을 듣는 집이란 뜻이다. 이 명당은 황제가 천하 백성들의 목소리를 듣는 장소이지만 동시에 하늘과 소통하고 제사를 지내는 장소이기도 하다.[14] 새로 즉위한 효덕천황(실제로는 중대형황자와 황극천황 측)이 이러한 중국 황제의 제도를 내세운 것은, 그런 제도를 시행하겠다는 것을 선포한 것이라 하겠다. 그런 선언 아래 종궤제鍾匱制라고 하는, 종鍾을 내걸고 백성들의 민원을 받아들이는 궤匱를 설치한다고 했지만, 동시에 중국 황제의 명당이라는 제도를 의식하고 어디엔가 이를 구현하려 했을 것으로 추측된다.

앞에서 우리는 중국 측천무후의 명당에 대해서 알아본 바 있지만 여기서 좀 더 자세히 알아보자. 서기 688년에 측천무후는 사람들의 의견을 배척하고 수隋 나라 때 동쪽 수도(東都)인 낙양洛陽에 지은 건원전乾元殿을 없애고 그 자리에 명당을 짓는다. 측천무후도 자신이 당나라 황실을 제쳐놓고 황제가 된 사람이니 이를 기념하기 위해 명당을 스스로 지은 것이다. 명당의 대기臺基는 팔각이며, 『구당서(舊唐書) · 예의지(禮儀志)』에 따르면 3층으로 된 이 건물은 사방 300척(88미터), 높이 294척(86미터)이고, 중심에 큰 기둥을 세워 각 층을 연결하는 구조이다[15]. 이 건축물은 당 현종 개원 25년(737)에 너무 요란스럽다는 이유로 철거하려 했으나 그것도 힘들어 상부를 없애고 지붕을 팔각으로 하면서 높이도 95척으로 줄였다고 한다. 아무튼 당나라 건축에서는 가장 큰 목조건축으로서 당나라 전성기 때에 발전

---

14) 『淮南子 · 主術訓』, "神農以時嘗穀, 祀于明堂"
15) 높이가 294척이란 표현은 3층이라는 건축학 조건으로는 무리라고 한다. 연구가들은 194척(54.3미터)라면 가능한만큼 이는 194척의 오기로 본다. 평양 금강사의 탑이 61.25미터로 추정된다.

된 건축수준을 보여준 이 명당은 새로 황제가 된 사람들이 자신의 존재를 과시하고 하늘에 알리기 위해 세우는 건물이라는 점은 분명하다.

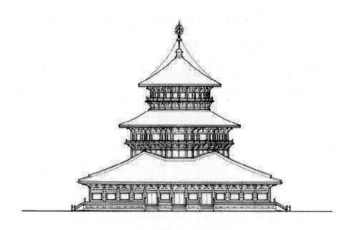

唐洛陽宮明堂復原圖

이 건축구조에 관심이 가는 것은 대기, 곧 기좌를 8각으로 했다는 것이다. 그런데 명당의 기본구조는 상원하방上圓下方이다. 곧 중국 명당의 경우 당나라 때 것을 기준으로 한다면 8각의 기반 위에 상원하방의 건축물을 세우는 것이다. 이 때의 상원하방은 물론 황제(천자)와 하늘이 서로 통한다는 것, 일 년 사계절과 하루 12시, 24계절을 상징하는 것과 함께 4면8방, 천인합일, 천원지방 등 우주와 시공에 관한 사상을 표현한 것으로 풀이된다.16) 이러한 명당건축은 한나라 이래 전해져 오는 하늘과 황제와의 관계, 관념이 발전된 것이고 그 전통이 현대 북경 천단天壇의 기년전으로 이어지는 것이라 하겠다. 최근 낙양시는 이 명당을 복원하기로 하고 그 조감도를 공개했는데, 당당한 규모가 두드러진다. 조감도를 보면 1층은

---

16) 它上合天地下符时令，方形的基础高台象征大地，台上三层楼阁则代表四时，时辰和节气，高台中巨木贯通上下，圆盖则蕴含了天圆的意思. 隋唐洛阳城(www.suitangcity.com)

사각, 2층은 팔각, 3층은 원이다. 이것이 원래 문헌에 나온 것과 동일한 것
같지는 않지만 이와 비슷한 개념이었을 것으로 보인다.

아래 사진은 낙양시에서 나온 자료로서, 명당의 구조를 보여주고 있다. 17)

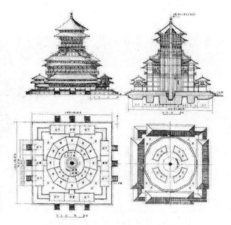

http://www.suitangcity.com/hlwh/dwjx/4322.html

아무튼 효덕천황 대에 모든 신하들은 새로운 천황에게 충성을 맹서했
으며, 새 천황 측은 중국에서 황제만이 할 수 있는 명당제도를 언급하면
서 고대 중국의 황제가 그랬듯이 명당에 나가서 하늘의 뜻을 받아 정치를
잘 하겠다는 다짐을 한다. 그렇게 다짐한 그 명당의 대기臺基, 곧 기초부분
이 팔각인 만큼 이 명당의 팔각이 일본 천황릉에 어떤 영향을 미쳤을까
하는 점이 궁금하다.

---

17) 낙양시에는 낙양시가 복원해 2012년 4월에 개관한 이른바 '명당'이라는 전시관이 있
   는데, 원래 문헌에 나오는 명당과는 기본 구조가 다르다. 이 건물은 8각으로 된 대기
   (臺基)가 3단으로 있고 그 위에 사각의 3층 건물이 있는데, 마치 서명천황릉처럼 생
   겨 오해를 부를 소지가 있지만 원해 명당구조는 아닌 만큼 별다른 의미는 없다고 하
   겠다. 따라서 이 전시관 자체는 팔각무덤의 기원과 관련해서는 참고할 가치가 없다.

묘제와 장례법의 개혁

이와 관련해서 다시 주목하고 싶은 것은 효덕천황 때에 대화개신을 하면서 나라에서 정해주는 묘제와 장법이 크게 바뀐 것이다.

하니와로 장식한 전방후원분

갑신(22일)에 조를 내려 다음과 같이 명하였다. "짐이 듣기로 서쪽 땅의 군주는 백성에게 '옛날의 장례는 구릉을 묘로 삼았다. 흙을 쌓아 올리지도 않았고 나무도 심지 않았다. 관과 곽은 뼈를 부패시킬 정도로 하고, 의복은 육체를 썩게 할 정도로 하였다. 그러므로 나는 구릉이어서 경작이 어려운 땅에 묘지를 만들어서 몇 대가 지나면 어디에 있는지 알 수 없게 되기 바란다. 금, 은, 동, 철을 매장해서는 안 된다. 예전에 진흙으로 만들던 수레나 풀을 엮어 만든 인형 대신에 흙으로 구워 만든 그릇을 넣어라. 관의 이음매에는 3년에 한번 옻칠하라. 죽은 자의 입에 주옥을 물리지 말라. 옥으로 장식한 옷[珠襦]과 옥으로 장식한 상자[珠柙]를 넣어서는 안 된다. 이것은 어리석은 속인들이 하는 짓이다.'라고 가르쳤다. 또 '무릇 장(葬)은 감춘다[藏]는 것이다. 사람들의 눈에 띄지 않게 하려는 것이다.'라고 말하였다.

요즈음 우리나라의 백성들이 가난한 것은 바로 묘를 만드는 것 때문이다. 이에 제도를 정비하여 존비의 구별을 명확히 하려 한다. 무릇 왕 이상 무덤의 내부는 길이 9척, 넓이 5척, 외역(外域)은 사방 9심(尋), 높이[長] 5심으로 1천 명의 인부를 7일간 부려 완성하도록 하라. 매장할 때에 관을 덮는 덮개는 백포를 사용하도록 하라. 그리고 장차(葬車)를 사용하라. 상신(上臣)의 무덤의 내부는 길이, 넓이, 높이 모두 위와 같다.

— 효덕 대화 2년(646년) 3월22조.

이 장묘 개혁조치는 그 때까지 일본에서 시행돼오던 순장을 금하고 흙으로 빚은 토우(土偶＝埴輪 하니와)를 대신 세우거나 넣게 하는 것으로 유명한데 전체적으로는 장례절차를 간소하게 하고 무덤을 너무 크거나 호화롭게 조성하는 것도 줄이라고 권고하는 사항이다. 이를 일본에서는 薄葬令(박장령)이라고 한다. 이 장묘개혁은 대화개신으로 새로운 왕이 들어섰음을 천하에 알리는 조치 이후에 곧바로 시행되었다는 데서 새 왕권의 가장 우선 순위에 해당되는 중요 사업이었다고 할 것이다. 이 장묘개혁에서 구체적으로 선대 천황인 서명천황의 묘를 어떻게 하라는 얘기는 안나오지만 이같은 대대적인 장묘문화의 개혁을 하면서 자기 조상의 묘를 그냥 두는 것은 이상하므로, 개혁을 주도한 중대형황자로서는 어떤 식으로든 자기 아버지의 묘에 대해 손질을 했을 것으로 추측된다. 따라서 이런 저런 사정을 고려하면 서명천황을 새로운 왕조의 시작으로 내세우고 현실에서 이를 적극 추진하려면 선대 천황의 무덤에 대해서도 새로운 형식의 상징이나 장식이 필요하고, 그것의 근본을 옛날 중국의 황제가 그랬듯이 명당이라는, 백성의 말을 귀담아 듣는 제도를 찾아 복원하는 김에 기왕의 거대한 전방후원분이나 원분 등의 묘제를 지양하고 새로운 묘제를 선포하면서 선대 천황인 서명천황릉의 상부를 팔각으로 만들었을 가능성이 있으며, 그러한 작업의 주체는, 중대형황자일 가능성이 가장 높다고 본다.

다만 앞에서 지적한 대로 서명천황릉이 만들어진 것을 서명의 사후 2년만인 643년으로 가정한다면 측천무후의 명당은 688년 이후이므로 시기적으로 45년의 차이가 난다. 만약에 서명릉을 만든 것이 훨씬 뒤의 일이라면 측천무후 명당의 영향을 어느 정도 인정할 수는 있다. 그러나 일본의 새 정권이 굳이 중국의 명당에서 팔각문을 썼다고 보기보다는 하늘을 상징하는 의미만을 채택했다고 보는 것이 보다 설득력이 있다고 하겠다.

일본 서명천황릉의 팔각에 측천무후 명당의 영향이 없다면 적어도 고구려에서 시작돼 백제와 신라로 이어지는 한반도 팔각의 영향이라고 하지 않을 수 없다. 그렇게 되면 새로 집권한 천황세력은 중국에서부터 황제로 등극하는데 필요한 사상적인 지식을 배워 이를 채용했지만, 중국에서도 무덤에서 팔각을 쓴 사례는 없으므로, 하늘에 대한 구체적 표현과 의미는 한반도에서 널리 고안되고 만들어졌던 팔각의 전통을 되살려낸 것으로 추정하는 것이 보다 자연스럽다고 하겠다. 그 중에서도 가장 교류가 스스럼없이 행해졌고, 의자와과의 권력 싸움에서 패해 일본으로 망명한 것으로 보이는 무왕과 왕후, 사택지적, 왕자 교기 등이 백제인들이었기에 백제인들이 갖고 있던 팔각의 개념으로부터 영향을 강하게 받았다고 말할 수 있다.

그런데 이렇게 풀이를 하려면 백제에 이에 선행하는 뿌리가 있어야 한다. 문제는 지금까지 백제에는 팔각문화가 별로 없는 것으로 알려져 있다는 것이다. 그것이야말로 잘못된 인식이라는 것을 우리가 여기서 검증해 보려고 한다.

5장

과연 누가 왜 만들었나?

을사의 쿠데타

우리들의 논의의 초점을 다시 맞춰보자. 일본 황실의 역사에 갑자기 등장한 팔각릉은 누가 언제 어떻게 시작한 것인가, 왜 그런 것이 시작됐는가를 알고 싶은 것이다. 이 수수께끼에 관해 현재까지 우리가 알고 있는 것은 641년 서명천황이 죽은 뒤 2년 뒤에 능이 만들어졌는데, 그 능이 팔각이므로 이때 이후에 팔각릉이 처음 만들어졌다고 본다는 것이다. 팔각릉이 만들어진 이유로는, 자! 일본에 새로운 집권세력이 등장해서, 이제 하늘을 대신해서 멋진 정치를 할 것이니 우리를 따라와라, 우리는 하늘로부터 명을 받아 이를 인간세상에 구현하기 위해 온 사람들이다. 그것의 증거가 이미 수 백 년 전부터 만주에서 하늘에 대해 팔각의 제단을 쌓고 제를 올린 것이고 우리는 그것을 계승하는 사람들이니[1] 그것을 다시 보여주는 차원에서, 그리고 8이라는 것이 하늘을 상징하는 것이기에, 그것을 무덤에다 표시한 것이다.

그 사람들이란, 백제와 일본 두 나라 역사서를 비교해보니 백제의 무왕과 일본의 서명천황의 구체적인 행적이 비슷하고 중복되지 않는 것을 보

---

[1] "중신겸족과 중대형황자가 당에서 돌아온 남연청안(南淵請安)에게 『주례(周禮)』를 배웠다고 적혀있다. 개신(改新) 조(詔) 이후에 마련된 율령도 당의 율령을 모방한 것으로, 이에 천황은 고래의 제사장적인 성격에다가 중국적 제왕의 성격을 겸하기에 이르렀다." 민두기, 『일본의 역사』, 27쪽, 1976, 지식산업사.

면 두 나라를 오고갔거나 아니면 백제 무왕의 역사가 일본 측에 흡수된 것 같은 느낌이 든다는 것. 그리고 백제에서 의자왕이 집권하면서 정변이 있었는데 백제의 무왕과 일본의 서명이란 두 나라의 왕이 한 해에 나란히 죽은 것으로 나오는 것을 보면 백제의 무왕이 죽었을 때에 정변이 일어나 정변에서 패한 잔존 세력이 일본으로 망명했으며, 무왕의 세력으로 보이는 그들에 의해 백제의 무왕의 역사가 일본에서 다시 실려진 것이 아닌가 보여진다는 것. 그러므로 무덤의 주인공인 서명천황은 백제의 왕인 무왕이고 무왕의 부인과 아들들이 일본에서 집권했을 가능성이 높다 … 이런 것이 될 것이다.

그러나 이렇게 쉽게 단정해버리면 끝날 일이 아니다. 고대 일본사에서 가장 큰 사건인 '을사의 정변'의 주역으로 갑자기 등장한 중대형황자와 중신겸족(中臣鎌足 나카도미노 가마타리)은 누구인가 하는 문제가 우리의 앞에 놓여있다. 중대형황자는 서명천황과 황극천황 사이의 아들이라고 등장하는데, 서명천황이 죽자 잠시 모습을 드러냈다가[2] 어떻게 4년 후 갑자기 등장해 소아 씨를 무찌르고 일본의 실권자가 될 수 있었는가, 갑자기 등장한 중신겸족은 또 누구인가 하는 것이다.

중대형황자

우선 역사에 등장한 순서대로 보면 권세가 하늘을 찌르던 소아 일족을 무너트린 대사건을 일으킨 사람은 중신겸족이었다. 그런데 그의 등장도 극적이다. 황극천황 3년 춘정월 1일, "중신겸자련(中臣鎌子連 중신겸족)을 신기백神祇伯에 임명하였는데 재삼 고사하여 취임하지 않았다"는 한 줄과 함께 등장한다.

---

[2] 서명천황 13년 겨울 10월, 동궁개별황자(중대형, 훗날의 천지천황)가 16세의 나이로 조문을 읽었다.

신발 바치는 중대형

갑자기 등장한 후 그가 한 일은 새로운 천황을 만드는 일. 우선 황극천황의 남동생인 경황자輕皇子와 교류하다가 황극의 아들인 중대형황자에게 더 마음을 두고 접근을 시도한다. 기회를 노리던 중신겸족은 중대형이 법흥사에서 격구擊毬를 하는 것을 알고 그 옆에서 기다리다가 중대형의 신발이 벗겨지자 얼른 나가서 받아서 두 손으로 중대형에게 올려 서로 친하게 되었다. 중신겸족은 중대형황자에게 앞으로 큰 일을 위해 소아 씨 일가 중의 하나인 소아창산전마려蘇我倉山田麻呂의 장녀를 부인으로 연결시켜주는데 장녀는 도망가고 차녀가 자원해서 중대형에게 시집을 간다3). 마치 김춘추와 문희의 고사4)를 그대로 베껴놓은 것 같다.

3) 『일본서기』 황극천황 3년 춘정월 조
4) 김유신의 누이 보희가 서악에 올라가 오줌을 누니 오줌이 서울에 가득 차는 꿈을 꾸었다. 다음 날 아침 동생 문희에게 이 이야기를 전하니 비단 치마 한 폭에 꿈을 팔라 하였다. 열흘 후 김유신이 김춘추와 함께 집에서 공을 차다가 일부러 춘추의 옷끈을 밟아 떨어뜨리고 누이 보희에게 꿰매라 하였으나 보희가 거절하였고 대신 문희가 꿰매었다. 그 후 김유신이 문희가 임신한 것을 알고 꾸짖으며 누이를 태워 죽인다고

이 사건 이후 약 5달이 지난 6월12일(음력), 중대형이 스스로 긴 창을 들고 어전에 들어갔고 중신겸족이 활과 화살로 호위했다. 먼저 이 일을 함께 하기로 모의한 소아창산전마려가 표문을 낭독하면서 부들부들 떨고 그 부하들도 머뭇거리자 중대형이 나서서 어전에서 소아입록(蘇我入鹿, 鞍作이라고도 함)를 벤다. 자리에 있던 황극천황에게는 소아입록이 왕자들을 멸하고 제위를 엿보고 있어서 처단했다고 말한다. 이로써 일본을 호령하던 백제계의 소아 집안이 멸문지화를 당하고 중대형 황자가 실권을 잡게 되는데, 이 과정에서 두 가지의 중요한 쟁점이 등장한다.

첫째는 중대형황자가 소아 씨를 죽일 때에 황극천황 옆에 있었던 첫째 왕자 고인대형황자古人大兄皇子가 집으로 피신하면서 주위 사람에게 한 말로서, "한인韓人들이 안작신(鞍作臣: 소아입록)을 죽였다"고 한 말이다. 고인대형황자는 서명~황극 사이의 첫 번째 황자로 되어 있지만 동생인 중대형황자의 배다른 형으로 보이는데, 그가 쿠데타를 일으킨 중대형황자와 중신겸족을 한인韓人이라고 표현함으로서 이들이 자신과는 다른 한반도 출신이라는 것을 밝힌 것이다. 또 하나는 안작신이 이들에게서 죽었다는 소식을 들은 안작신의 아버지(蘇我蝦夷)가 자기 집에 있던 『천황기(天皇記)』, 『국기(國記)』등을 모두 불태워버리는데, 이 때 부하 한 명이 이 가운데 불타고 있는 국기國記를 빨리 꺼내어 쿠데타의 주역인 중대형 황자에게 갖다 주었다는 것이다.

___

불을 피웠다. 선덕 여왕이 이 연기를 보고 김춘추에게 자초지종을 물어 문희를 구하게 하여 둘은 결혼하게 되었다. 『삼국유사』 기이편.

소아씨 두부 무덤

한인이라는 표현으로 해서 중대형황자와 중신겸족이 한반도에서 건너 온 세력, 그것도 당대에 새로 온 세력임이 드러났다. 소아 씨 집안이 원래 부터 백제계 집안임은 이미 잘 알려진 사실인데, 당시만 해도 이미 일본 에 정착한지가 오래되었으므로 그들에게 있어서 이들은 새로 건너온 세 력이므로 韓人(한인)[5]이란 표현을 쓴 것이리라.

그런데 왜 그들이 역사관련 자료들을 다 태우려 했는지, 불 속에서 건 진 국사 관련 자료는 무엇인지 하는 문제가 제기된다. 이러한 점 때문에 중대형황자와 중신겸족을 (두 사람이 서로 친하게 된 사연이 김유신과 김 춘추의 전설을 그대로 받아서 기술했다는 점 등을 비추어 보며) 신라계라 고 하는 주장[6]이 등장했지만, 그 이후 역사를 보면 중대형황자가 천지천

---

5) 韓(한)이란 글자는 일본에서 '카라'로 읽는데, 韓國(카라쿠니)란 말에서 보듯 일본 열 도가 아닌 한반도를 지칭하며 때로는 가야의 땅이란 구체적인 의미를 띄기도 한다. 그러나 唐(당)이란 글자도 '카라'로 읽고 있어서 원래 한반도를 지칭하다가 나중에는 중국을 포함한 대륙으로 개념이 확대된 것으로 보인다.

황으로 즉위한 이후 계속 백제를 돕는데 앞장 선 것으로 나오기에 그가 신라계라는 주장은 무리라는 생각이다. 다시 말하면 이들이 백제계 사람들임을 『일본서기』는 전하고 있는 것이다. 또 소아 씨 집에서 태우려했던 기록 『천황기(天皇記)』, 『국기(國記)』등이 천황가의 역사를 담은 것이라고 본다면 왜 그들이 이것을 태우려고 했을까? 결국 그것이 과거 소아 씨들이 정권을 잡는 과정을 담았거나 백제계가 일본에 건너와 정착하는 과정을 담은 것들이고 그것이 남아 신 도래계라 할 집권세력의 손에 들어가면 소아 씨 일족에게 불리한 것이 아니겠느냐는 추측을 해본다.

소아 집안 근거지

---

6) "소가씨가 지배층의 선진문물에 대한 욕구를 외면하고 당 신라와 관계를 단절한 후 백제와 관계를 강화하자 僧旻, 高向玄理 등 당 신라 유학생들과 중신겸족 등 신라와 관계가 깊은 인물들이 중심이 되어서 황극천황의 동생 경황자와 아들 중대형황자 등을 끌어들여 소가씨를 타도하고 645년 대화개신을 단행한다." …김현구, 『백제는 일본의 기원인가』, 225~226쪽, 2002, (주)창비.

어찌됐든 이렇게 집권한 중대형황자와 중신겸족은 황극천황으로부터 권력을 이어받았지만 일단 황극천황의 남동생에게 황위를 주고 자신들은 뒤로 물러나 있으면서 곧바로 대화개신이 실행되었으니, 대화개신에 나타난 것들은 곧 중대형황자와 중신겸족이 오랫동안 꿈꾸던 정책이었을 것으로 보인다. 그리고 이들이 이후 백제를 구원하기 위해 그렇게 애를 쓰는 것을 보면 이들이 백제로부터 그리 오래된 때가 아니라 가까운 시기에 건너온 세력으로, 일본식으로 표현한다면 '신도래인新渡來人'으로 보여진다. 아울러 첫째 황자로 알려진 고인대형황자는 원래부터 일본에 있던 세력이며, 황극천황의 경우는 마치 아무것도 모르는 것으로 나와 있지만 실제로는 중대형황자 측이 미리 연락을 했지만 짐짓 모른 척 하는 것으로 보여진다. 이 을사의 정변이야말로 새로운 일본의 집권세력이 백제로부터 건너온 세력임을 역사 속에서 증언하고 있는 것이다.

교기왕자

우리는 앞에서 서명천황의 사망과 황극천황의 즉위를 둘러싸고 이들이 백제의 무왕을 옹위하던 세력으로서 황극천황은 무왕의 왕후이며 사택적덕의 딸이고 교기왕자는 의자왕의 배다른 동생일 가능성을 제기한 바 있다. 그런데 중신겸족과 중대형황자가 나타난 이후 사택지적과 교기왕자의 행적은 갑자기 묘연해진다. 마치 역사 무대에 역을 바꾼 것처럼 보일 정도이다.

중대형황자는 『일본서기』에서 가장 중요한 인물이다. 일본이란 이름의 국가를 만든 천황이기 때문인데, 그는 서명천황이 죽자 16세의 나이로 조문사를 읽은 동궁개별황자東宮開別皇子라는 이름으로 처음으로 등장한다. 서명천황이 죽었으므로 그의 아들인 중대형이 천황위에 즉위하거나,

즉위하지 않더라고 그가 중심이 되어서 왜국의 사건이 진행되어야 하는 것이 상식적이다. 그런데 서명이 죽고 황극천황이 즉위한 이후 조문을 읽은 중대형은 전혀 나오지 않고 대신 의자왕에게 추방되어온 교기왕자가 『일본서기』 황극천황 조를 차지한다. 교기 이야기만 줄줄이 나오고 있고 왜국은 교기왕자와 그를 추종하는 대좌평 지적을 중심으로 움직이고 있는 것처럼 보인다.

> 황극원년
> *2월 금년 정월에 또 제왕자 교기와 친여동생 4인, 내좌평 기미, 유명한 사람 40여명이 섬으로 쫓겨났다.(백제대란 이후 교기왕자에 대한 첫 기록)
> *2월 교기를 불러 담산배련 집에 머물게 하였다
> *4월 대사 교기가 그 일행을 거느리고 조정에 (인사하러) 왔다
> *4월 소아(蘇我,소가)대신이 무방의 집으로 백제 교기 일행을 불러 대화하였다. 양마 1필과 철 20정을 선물로 주었다.
> *5월 하내국의 둔창 앞에 교기일행을 불러 수렵하는 것을 관람하게 하였다)
> *5월 21일 교기의 종자 1명이 죽었다 (종자 1명이 죽은 것까지 기록한다)
> *5월 22일 교기의 애기가 죽었다 (왕자가 죽어도 잘 기록하지 않는 일본서기가 교기의 애기가 죽은 것까지 기록하고 있다)
> *5월 교기가 처자들을 데리고 백제대정(百濟大井)의 집으로 이사하였다. 죽은 애기를 석천에 장사지냈다. (교기가 이사하는 것, 애기가 죽어서 장사지낸 것까지 기록한다)
> *7월 백제의 사신 대좌평 지적일행을 조정에서 향응하였다. 힘센 자들을 불러 교기 앞에서 씨름을 시켰다. 지적 일행은 연회가 끝나고 교기 앞에 배례하였다.

> 황극 二年
> *4월, 백제국왕의 아들 교기와 동생왕자가 함께 왔다고 쓰쿠시에서 보고가 왔다(교기왕자의 마지막 기록)

이렇게 황극 원년 2월부터 7월까지 온통 교기왕자와 교기에 대한 이야기만 나오고 9월에 서명천황을 압판릉押坂陵에 장사지낸다. 그리고는 두 달 후인 11월에 드디어 소아 씨 집안을 타도하고 새로운 실권자로 등장하는 중대형황자와 중신겸족이 역사의 전면에 나서고 그 이후에는 교기왕자 이야기는 일체 다시 나오지 않는다.[7]

황극천황조의 이 부분이야말로 백제 의자왕과의 권력투쟁에서 패한 교기왕자 일행이 일본에 와서 어떻게 정착했는지 그 과정을 보여주는 결정적인 대목이라 아니할 수 없다. 서명천황의 장례 전까지 교기와 지적의 행적이 잔뜩 나오지만 장례 이후엔 소아 씨 타도와 새 정권의 주역의 활동만을 묘사하고 있어서, 앞 뒤에 두 개의 역사서가 혼합된 듯한 느낌을 준다. 실제로 일본의 여류 역사학자 고바야시 야스코(小林惠子)나 나카마루 카오루(中丸薫)는 황극천황 조에 나오는 지적은 중신겸족이고, 교기는 중대형황자(나중의 천지천황)라는 설을 주장하고 있다.[8]

흥미로운 것은 의자왕이 이렇게 새로 집권한 왜국에 대해 정식으로 수교를 신청한 것이다. 이 기록은 백제 측에만 나오는 것으로서 의자왕 13년인 653년 가을 "왕이 왜국왕과 우호를 맺었다"는 귀절이 나온다. 역사서에서 보통의 경우 수교는 나라 대 나라가 하거나 사신을 통하는 것인데

---

7) 교기왕자가 일본으로 건너오기 전에 이미 백제의 왕자 풍(풍장)이 일본에 인질로 온다. 이 사람에 대해서는 별로 행적이 보이지 않다가 효덕천황 백치원년(650년) 2월에 신하들이 모여 하례할 때에 백제의 왕족이란 호칭으로 그의 아우 새성과 함께 등장한다. 그리고는 백제가 당나라에 패배해 부흥운동이 벌어질 때에 백제 유민 쪽의 요청으로 풍(장)이 백제왕의 자격으로 초청돼 부흥전쟁에 참여한다. 풍을 어떻게 볼 것인가에 대해서도 여러 설이 있는데, 그의 출생연도는 중국에 발견된 그의 묘지명에 의해 드러난 만큼 의자왕의 동생이고 교기왕자의 형이 아닌가 하는 추측도 해 볼 수 있다.

8) 『古代天皇家と日本正史』, (中丸薫 · 徳間書店 · 2004年) / 百済皇子 · 翹岐－中大兄－天智.
『興亡古代史』, (小林惠子 · 文藝春秋 · 1998年) / 百済王子 · 翹岐) 中大兄＝(天智天皇).
그러나 그 근거는 치밀하지 않다.

특이하게도 왕이란 주어가 앞에 나온다. 의자왕이 직접 수교를 튼 것이다. 그렇다면 그 전까지는 어떤 사건이나 앙금이 있었을 것이다. 그리고 그 전에는 볼 수 없었던 왜국이란 국호가 다시 나온다9). 이로써 일본에는 백제와는 다른 나라가 들어섰음을 알려주는 것이다. 그것은 다시 말하면 의자왕 때에 일본의 지도층(혹은 황실)과 뭔가 틀어질 일이 있었는데 이 때에 의자왕이 나서서 화해를 시도해 성공했다는 뜻이 된다.

그리고 그 다음 해에 당시 오사카에 홀로 남겨진 효덕천황이 화병으로 죽고 그 뒤를 실세 누나인 황극천황이 다시 제명천황이란 이름으로 즉위한다. 권력은 새로 즉위한 제명천황과 아들인 중대형황자(이때부터는 황태자이다)의 손에 확실하게 돌아간다. 그러자 655년에 제명천황의 즉위를 축하하는 명분으로 100명이 넘는 대규모 사절단이 백제에서 일본을 찾아왔다고『일본서기』가 전하고 있다. 왜국인 일본에 보다 확실한 정권이 들어섰으며, 이 정권에 대해서는 한동안 소원하다가 의자왕이 나서서 우호를 회복했다. 그리고 마치 임진왜란 이후 일본과 다시 수교를 하고 조선통신사를 규모로 보낸 것처럼 제명천황의 즉위를 축하하기 위해 100명이 넘는 사신을 보낸 것이다. 그러므로 이 정권은 백제에서 권력 투쟁에서 밀려 일본으로 나온 무왕의 왕비와 그 동생 등 일족의 정권으로서, 의자왕은 당나라와 신라의 무력침공 위협이 고조되는 상황에 대처하기 위해 새로운 집권세력을 추인하고 자신의 계모인 제명천황이 정식으로 즉위하는 것을 축하했다고 보는 것이 현 상황에서는 가장 그럴 듯하다고 생각된다.

---

9) 삼국사기 백제전에 따르면 전지왕이 왜국에서부터 귀국하여 즉위하는 과정(405년), 왜국이 사신을 파견하여 야명주를 보내온 것(409년), 왜국에 사신을 파견하여 흰 포목 열 필을 보내는 등(418년) 왜국이 자주 나오지만, 그 다음 비유왕 때인 428년, 왜국 사신이 왔다는 기록 이후 왜국이란 이름은 일체 나오지 않다가 225년만인 의자왕 때(653년)에 왕이 왜국과 우호 관계를 맺었다는 기록이 나온다. 그것으로도 백제와 일본의 관계에 큰 변화가 있음을 알 수 있다.

중신겸족

　물론 이와 관련해서는 수십 가지 설과 주장이 얽혀있으니 꼭 이것만이
옳다 그러다 할 수 있는 것은 아니다. 다만 중신겸족이 백제의 사택지적이
라는 설과 관련해서 주목할 만한 것은 백제가 멸망할 때에 일본으로 건너
온 고위관리 사택소명沙宅紹明이 일본에 와서 계속 활약을 해서 671년에는
천지천황으로부터 대금하大錦下라는 최고의 관직과 백제본국에서 받은 대
좌평이란 직을 부여받는데, 중신겸족(나중에 천황이 藤原이라는 성을 주
어 등원겸족이 됨)이 죽자, 천지천황이 사택소명에게 등원겸족(중신겸족)
에 대한 비문을 짓도록 한 것에서 사택지적=중신겸족 설, 즉 등원(중신)
씨의 근원이 사택 씨일 것이라는 하나의 근거로 거론되기도 한다.

　지적=중신겸족, 교기=중대형황자(나중의 천지천황)이라는 등식이 성
립한다면 일본서기의 수수께끼가 다소 쉬워진다. 즉 소아 씨가 권력을 쥐
고 있는 가운데 백제에서 내려온 왕족들이 일본의 명목상 지도자로 등극
해 있다가, 중대형 황자가 소아 씨를 치고 권력을 확실하게 장악한 후에

는 일단 외삼촌을 세웠다가 다시 어머니를 정식 천황에 앉혔고, 백제가 멸망당하는 위급한 지경이 되자 어머니와 함께 이를 구하기 위해 애를 썼으며, 백제가 망하자 이제 더 이상 백제에 미련을 두지 않고 과거의 인연을 끊는다. 자신들이 차지한 일본이라는 나라가 하늘로부터 신탁을 받은 새로운 나라라는 것을 과시하기 위해 중국의 천자제도를 유지하는 데 필수적인 사상체계를 도입했고, 그 출발을 알리는 서명천황부터 앞으로의 천황의 무덤은 하늘의 뜻을 담은 팔각이라는 형식으로 새로 만들었을 것이라는 추정이다.

이러한 설을 숨어서 뒷받침하는 것으로 천지천황의 일본식 시호가 있다. 그의 시호는 천명개별존天命開別尊이다. 이것을 아메(天)미코토(命)히라카스(開)와케(別)노(の)미코토(尊)라고 읽거나 아마쓰미코토 사키와케노 미코토(あまつみことさきわけのみこと)라고 두 가지로 읽는데, 첫 번째 시호는 '높은 하늘을 열어보여준 분'이라고 풀 수 있다면 두 번째 시호는 **아마쓰(天)미코토(命)사키와케(咲き分け)노(の)미코토(尊)**라고 읽을 수있다. 여기에서 **사키와케(咲き分け)는 '한그루에서 빛깔이나 모양이 다른 꽃이 핌'**을 의미하는 것이어서, 곧 본래 한 뿌리인 백제와 일본에서 각기 두 줄기 꽃이 피었다는 서명천황 7년 7월조의 표현이 정식 왕호로 다시 쓰여졌음을 보여준다. 실제로 천지천황이야말로 두 줄기 꽃을 피운 사람이 아니던가?

그렇다면 서명천황이나 황극천황, 즉 백제 무왕이나 왕비인 사택 씨가 그의 아들 교기와 함께 어떻게 일본에 정착할 수 있었고 왕으로 대접받을 수 있었느냐의 문제가 남아있는 셈이다. 이 문제를 알아보는데 앞에서 인용했던 황극 원년의 이 기사에 중요한 의미가 담겨있다고 생각한다.

* 황극 元年 4월 소아대신이 무방의 집으로 백제 교기 일행을 불러 대화하였다. 양마 1필과 철 20정을 선물로 주었다.

그리고 황극천황 원년에는 황후가 천황에 즉위하였지만 여전히 소아(소가)씨들이 권세를 잡고 행세를 한 정황이 기록돼 있다.

> * 원년 봄 정월 15일에 황후가 천황의 자리에 올랐다. 이전과 같이 소아
> 신 하이(蘇我臣 蝦夷;소가노오미 에미시)를 대신(大臣)으로 삼았다. 대
> 신의 아들 입록(入鹿;이루카)[다른 이름은 안작(鞍作)]은 스스로 국정
> 을 장악하였는데, 그 위세가 아버지 이상이었다. 이 때문에 도적도 그
> 위세에 두려워 떨었으며, 길에 떨어진 물건이 있어도 아무도 주우려
> 하지 않을 정도였다.

이 기사가 황극천황 즉위 바로 다음에 들어간 것을 보면 소아 씨의 정권을 뒤엎어야 한다는 명분을 일찍부터 깔고 있는 것이고, 그만큼 당시 실질적인 왜왕은 소아 씨였다고 할 수 있다.

그런 소아 씨는 백제에서 교기와 지적이 왔을 때 당당히 자기 집으로 불러 접대를 한다. 그 집은 궁궐 같았고 그가 미리 준비한 무덤도 대왕에 준하는 것이었다. **소아 집안으로서는 그동안 자신들이 왕에 준하는 권세를 누려왔지만 정식으로 왕으로 올라설 혈통은 되지 않으므로 백제에서 온 왕족들에게 대왕(당시까지는 천황이란 호칭은 나중에 붙여진 것이고 실제로는 대왕임)의 자리를 맡기고 그 밑에서 여전히 권세를 누리려 했고** 실제로 그렇게 되었던 것 같다. 소아 집안의 이러한 전략은 적어도 서명천황의 즉위와 서명이 죽은 후 황극천황의 즉위 과정에서 두 번이나 드러난다.

석무대 (소아마자의 무덤?)

첫째로 서명천황의 즉위과정이다.

앞에서 본 대로 추고천황이 죽은 뒤 서열상으로 따진다면 언인대형황
자彦人大兄皇子의 아들이었던 서명천황보다는 성덕태자의 아들이었던 산
배대형왕山背大兄王이 황위계승에 유리한 위치에 있었다고 보여진다. 그
런데도 일본서기의 기록을 살펴보면 추고천황의 유언으로 인해 산배대형
왕이 황위를 서명천황에게 양보하는 특이한 사건이 일어난다. 이것은 서
명천황이 당시 대신大臣이자 권력을 잡고 있었던 소아하이(蘇我蝦夷 소가
노 에미시)를 등에 업지 않고서는 불가능한 일이었다. 다시 말하면 서명
은 사실상 황통에서 멀어진 집안에서 갑자기 등장해 당대를 호령하던 소
아 씨의 세력을 누르고, 혹은 그의 지원을 받아 왕이 되었다는 뜻이 된다.
이것은 서명천황이 갑자기 등장한 세력이며 그의 신분이 왕위를 이을 자
격이 있는 새로운 집단이기에 소아 집안이 이를 업고 권력을 다시 차지한
것으로 설명될 수 있다. 그리고 서명이 죽고 황극이 즉위할 때에도 소아
씨는 여전히 대신으로서 막강한 권력을 유지하는데 대신의 아들인 소아

입록의 권세가 특히 강한 것으로 나온 것을 보면 소아 씨가 황극 천황과 결탁을 하고 그 권세를 그대로 이어받은 것으로 볼 수 있다. 그러기에 이런 상태가 지속되다가 무왕(서명천황)의 이름과 핏줄을 갖고 일본에 망명한 왕비 사택 씨(황극)는 아들 교기(중대형황자)와 함께 이 정권을 실질적으로 차지할 계획을 세웠을 것이고, 그 계획이 성사돼 자신이 천황으로 있던 면전에서 참혹한 유혈극이 일어났지만 이 자리를 피하는 것 외에는 다른 반응을 보이지 않는다. 아니 사건 이후 곧바로 천황위를 넘겨주되, 아직 어린 아들 교기(중대형)를 바로 임명하면 나라 전체의 반발이 있을 수 있으므로 우선 자신의 남동생에게 넘겼다가 다시 이를 이어받아 이후에 아들이 계속 이어받도록 한다.

이렇게 풀이하면 복잡한 역사가 쉽게 정리가 된다. 바로 그 상황에서 앞에서 알아본 새로운 왕조의 권위를 세우기 위해 팔각릉이 등장하는 것이라고 하겠다. 그 주역은 중대형황자(교기)와 중신겸족(사택지적), 두 사람이라고 보는 것이다.

이러한 가설적인 역사의 주역이자 핵심인 중신겸족(나중의 등원겸족)을 좀 더 자세히 들여다보자. 즉 중신겸족이 과연 사택지적일 수 있느냐의 문제를 점검해보자는 것이다.

중신겸족

중신겸족

『일본서기』를 보면 중신겸족은 황극천황 3년(644년) 춘정월 1일 갑자기 신기백神祇伯이라는, 하늘에 제사업무를 총괄하는 책임자에 임명되었다는 기사와 함께 등장한다. 그 전에는 그가 누구인지, 무엇을 했는지에 대한 정보가 없다. 그런데 특이하게도 나중에 효덕천황이 된 경황자의 입을 통해 중신겸족을 대단하게 칭찬하고 있다.

> 3년 봄 정월 을해삭(1일)에 중신겸자련(中臣鎌子連)을 신기백(神祇伯)에 임명하였다. 그러나 겸자련은 거듭 고사하고 관직에 나가지 않고 병이라 칭하고 물러나 삼도(三島)에 거주하였다. 그때 경황자(輕皇子)도 다리 병으로 조정에 출사하지 못하였다. 중신겸자련은 이전부터 경황자와 친하였으므로, 그 궁에 가서 시숙(侍宿)을 하려고 하였다. 경황자는 중신겸자련의 높은 품격과 범할 수 없는 인품을 깊이 깨닫고, 즉시 총애하는 비(妃)인 아배씨(阿倍氏)에게 별전(別殿)을 청소하게 하고 새로운 요(蓐, 욕)을 높이 깔아 만사에 소홀함이 없도록 하였으며, 정중히 받드는 것이 특별히 달랐다. 중신겸자련은 대접을 받고 감격하여 사인에게 "이와 같은 은택을 받는 것은 전에 바라던 것을 넘어서는 것이다. 누가 능히 천하에 왕이 됨을 막을 수 있겠는가."라고 말하였다[사인(舍人)을 붙여서 부리게 한 것을 말한다]. 사인이 즉시 말을 황자에게 전하니 황자가 대단히 즐거워하였다. 중신겸자련은 사람됨이 충정(忠正)하고 광제(匡濟)의 마음이 있었다.

이를 보면 당시 황극천황의 동생이 일부러 사람을 보내어 수발을 들게 하는 등 보통 사람에게 하지 않는 극진한 대접을 하는 것을 알 수 있고, 또 필요 이상으로 칭찬을 하는 것이다. 이것은 『일본서기』의 편찬이 완성된 720년 무렵에 일본 조정에서 사택소명 등 백제에서 망명한 고위관리들의 영향력이 상당히 있었다는 데서 중신겸족을 미화하려한 흔적이 느껴지는 것이긴 하지만, 이렇게까지 칭찬을 하는 것은, 갑자기 나타난 사람으로서 그의 출신이 왕족에 준하는 것임을 보여주는 것이라 하겠다. 즉 출현 당시에 이미 높은 신분이었다는 이야기이다. 더구나 그가 곧바로 신기백에 임명되었다는 것은, 그만큼 당시 천황가의 위신을 세우는 일에 관여하고 있었다는 뜻이 되기에 중신겸족을 백제에서 온 사택지적으로 볼 근거가 된다고 하겠다.

천지천황

중신겸족은, 집권에 성공한 이후 연로해서 죽음에 이르게 되자 그 자신이 대왕으로 옹립한 천지천황으로부터도 왕 이상의 극진한 대접을 받는다. 중신겸족의 병이 위중해지자 천황이 직접 집을 찾아가 문병을 하는 것이다. 천지천황 8년(669년) 조 기사가 천지천황과 중신겸족(이후 등원이라는 성을 받음으로서 사서에는 등원겸족으로 표기된다)과의 관계를 압축해 설명해준다;

　　겨울 10월 병오삭 을묘(10일)에 천황이 등원내대신(藤原內大臣)의 집에 가서 친히 문병하였다. 등원내대신은 매우 쇠약하였다. 이에 천황이 "천도(天道)는 인(仁)을 돕는다는 말이 어찌 허설(虛說)이겠소. 적선지가(積善之

家)에 필유여경(必有餘慶)이라 하였으니 어찌 그 징조가 없겠소. 꼭 필요한 것이 있으면 말하시오."라고 말하였다. 등원내대신이 "신은 보잘것없는 사람입니다. 더 아뢸 말씀도 없습니다. 다만 장사는 간소하게 했으면 좋겠습니다. 살아서 군국(軍國)에 도움이 안 되었는데, 죽어서 어찌 감히 거듭 사람들을 괴롭히겠습니까? 운운(云云)."이라고 말하였다…. 경신(15일)에 천황이 동궁대황제(東宮大皇弟)(뒤의 천무천황)를 등원내대신(藤原內大臣)의 집에 보내, 대직관(大織冠)과 대신(大臣)의 직위를 주었다. 또 성(姓)을 주어 등원씨(藤原氏;후지하라노우지)라 하였다. 이후 등원내대신(藤原內大臣)이라고 불렀다. 신유(16일)에 등원내대신(藤原內大臣)이 죽었다(薨)….갑자(19일)에 천황이 등원내대신의 집에 행차하였다. 대금상(大錦上) 소아적형(蘇我赤兄)에게 명하여 은혜로운 조서를 내리고 금 향로를 하사하였다.

이 때『일본서기』는 그의 죽음을 '薨(훙)'이라고 표현했다. 중국 고대 의례를 집약한 예기禮記 중 세세한 예의범절을 기록했다는 의미를 지닌 곡례曲禮 편을 보면 같은 죽음이라도 천자는 '붕崩', 제후는 '훙薨'이라 하고, 대부大夫는 '졸卒', 사士는 '불록不祿'이라 하고, 일반 서민 백성은 '사死'라 한다고 했다. 따라서 薨(훙)이란 표현은 왕이 죽었을 때에 쓰는 표현이다. 2년 후 12월에 천지천황이 죽었을 때에는 '崩(붕)'이라고 표현했다. 더구나 대직관大織冠이란 직위는 647년에 제정 공포된 13계단의 관위 중에 가장 높은 관직으로, 이 직함을 준 것은 등원겸족이 유일하다. 그만큼 그를 높이 대우해주었다. 쿠데타를 기획하고 성공시킨 주역이었으니만큼 이런 정도의 대우야 당연하다고 할 수 있지만 그 주역이 백제에서 건너온 사람으로 확실시되는 이상 그를 사택지적과 동일시 할 수 있을 것이다. 앞에서 본 것처럼 교기와 사택지적이라는 두 인물의 행적이 중대형황자, 중신겸족이라는 두 사람과 겹치지 않으므로 백제와 일본에서의 행적들이 나중에 사서를 편찬하면서 하나로 합쳐졌을 가능성이 가장 높다고 하겠다.

다른 가지의 열매

그리고 천지천황 10년(671년), 천지천황은 자신이 죽는 그 해 초에 · 당시 일본으로 망명한 백제의 고관들에게 무더기로 최고의 관직을 수여한다.

> 이 달에 좌평(佐平) 여자신(余自信), 사택소명(沙宅紹明)[법관대보(法官大輔)]에게 대금하(大錦下)를 주었다. 그리고 귀실집사(鬼室集斯)[학직두(學職頭)]에게 소금하(小錦下)를 주었다. 달솔(達率) 곡나진수(谷那晋首)[병법을 잘 알았다], 목소귀자(木素貴子)[병법을 익혔다], 억례복류(憶禮福留) [병법을 익혔다], 답발춘초(答㶱春初)[병법을 잘 알았다], 발일비자(㶱日比子), 찬파라(贊波羅), 금라금수(金羅金須)[의약에 통달하였다], 귀실집신(鬼室集信)[의약에 통달하였다]에게는 대산하(大山下)를 주었다… 나머지 달솔(達率) 등 50여 인에게는 소산하(小山下)를 주었다.

이러한 사실을 기록한『일본서기』는 이 조치 이후에 일본 시중에 유행했던 동요(童謠; 와자우타)를 바로 밑에 붙여놓아서 이 조치가 무엇을 의미하는지를 알게 해주고 있다.

굴나무 열매는 각각 다른 가지에 열려 있지만, 이를 실에 꿸 때는 다 하나
가 되지요.
多致播那播, 於能我曳多曳多. 那例例騰母, 陀麻爾農矩騰岐, 於野兒弘爾
農俱. 10)

즉 백제와 일본에 널려있던 친척과 신하들을 한 가지로 모아서 정리해
주니 다들 형제처럼 되었다는 뜻으로 읽힐 수 있는 대목이다.

또한 백제와 일본 황실이 본래 하나, 한집안이었음을 암시하는 표현도
일본 역사에 기록되어 있다. 그것은 서명천황 때의 일로서, 서명 7년 여름
6월에 백제에서 달솔達率 유柔 등을 보내 조공을 했다(夏六月乙丑朔甲戌,
百濟遣達率柔等朝貢)고 하고 이어서

가을 7월에 백제로부터 온 손님을 조정에서 향응하였다, 이 달에 상서로
운 연꽃이 검지(劒池)에서 자라났는데, 한 줄기에 두 개의 꽃이 피어 있었다
秋七月乙未朔辛丑, 饗百濟客於朝. 是月, 瑞蓮生於劒池. 一莖二花.

라고 표현하고 있다는 사실이다. 백제로부터 손님이 와 있는 동안 연꽃
한 줄기에 두 개의 꽃이 피니, 이것이 곧 백제와 일본의 관계를 상징적으
로 보여주고 있다는 뜻으로 해석되는 부분이다. 그만큼 백제와 일본 사이
는 한 뿌리에서 나온 두 개의 꽃과 같은 사이였고, 두 나라 사이에는 인원
의 왕래가 쉬웠다는 것인데, 이를 노골적으로 표현하지 못하니 이렇게 우
회적으로 표현한 것이라 볼 수밖에 없다.

---

10) 『일본서기』 천지천황 10년 정월 조.

궁남지의 연꽃(부여)

여기에서 우리는 왜 제명천황과 중대형황자(나중의 천지천황)이 왜 그렇게 백제를 구하기 위해 자신들의 목숨을 걸었는지에 대한 이유를 알 수 있다. 그들 제명천황(황극천황)에게 백제는 부모가 살던 나라이고, 중대형황자에게는 그것이 아버지의 나라이자 어머니의 나라였던 것이다. 그러니 이러한 백제가 망하고, 부흥군을 실은 일본의 함대가 663년 8월에 백촌강 전투에서 전멸하고 드디어는 이어 9월 7일에 백제 부흥운동의 거점인 주유성이 함락되자, 고대 한일관계사에서 가장 유명한 그 탄식이 나오는 것이다.

> 百濟州柔城, 始降於唐. 是時, 國人相謂之曰, 州柔降矣.
> 事無奈何. 百濟之名, 絶于今日. 丘墓之所, 豈能復往.
> 但可往於弖禮城, 會日本軍將等, 相謀事機所要.
> ─『일본서기』천지천황 2년 9월조

백제의 주유성이 마침내 당에 항복했다. 이때에 國人(나라사람)들이 서로 "주유가 항복하였다. 이 일을 어찌할까. 백제란 이름은 오늘에 끊어졌다. 조상의 묘소가 있는 곳을 이제 어찌 다녀올 수 있으랴. 다만 저례성(弖禮城11), 혹은 氐禮城)에 가서 일본의 장군들과 만나 이 사태의 기밀한 부분을 논의하자"… 라고 말하였다이 문장을 놓고 한국 측의 사학자들은 앞 부분, 조상의 묘소를 어찌 다녀올 수 있겠느냐까지만을 잘라놓고 이 문장이야말로 백제와 일본이 한 뿌리이고, 백제 사람들이 일본황실을 세웠다는 증거로 자주 인용한다. 그러나 이 부분에 대해서는 김현구의 주장, 곧 이 말을 한 주체가 일본인이 아니라 당시 성에 있던 백제사람들이란 주장[12]이 설득력이 있다.

그런데 이 부분에 대해서 일본 학자들은 백제가 일본의 속국이므로 그 속국을 구원하기 위해서 출병했다고 주장하는데 그것도 잘못된 것이다. 백제가 일본의 속국이었다는 것은 말이 안되거니와, 설혹 백제가 일본의 속국이었다고 하더라도 예순이 넘은 여자천황이 단순히 속국을 구원하기 위해 북큐슈에까지 가서 전쟁을 지휘한다던지, 천황이 죽었는데 그 아들 (천지천황)이 상을 치르지 않고 계속 전쟁을 준비한 이유를 충분한 설명하지는 못한다.

---

11) 크禮城의 크는 일본어에서는 て로 발음하지만 크爾乎波라는 네 한자의 획을 따서 て-に-を-は라는 어조사의 총칭의 첫머리에 나오는 글자. 즉 가나 창안의 근원이 되는 한자였다. 우리 옥편에는 없는 글자이다. 흔히 저, 또는 제로 발음하고 氏와 같은 글자로 생각하지만 근거를 잘 모르겠다. 중국에서는 hù로 발음한다.
12) 그 구절은 누가 보아도 백제를 구원하기 위해서 일본에 온 사람들이 한 말이 아니고 일본으로 출발하기 위해 준비를 하던 백제 사람들이 한 말이다… 이 정도를 이해하지 못할 사람은 없다. 그러나 무리하게 일본의 핵심 세력이 백제출신이라는 주장을 하다가 보니까 이런 해석을 하게 된 것이다. 그리고 이러한 무리한 주장이 일본학계가 우리를 깔보는 원인이기도 하다. 김현구, 『백제는 일본의 기원인가』, 129~130쪽, 2002, 창비.

주류성으로 비정되는 임존산성

이 점에 대해서, 필자는, 당시와 그 이후 상황을 면밀히 보면 백제 무왕의 행적이 일본서기에 다시 기재되고 있는 것으로 볼 때 백제에서 의자왕의 쿠데타에 의해 왕의 자리를 넘겨주게 된 무왕과 왕자, 왕비, 그 처가인 사택 세력이 일본으로 망명해 우선 명목상 군주가 되었다가 을사년의 쿠데타를 통해 실질적인 집권세력이 되었고, 그러다 그들의 조국인 백제가 멸망하게 되자 나라를 동원해 부흥운동에 나선 것이라고 말하는 것이며, 백제가 멸망한 이후엔, 당나라로부터 백제의 잔존세력으로 오인돼 침략의 우려를 사전에 제거하는 차원에서, 이제 자신들은 원래부터 해뜨는 나라에서 백제가 아닌 천손족이란 새로운 다른 족속이 일본이라는 땅에서 새 왕조를 열었다는 것을 알리고, 그 새 왕조는 하늘로부터 명을 받아 새 왕조를 열었다는 알리기 위해 중국의 천자의 의식과 의례를 도입해 사용하기 시작했고, 그 왕조의 창시자격인 서명천황의 무덤에서부터 당시 백제에까지 내려와 나라 사람들이 믿었던 **하늘을 상징하는 팔각**의 개념을 적용하기 시작했다고 말하는 것이다. 그리고 그 팔각분은 서명천황과 부인, 그리고 직계 자손들에게만 적용되고 있고, 외삼촌인 효덕천황은 **빠져** 있다. 이것이야말로 그들의 자신의 패밀리(家系)를 자기들끼리만 확인하는 일종의 비밀코드가 아니겠는가? 13)

이렇게 말하면 우리 학계나 일본 학계에서 당연히, 백제에 무슨 팔각 개념이 있다고 그것을 내세우느냐고 물을 것이다. 앞 부분 인용한 최광식 교수의 정리를 봐도14) 백제의 팔각관련 유적은 논란이 되고 있는 이성산성의 팔각건물지를 제외하고는 백제의 것이라는 게 하나도 없지 않으냐, 기껏 이천 설봉산성 정도가 아니냐고 말하지 않던가? 따라서 백제의 팔각 개념은 무리라고 주장할 것이다. 이 부분에 대해서는 보다 상세한 논증이 필요하므로 다음 장에서 다시 상세히 논의 하겠다.

천지천황의 천도

백제를 구원한다고 2만 여명의 병력을 실은 왜군이 663년 8월 백촌강 (백강?) 전투에서 궤멸되고 백제가 완전히 역사에서 사라지자 당시 죽은

---

13) 황극천황이 백제 무왕의 부인인 사택 씨라면 황극의 남동생으로 되어 있는 효덕천황은 누구인가 라는 문제가 생긴다. 황극천황이 사택 씨라면 효덕도 사택 씨여야 한다. 그런데 이미 중신겸족은 사택지적이므로, 효덕은 다른 사택 씨여야 한다. 그렇지만 그 실체는 현재로는 알 수가 없다. 굳이 사택왕후의 친동생이 아닐 수도 있다. 당시까지 일본에서 세력을 갖고 있던 실력자를 천황으로 올리고 그를 나중에 일본서기를 쓸 때에 동생으로 했을 가능성도 있다. 마치 천무천황이 천지천황의 동생으로 되어 있는데, 실제로는 나이가 더 많다는 주장도 그런 것이다.

14) "현재 드러난 여러 기의 팔각건물지 혹은 제단 중에서 백제의 것으로 분명하게 말할 수 있는 것은 사실 거의 없다고 할 수 있다… 최광식, 「한 중 일 고대의 제사제도 비교연구」,『선사와 고대』27輯, 2007, 262, 한국고대학회.

제명천황을 이어받아 패전국을 수습해야하는 중대형황자는 667년 3월에
수도를 갑자기 비조(飛鳥 아스카)에서 근강(近江 오미, 오늘날의 시가현)
로 옮긴다. 이른바 대진경(大津京 오쓰쿄)이다.

대진궁 유적

아스카에서부터 70킬로미터나 떨어진 이 궁벽진 땅으로 갑자기 도읍
을 옮기니 당시 백성들의 놀라움과 반대도 심했던 모양이지만 중대형황
자는 이곳으로 옮기고 그 다음해에 비로소 천지천황으로 즉위한다. 왜 갑
자기 천지는 갑자기 수도를 옮겼을까? 이 점에 대해서 여러 가지 설이 있
다. 그 이유의 하나로 백제구원전에서의 패배로 국제관계가 긴장함에 따
라 수도를 보호하기 위해 깊숙한 곳으로 옮겼다는 설, 국제관계를 고구려
와의 외교로 극복하기 위해 고구려와의 교통이 편리한 곳으로 옮겼다는
설이 있다. 또 하나는 이 일대에 많이 거주하고 있는 대륙이나 한반도에
서 건너온 도래인들의 자손이 많이 살고 있기 때문이라고 설명한다.

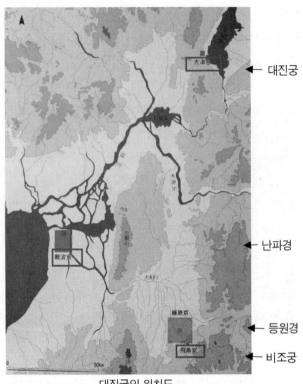

대진궁의 위치도

　실제로 665년에 오미국(近江國)의 신기군(神崎郡, 칸자키군)에 400명, 669년 포생군(浦生郡, 카모오군)에 좌평 여자신(餘自信), 귀실집사鬼室集斯등 700명의 백제유민이 이동하였다는 내용이 『일본서기』 천지천황 4년 (665년) 2월조에 기록되어 있다. 천지천황이 그 쪽으로 백제유민들을 모아놓은 것이다. 이곳으로 수도를 옮기기 2년 전이다.

　이와 관련해서 필자가 관심을 갖게 된 것은 이 부근에서 발견된 온돌 유구이다. 대진大津시에는 대륙에서부터 온 도래인들의 무덤 180여기가 밀집되어 있는 도래인 마을이 있는데 그곳에서 남서쪽으로 80미터 쯤 떨어진 곳(大津市 弥生町)에서 동서길이 8미터에 이르는 온돌유적이 발견된 것이다[15]. 온돌이라고 하면 두 말할 필요도 없이 한국인들이 만들고 쓰는 것이다. 이 유적의 연대는 6세기말에서 7세기 초로 나오고 있는데, 말하자면 이 일대는 백제에서 온 사람들이 모여 사는 곳이라 하겠다. 그러므로 중대형황자가 나라상황이 어려워지자 바로 이곳으로 수도를 옮긴 것은, 이곳에 있어야 갑자기 정변이 일어나도 이를 진압할 시간을 가질 수 있다는 것이고, 그만큼 자기를 보호해 줄 세력이 많다는 뜻이라 하겠다. 그렇다면 중대형황자, 곧 천지천황의 대진경 천도는 바로 천지천황 자신이 백제인이라는 것을 역사 앞에 실토한 것이 된다.

지통천황

일단 서명천황의 팔각릉이 새로운 왕조를 연 표시라고 한다 하더라도 이 주장의 가장 큰 약점은 그러한 천황릉을 만든 것이 무왕의 왕비인 사택 씨와 교기왕자, 그리고 사택지적… 즉 황극(제명)천황과 중대형황자, 중신겸족의 집권 이후라면 그 때 능을 새로 고쳤을 것인데, 그러한 기록이 전혀 없다는 것이라 하겠다.

바로 이런 점 때문에 『속일본기(續日本紀)』에 보이는 문무(文武 몬무) 天皇 3 年(699) 10월의 능묘조성 관련 기사가 주목을 받는다. 10월20일에 다음과 같은 기사가 보인다.

> 겨울 10월 20일, 조를 내렸다:「천하의 죄인들을 사하다. 단 10악, 강도 절도는 사해 주지 않는다.」월지(越智)산과(山科) 두 산릉(山陵)을 영조하기 위한 것이다.
> 冬十月,壬午朔甲午, 詔:「赦天下有罪者.但十惡、強竊二盜,不在赦限.」為欲營造越智、山科二山陵也.

---

15) 松浦俊和, 『近江古代史への招待』, 110~112쪽, 2010, 京都新聞出判センタ.

이러한 기사에 덧붙여 월지와 산과 두 산릉에 각각 벼슬아치와 기술자들을 파견했다는 기사가 나온다16). 월지산릉은 앞에서 본 것처럼 제명천황릉이고 산과산릉은 천지천황릉이다. 당시는 천지천황의 손자인 문무천황(697~707)이 즉위한 지 3년째가 된 해이지만 할머니인 지통천황이 엄연히 살아있으면서 후견인을 할 때인 만큼 이때의 천황릉의 영조營造는 할머니인 지통천황의 뜻에 의한 것이라고 보는 것이 일반적이다. 그렇다면 지통천황으로서는 자신의 할머니인 제명천황과 아버지인 천지천황의 능을 새로 만든 것(營造)이 된다.

제명천황(황극천황, 우리의 가상역사에서는 사택왕후)과 천지천황(중대형황자, 우리의 가상 역사에서는 교기왕자)은, 앞에서 여러 각도에서 알아본 것처럼, 백제에서 일본으로 망명한 세력의 핵심에 해당한다. 그 두 천황의 능을 산릉으로 만드는 작업을 지통천황이 하도록 지시한 것이다. 왜 그랬을까? 여기에서 '지통持統'이란 중국식 시호와 함께 일본식으로 붙인 시호가 중요한 뜻을 시사하고 있다고 생각된다. 우선 '지통持統'이란 시호는 '繼體持統계체지통'의 의미라고 오미노 미후네(淡海三船, 722~785)가 풀이하고 있는데, 이 말은 '체제를 이어받아 계통을 지켰다'라는 뜻으로 풀 수 있겠다. 이 경우 무슨 체제를 이었고 무슨 계통을 지켰냐는 것인데, 이러한 표현을 쓴 오미노 미후네가 더 이상 정확히 밝힌 것은 없지만, 이 시호가 당대에 채택되어 실렸는데도 거부감 없이 내려온 것을 보면 그러한 표현이 인정되었다는 뜻이 된다. 그런데 찬진자인 오미노 미후네가 천지천황의 아들로 정권을 이어받으려다 천무천황에 의해 쫓겨나 죽게 된 대우황자(大友皇子, 홍문천황으로 추존됨)의 증손자이므로, 천지천황 계열이다. 즉 그런 사람이 계체지통이라고 했으면 그것은 곧 천지천황의

---

16) 辛丑, 遣淨廣肆－衣縫王、直大壹－當麻真人－國見、直廣參－土師宿禰－根麻呂、直大肆－田中朝臣－法麻呂、判官四人、主典二人、大工二人, 於越智山陵. 淨廣肆－大石王、直大貳－粟田朝臣－真人、直廣參－土師宿禰－馬手、直廣肆－小治田朝臣－當麻、判官四人、主典二人、大工二人, 於山科山陵, 並分功修造焉

맥을 이어주었다는 뜻을 담고 있다고 하겠다. 천지천황의 맥이라고 하면 그것은 곧 지통천황의 할머니인 제명천황과 아버지 천지천황으로 형성된 맥이라고 말할 수 있고, 그것은, 우리가 지금까지 살펴본 대로 백제 왕실, 그것도 의자왕에 쫓겨난 원래 무왕의 왕실을 이어주었다는 뜻으로 볼 수 있다고 하겠다.[17]

그런 면에서 천지천황의 경우처럼 지통천황의 일본식 시호를 살펴보면 시호는 두 개가 있는데, 『속일본기続日本紀』에서는 「大倭根子天之廣野日女尊」(おほやまとねこあめのひろのひめのみこと), 『일본서기日本書紀』에서는 「高天原廣野姬天皇」(たかまのはらひろのひめのすめらみこと)로 되어 있다. 앞의 것은 대일본뿌리(おほやまとねこ)하늘 넓은 들(あめのひろ)의(の)여자천황(ひめのみこと)이고 뒤의 것은 일본천황의 원고향인 高天原(たかまのはら)넓은 들(ひろの)의 여자천황(ひめのすめらみこと)이란 뜻이어서, 저 멀리 하늘에서 내려온 일본 천황가의 영역을 넓혔다는 뜻을 분명히 담고 있다. 아버지인 천지천황의 경우와 같은 개념이라고 하겠다.

천황 즉위식

17) 그것은 동시에 천무천황은 정식의 백제 계열이 아니라는 뜻도 담겨있다고 하겠다. 나중에 다시 논한다.

그러한 지통천황이 두 능을 새로 조성한 것은, 결국 자신의 아버지와 할머니의 계통을 살리려는 뜻이었고, 그 두 조상의 무덤이 모두 팔각인 만큼, 지통천황이 8각릉을 처음 시작했다는 설이 나오는 것이다. 더구나 과거에 제명천황이 죽었을 때에 당시 그 아들로 황태자였던 천지천황은 어머니의 유언이라며 백성들의 어려움을 생각해서 무덤을 돌로 크게 만들지 않도록 했다는 점18)을 비춰보면 지통천황이 그의 할머니와 아버지의 무덤을 과거 전방후원분처럼 너무 거대하게 만들지 않고 대륙식, 곧 백제식의 횡혈식 석실분을 기본으로 한 팔각분으로 만들도록 한 장본인이란 주장이 설득력을 어느 정도는 갖고 있다고 하겠다. 일본 학자나 연구가들의 주장은 (당연히) 여기에 그치고 있다. 그러나 그 주장을 들여다 보면 지통천황은 할머니와 아버지가 대변하는 현 천황가의 뿌리를 밝혀 놓은 것이라고 할 수 있고, 그 뿌리는 곧 백제 왕실, 그것도 의자왕에 쫓겨난 무왕의 왕실을 이어주었다는 뜻으로 볼 수 있는 또 하나의 큰 증거가 된다고 하겠다.

이러한 지통천황의 팔각릉 기원설은 두 능의 조영이라는 사료상의 기재를 근거로 해서 어느 정도 설득력을 갖고 있지만 그 전 서명천황릉에 대해서는 설명을 하지 못하고 있고, 중간에 갑자기 제명천황과 천지천황의 뿌리를 밝혔다면 팔각분을 한 다른 천황들은 어떻게 설명할 수 있느냐 하는 문제가 여전히 남는다. 그러므로 제명천황이 자신의 능을 크게 만들지 말라고 아들에게 했다는 위촉에 대해서 일본 연구가들이 머리를 갸우뚱하는 것은 제명천황의 행적과 일치하지 않는데 따른 것이다.

---

18) 皇太子謂群臣曰, 我奉皇太后天皇之所勅, 憂恤萬民之故, 不起石槨之役. 所冀,永代以 爲鏡誡焉…『日本書紀』천지6년 춘2월조.

제명천황

제명천황

이제 황극천황이 아니라 제명천황에 대해서 다시 좀 알아볼 시간이 되었다. 같은 사람이고 같은 천황이지만 황극천황 때와 제명천황 때 이 여성의 행적은 다르기 때문이다. 제명 2년 9월 조에 궁궐을 짓고 담을 쌓느라 백성들의 원성을 산 일이 적혀있다.

이 해에 아스카(飛鳥)의 오카모토(岡本)에 새로 궁전 지을 터를 정하였다… 마침내 궁전을 세우고 천황이 옮겨갔다. 이를 後아스카 오카모토궁(後飛鳥岡本宮))이라 불렀다. 전신령(田身嶺)의 정상에 담을 둘러쳤다. 또 산의 정상에 있는 두 그루의 느티나무(槻樹) 근처에 높은 관(觀, 망루 혹은 도교의 사원)를 세우고, 양규궁(兩槻宮)이라 불렀다.[19] 또한 천궁(天宮)이라고도 불

---

19) 이 궁전의 망루를 세우는 방식이 고구려 환도산성의 두 팔각건물지, 오사카 나니와궁의 동서 두 팔각건물지와 일치하는 개념이다. 환도산성 팔각건물의 용도가 천궁(天宮)일 수 있음을 보여주는 중요한 역사자료라 하겠다.

렀다. 당시 (천황은) 토목 공사를 좋아하여 수공(水工)에게 수로를 파게 하였다. 수로는 향산(香山)의 서쪽에서 석상산(石上山)에 이르렀다. 석상산의 돌을 2백 척의 배에 싣고 강을 따라 내려가 궁전의 동쪽 산으로 운반하여 돌을 쌓아 담을 만들었다. 그 때 사람들이 "미친 수로다. 이것을 만드는 데 인부 3만여 명이 고생하였으며, 담장을 쌓느라고 인부 7만여 명이 고생하였다. 궁전 짓는 데 쓸 목재가 썩고 산의 정상이 훼손되었다."라고 비난하였다. 또 "돌로 담을 쌓더라도 쌓자마자 저절로 무너질 것이다."라고 저주하였다.

이 같은 대형 토목공사를 일으킨 것은 두말할 것도 없이 이제 확실히 권력을 차지하게 되자 자신의 위엄을 과시하기 위해 계획한 것으로 볼 수 있다. 그러한 과도한 공사 때문에 백성들의 원망을 사자, 그 틈을 노려 2년 후에는 전임 효덕천황의 아들 유간황자有間皇子를 낀 쿠데타 음모(유도작전이었다는 분석도 있음)가 드러나, 유간황자를 비롯한 수많은 인물들이 처형되기도 했다. 과도한 공사 이후 백성들의 불만이 고조되어 있음에도 제명천황은 본국이었던 백제의 멸망이라는 큰 사건을 맞이하게 되자, 만사를 제쳐놓고 백제 구원에 나선다. 백제부흥군의 파견은 준비과정에서 백성들의 원망이 극에 달하고 허다한 이변과 재난이 속출한다. 655년부터 661년까지 6년 남짓 재위에 있으면서 제명천황의 행적은 오로지 온나라의 힘을 동원하는 대규모 백제부흥군을 출발시키려다 세상을 뜨는 것 외에는 없다. 그런 가운데 남편의 능을 새로 보수했다거나 옮겼다는 기록은 없다.

제명천황의 행적에서 우리가 궁금한 것은. 그가 자신과 나라를 기울여 구하려고 한 백제라는 나라가 과연 그에게는 무엇이길래 이처럼 백제구원에 오로지 매달렸을까 하는 점인데, 그것이야말로 한국이 주장하는 대로 당시 일본 조정은 백제인들이 건너가서 세우고 꾸민 것이기에 그런가, 아니면 일본인들의 주장대로 당시 한반도 3국이 모두 자신들의 속국이었기에 그 중의 한 나라가 침략을 당한 것을 구하려는 것은 당연하다는 것인가. 그런 고민을 하게 된다. 그렇지만 당시 역사를 큰 눈으로 보면 앞에 우리가 내세운 가정과 가설이 가장 그럴듯한 해석이라는 것이다.

제명천황릉 공개(2010. 9. 10)

일본인들이 백제가 자신의 속국이었다고 주장하려면 적어도 군사면에서나 기술면에서나 백제를 압도해야 하는데, 제명천황에 관한 기록들을 읽다보면 제명 3년(657년)에 당나라에 사신을 보낼 일이 있는데, 자기 힘으로는 갈 수가 없으니 신라에 사신을 보내어 "사문지달沙門智達, 간인연어구間人連御廐, 의망연치자依網連稚子들을 그대의 나라의 사신에 딸려서 대당大唐에 보내려한다"고 알렸으나 신라가 듣지 않아 사신들이 돌아온 사건이 있었다.[20] 그러다가 이듬해 7월에 신라 배를 얻어 타고 당나라에 가서 불도를 배운 적이 있다. 이처럼 독자적으로 항해도 제대로 못하는

---

20) 제명 3년 9월조; 是歲, 使使於新羅曰, 欲將沙門智達‧間人連御廐‧依網連稚子等, 付汝國使, 令送到大唐. 新羅不肯聽送. 由是, 沙門智達等還歸.

형편에 어떻게 신라나 백제를 속국으로 두고 있었을까 생각을 하면,『일본서기』라는 기록이 얼마나 왜곡이 심한 것인지 알만도 하다. 그 왜곡의 목적은 대륙, 곧 백제에서 건너온 신 집권 세력이 자신들의 집권과정을 원래부터 일본에 있다가 한 것처럼 교묘히 위장하기 위해 역사의 서술방향을 그렇게 잡은 것이다. 그렇지만 일본인들은 비록 일부 엉터리가 있을 수 있지만 그 속에 진실이 있다며 여전히 우리의 고구려 백제, 신라라는 삼국과 가야(임나)가 자신들의 속국이라고 생각하는 속마음을 바꾸지 않으려 하니, 그것이 한국과 일본 두 나라의 영원한 간격의 근원이라고 생각된다.

8각릉 조성의 주체

제명천황 때에 당나라에 사신을 보내려하는데 항해실력이 없어 신라에 빌붙어가려다가 거절당하는 모습을 보면 당시 일본의 국력이나 기술 수준이 그리 높지 않았음을 알 수 있고, 그것은 다시, 백제의 무왕과 왕비, 왕자 등이 백제를 떠나 일본 땅에 정착하면서 당시 일본의 사실상의 지도자였던 소아 씨 집안의 배척을 받지 않고 정착할 수 있었던 속사정을 알 수 있게 해준다. 당시 일본의 국력 수준이 얼마나 한심했는가를 보여주는 자료는 꽤 많이 남아있다. 제명천황 즉위 원년 10월에 소간전小墾田에 궁궐을 짓고 기와를 이으려 하였다는 것과 심산유곡에 있는 궁궐건축용 재목이 썩어문드러진 것이 많아서 중지하고 만들지 않았다는 기록, 겨울에 아스카의 판개궁板蓋宮, 곧 판자로 덮은 궁에 화재가 일어나 아스카 천원궁川原宮에 옮겨 거주하였다는 기록이『일본서기』제명천황 원년 조에 보이고 있다. 지붕이 기와도 아니고 짚이나 나무판으로 만들었다는 자기 고백에 다름 아니다. 그만큼 일본이란 나라의 수준은 우리의 삼국과 한참 차이가 있었음을 알 수 있다.

아스카 왕궁유적(판개궁)

이러한 사정을 감안하면 백제의 의자왕 집권 이후 백제에서 축출된 세력이 일본에 도착하자, 그들에게 일본은 이웃 친척집 정도였을 것이고, 또 그들은 왕족이라는 신분상의 절대자격이 있었기에 손쉽게 소아 씨의 일본조정에 들어가 있다가 을사년에 쿠데타를 일으켜 권력을 손에 잡은 것으로 생각된다. 그러므로 만약에 이들이 자신들의 집안 무덤에 그러한 징표나 역사를 표시하고 싶었다면 서명천황부터 시작하지 않을 수 없었을 것이다.

그리고 이제 모든 조건들을 알아본 이 시점에서 가장 중요한 사실은 어느 시대, 어느 천황의 매장 기록을 봐도 무덤을 어떤 형태로 어떻게 쓴다는 것을 남겨놓은 기록은 없다는 것이다. 매장 장소만 나올 뿐이다. 따라서 무덤에 남겨진 것으로만 파악할 수밖에 없는데, 팔각이란 개념을 무덤에 장식한 것은, 애초부터 팔각릉에 묻어야 한다는 전통이나 관습이 있는 것도 아니고, 무덤 외부에 새롭게 팔각을 장식한 것도 아니기에 그것은 철저히 이 세상이 아니라 다음 세상, 혹은 이 세상이 아니라 하늘나라에 대한 표시가 아닐까 하는 것이다. 무덤이라는 것은, 중간에 수리를 하지 않는 한, 그대로 죽은 사람을 위한 영원한 유택이 되는 만큼, 그 안에 장식한 것은 당대를 위한 것이 아니라 후대를 위한 것이고, 또 자기들만의 독특한 표시라 할 수 있겠고 그 주체는 새롭게 왕권을 차지한 사람들의 승리의 기록에 다름 아니라는 생각이다.

그런 만큼 지금까지 알아본 것들을 토대로 중간 결론을 내린다면 일본 황실의 팔각릉 조성은 서명천황으로부터 시작될 수밖에 없고, 그것을 실제로 조성한 것은 대화개신 이후 모든 제도와 관습을 고치는 것을 계기로 이뤄진 것이라고 단언한다. 다만 문헌상으로는 할머니와 아버지의 묘소를 다시 조성한 지통천황 때 이뤄졌을 가능성이 높지만[21], 그 기록도 팔각릉으로 조성했다는 기록은 아니고, 더구나 지통천황이 그 때 갑자기 자기 스스로 집안 묘를 팔각으로 쓸 이유가 없다. 오히려 그 전에 모든 개혁을 주도한 중대형황자가 효덕천황 연간에 시작해서 어머니인 제명천황이 죽은 후에 본격적으로 추진했을 가능성이 더 있다는 것이 필자의 판단이며, 자기 집안과 혈족만을 밝히는 것이기에 효덕천황은 팔각분의 조성대상에서 제외된다. 지통천황은 그 아버지가 한 것을 알고 있기에 그 전통을 이어받아 아버지와 할머니의 유택을 팔각으로 조성해주었을 것이다.

그러므로 긴 탐구과정 끝에 내린 사실상의 결론은 일본 황실의 팔각릉 설립 주체는 나중에 천지천황이 되어 천황이란 이름을 처음으로 쓰도록

---

21) 카시하라고고학연구소(橿原考古学研究所)의 이마오 후미아키(今尾文昭)연구원은 『속일본기』 문무3년의 기록을 근거로 지통천황이 손자인 문무천황의 황통을 명확하게 하기 위해 아버지 천지천황과 할머니 제명천황의 무덤을 고쳐서 조성했다고 주장한다. 요미우리신문 2010년 12월 22일자. 이 주장이 어느 정도 설득력이 있는 것이, 지통이라는 시호가 이러한 그녀의 노력에 어울린다는 것이다.

한 중대형황자와 그를 도와 집권을 하게 한 중신겸족(등원겸족, 사택지적), 그리고 그들이 옹립한 황극(제명)천황(곧 사택왕후)이라고 볼 수밖에 없다는 것이다. 중대형황자(교기왕자)는 백제에서 정권을 잡는 데에 실패하고 일본으로 망명한 이후 소아 씨 등 당시 집권세력을 축출하고 일본의 왕권을 획득하는데 성공했는데, 자신들은 기존의 왕권과는 달리 하늘에서 점지된, 천황에 해당한다는 관념을 새 나라 사람들에게 심어주기 위해 명당이라는 중국적인 제도를 채택해 지상의 모든 제도를 고친 후에, 자신들의 무덤도 하늘과의 교류를 상징하는 팔각으로 채택했다는 것이고, 그 팔각은 갑자기 중국에서 뚝 떼어서 받은 것이 아니라 고구려에서 백제로 이어지는 전통적인 하늘 숭배, 조상 숭배의 전통, 그 중에서도 백제에 있을 때 체득한 **불교의 팔각신앙**을 되살린 것이라고 보는 것이다. 다만 여기서 팔각분 조성의 주체가 천지천황이건, 그 전 중대형황자이건 간에 실제적으로 아이디어를 발의하고 이를 실행한 주동자는 중신겸족(사택지적)이라고 단정하고 싶은데, 그 이유는 다다음 장에서 살펴볼 것이다. 우선은 앞에서 공부가 미진했던 백제의 팔각문제를 더 들여다보자.

====== 6장

미륵사와 팔각

백제엔 없다?

앞에서 우리는 일본 천황릉이 팔각인 것을 계기로 일본에 앞서는 한반도의 고구려 백제, 신라가 어떤 팔각문화를 갖고 있는지를 알아보았다. 그런데 직접적으로 팔각으로 무덤을 쓴 사례는 발견하지 못했다. 그 대신 무덤도 일종의 건축이기에 건축에서 발견되는 팔각적인 요소나 흔적을 알아보았지만 지금까지 학자들의 연구에 의하면 팔각문화는 고구려가 가장 강했고, 그 다음이 신라였으며 백제는 거의 없는 것으로 통설화 되어 있다.

그렇지만 실제로 알아보니 백제의 것으로 생각될 수 있는 것들은 다수 있었다. 가장 처음으로 거론되는 것이 하남 이성산성에서 발견된 팔각건물지이고, 하남시 인근의 동사지에서 나온 팔각초석(목탑지 혹은 팔각의 불상좌대), 하남시 민가에서 팔견된 돌로 된 팔각좌대 부분, 그리고 안성 망이산성의 팔각건물지가 그것이다. 이천 설봉산성의 팔각형 제단은 이미 백제의 것으로 인정되고 있는 만큼 이것은 당연히 포함한다고 하고, 지금 인용한 것들은 현장의 유구가 신라시대의 것으로 여겨진다는 발굴자들의 보고를 토대로 신라시대의 것으로 규정하고 있는 상황이지만 초기 백제와의 관련성이 꾸준히 제기되고 있는 만큼 이를 아주 제외할 수 없다. 그리고 충남 부여에서 발견되는 왕실이나 민가의 우물들이 팔각의 형태를 띠고 있는 것도 무시할 수 없다. 그렇게 본다면 백제의 팔각문화는 왕실이나 국가적인 것에서부터 민간에 이르기까지 고구려나 신라보다 오히려 더 널리 퍼져있었다고 말할 수 있다.

앞에서 고구려, 백제, 신라 삼국의 팔각문화를 점검할 때에 필자는 석등의 팔각요소를 언급하며 이에 대해 다시 논할 것이라고 지적한 바 있다. 이제 석등문제를 자세히 들여다 보자.

석등은 백제에서

우리나라의 고대 조형미술품 가운데 불교미술은 질에 있어서나 양에 있어서나 주요한 위치를 차지하고 있고 그 대표적인 것으로 불상과 탑파(탑)이 있으며 그 다음으로 눈에 많이 띄는 조형물로 석등이 있다. 석등은 말할 것도 없이 조명시설이지만 등불이라는 형태가 신앙심을 일으키는 가장 중요한 요소로 작용하고 있다. 『불설시등공덕경(佛設施燈功德經)』에서는 "비록 신심이 없어 여래를 비방하던 자라도 등불을 받들어 올리면 현세에 3종의 맑은 마음을 얻을 수 있고, 임종할 때는 3종의 밝은 마음을 얻고, 4종의 광명을 볼 수 있다. 죽어서는 33천에 태어나며 다섯 가지 청정함을 얻을 수 있다"고 등燈 공양의 공덕을 찬탄하고 있다. 우리나라 사찰에서는 불교가 전래된 이래 불상과 탑뿐만 아니라 경내를 밝혀온 석등石燈도 신앙의 대상으로 자리잡았다. 석등은 주로 법당 앞에 탑과 함께 조성되었고, 등불이 들어앉은 화사(火舍 · 불의 집)에서 퍼져 나오는 빛은 부처님의 가르침을 뜻하는 진리로 표현되고 있다. 따라서 불교가 전래된 이후 진리를 밝히는 상징물로 석등이 조성됐던 것이다.

부여 무량사 석등

석등의 기원은 명확치 않으나 불교의 발상지인 인도를 비롯하여 불교를 정립하고 성장시킨 중국이나 일본의 석등조형미술보다 우리나라의 석등이 조형적으로도 훨씬 앞서고 있다는 점이 특이하다. 현재까지 우리나라에 산재해 있는 석등은 대략 280여기에 달하고 있다. 그런데 인도에는 석등자료가 전혀 밝혀지지 않고 있으며, 그 이웃 네팔에는 2기가 있다. 중국에도 단 2기가 알려져 있을 뿐이다.[1] 그것에 비하면 우리의 280개는 정말로 대단한 것으로, 유독 우리나라에서만 특별히 석등이 많이 조성되고 있다는 점은 특이한 일이 아닐 수 없다. [2]

그런 우리나라 석등의 시원적인 양식은 삼국시대, 특히 백제에서 발견되고 있다. 현존하는 우리나라 최고最古의 석등은 백제의 도읍인 부여와 그 이남인 전북 익산 지구의 사원 건립에서 조형되었다. 석등은 일반적으로 불을 밝혀두는 화사석을 중심으로 아래쪽에 3단의 받침돌을 두고 위

---

1) 중국에서 지금까지 조사된 석등은 산서성(山西省) 태원현(太原縣)에 소재한 동자사(童子寺)에 1기, 또 하나는 역시 산서성의 석우사(石牛寺)에서 찾아볼 수 있다. 동자사는 북제(北齊, 550~577)시대에 세워진 사찰이라지만 그 양식은 당대 후기로 추정될 뿐이어서 중국에서 석등양식을 논하기에는 충분하지 않다.
2) 이상 석등에 관한 주요한 사실들은 정명호, 1992, 『석등』, 대원사, 8~9쪽 등에서 취함.

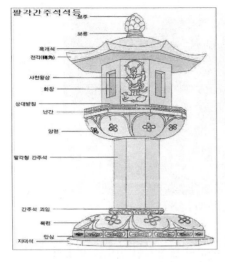

팔각간주석석등
보주
보륜
욱개석
전각(轉角)
사천왕상
화창
상대받침
난간
앙련
팔각형 간주석
간주석 괴임
복련
지대석
안상

로 지붕돌과 머리장식을 얹어두
는데 미륵사지의 석등은 네모난
받침돌(方臺) 위에서 8각을 기본
으로 삼아 상·하에 연꽃 잎 여
덟 개를 펼쳐놓은 대석(八瓣蓮花
臺石)과 사방에 창을 낸 팔각의(八
角四面方窓) 화사火舍, 팔각의 지
붕(八角屋蓋)을 돌 하나씩으로 각
각 짜맞추어 건립되었다.3) 모두
팔각이란 장식요소가 들어가 있
다. 현재까지 미륵사지의 석등 자

료는 동탑과 동금당지, 그리고 중앙목탑지와 중앙 금당지 사이에서 출토되
었다. 물론 완전하게 다 나온 것은 아니고 3단의 받침돌 가운데 아래받침돌
까지만 남아 있었지만 아래 받침돌 윗면을 두르고 있는 8잎의 연꽃무늬는
이 절터에서 발견된 연화문 수막새와 비슷하고 지금의 위치가 본래 자리인
것으로 미루어 미륵사 창건시기인 백제 무왕 때의 작품으로 추정되고 있다.

미륵사지 석등 부재

---

3) 황수영, 「미륵사지석등자료」, 『한국의 불교미술』, 동화출판공사, 1974, p.150. 문장
을 임의로 해석함.

이러한 석등양식은 불국사 대웅전 앞의 석등에 완전한 형태로 남아있는 것에서 보듯, 화사석 부분이 8각 평면이고 대좌부와 옥개부가 모두 8각 평면이라는 기본형태로 자리잡게 된다. 이후 이러한 석등은 8각원당형 승탑이라는 완성된 형태[4]로 발전하게 된다. 백제에서 시원된 팔각 형식의 석등이 신라로까지 넓어지고 그 이후 고려, 조선으로 이어져왔음을 알 수 있다.

불국사 석등

석등은 팔각

이런 석등이 모두 8각을 기본으로 하고 있고 이 양식의 시원始源이 미륵사지의 출토유물이라는 것이 의미심장하다. 미륵사는 백제 무왕이 심혈을 기울여 만든, 백제시대에 건립된 사원 중 가장 큰 규모의 절이고 탑은 왕후가 만들었다. 이곳에는 기록에서와 같이 세 곳의 금당과 더불어

---

4) 전체 평면이 팔각을 이루는 승탑을 통틀어 이르는 말이다. 하대석과 중대석 · 상대석 등의 기단부는 물론, 탑신부와 옥개석 · 상륜부가 모두 팔각으로 되어 있다. 한국의 승탑 형태 중 가장 흔한 형태이며 대부분 화강암을 사용해 만들었다. 옥개는 목조건축 양식을 모방했으며, 기단이나 탑신부에는 대개 사자나 신장 · 비천상 등을 새긴다. 각종 조각과 문양 등을 장식하여 건축물인 동시에 조각작품이기도 하다. 특히 불교가 번성했던 신라와 고려시대의 석조승탑은 조각 솜씨가 정교하고 화려하여 석조 미술의 백미로 꼽는다.

중앙에 목탑을 두고 좌·우에 석탑이 있었다. 석등의 하대석과 상대석 등에는 연꽃 무늬를 단판, 혹은 연판으로 연결해 팔각 모양으로 정성스럽게 새겼다. 무왕이 온 힘을 기울여 미륵사를 창건한 뜻은 무엇이었을까?

미륵사지 석등 재현

　무왕은 미륵사를 창건함으로써 새롭게 왕권을 강화하려 했으며, 이러한 계획을 추진하고자 했을 때 위로는 왕실에서부터 아래로는 평민에 이르기까지 전체 구성원의 마음을 사로잡을 그 무엇의 필요성이 대두되었을 것이다. 이에 대해 무왕은 미륵사 창건 연기에 나오듯이곳이 미륵이 출현한 성지라는 인식을 심어 줌과 동시에 이를 구체화시키는 작업의 일환으로 이제껏 건립되던 탑의 통념을 완전히 뒤집는 석탑을 건립토록 했다. 그것도 중앙의 목탑을 중심으로 좌·우에 한 기씩 2기를 건립했다. 이와 더불어 3개소에 건립된 금당의 전면에는 각각 1기씩의 석등을 건립했다. 이곳에 최초로 건립된 석탑과 석등은 당시 온 나라의 화제가 됨은 물론 누구든 이를 직접 보고자 했던 열망이 가득했을 것으로 생각된다.5) 무왕은 이제껏 보지 못했던 새롭고 거대한 석조물을 조성함으로써 국력을 하나로 집결할 수 있는 발판을 마련하려 했을 것이다. 그것을 위해 「불생미륵상생성경(佛說彌勒上生成經)」 말미에 등燈이 미륵불의 화신임을 밝힌 것처럼 3기의 금당 앞에 탑을 세우고 금당 전면에 각각 석등을 세웠는데, 이것들은 곧 창건 연기에 나타난 3구의 미륵을 상징하는 것이라 볼 수 있다.6)

앞에서 알아본 것처럼 한국에서 평면 팔각의 조형이 시작된 나라는 고구려이다. 북한 학자인 리기웅에 따르면 팔각조형은 청암리사지·원오리사지·정릉사지 외에도 토성리사지의 팔각목탑지와 쌍영총·안악3호분·요동성총·태성리1호분의 팔각석주를 비롯한 각 건물지의 팔각주초석 등으로 나타나고 있다.7) 그러나 고구려에서는 미륵사지의 석등과 같이 석재를 사용한 8각의 조형물은 아직 확인되지 않고 있어서 미륵사지 석등은 한국의 석조미술사에 볼 때 가장 먼저 조성된 팔각의 조형물이라 하겠다.

5) 박경식, 『한국의 석등』, 학연문화사, 2013.
6) 정명호, 『한국의 석등』, 민족문화사, 1994, p.107~108.
7) 리기웅, 「렴거화상부도의 평면구성에 대하여」, 『조선고고연구』 71, 사회과학원 고고학연구소, 1989, p.27 박경식 글에서 재인용.

미륵사 전모

미륵사지에서 석등의 평면 구도를 팔각으로 조성한 이유는 다음과 같이 생각해 볼 수 있다.

첫째, 7세기에 이르기까지 건축의 대세를 이루었던 방형의 평면 구도로부터 변화를 추구했던 백제 장인의 창의력이다. 미륵사지에 건립된 석탑과 목탑에서는 전통적인 평면 방형의 구도가 적용되었다. 그렇지만, 한번도 보지 못했을 석등을 조성함에 있어 백제의 장인들은 방형의 평면이 주는 안정감을 확보하면서도 새로운 조형물의 창안에 대한 창작 의욕이 극대화되었을 것으로 생각된다. 이에 따라 방형의 평면으로부터 변화를 주면서도, 구조적으로 안정감을 지닐 수 있는 팔각을 평면 구도로 채택했을 것으로 추정된다.

둘째, 고구려에서 확립된 팔각에 대한 조형 감각의 계승과 발전이라는 측면이다. 문화는 어느 한 나라에서 시작되어도 시간이 지남에 따라 점차 주변으로 파급되어 가는 전파성이 있다. 고구려에서 시작된 팔각의 평면은 주로 목탑과 건축의 부분적인 요소에 채택되고 있지만, 석조 건축에서는 활용되지 못하고 있다. 아마도 석조 건축이 시작된 7세기에 이르러 고구려에서는 불교가 성행하지 않았음에 그 원인이 있을 것으로 생각된다.[8] 그러나 이 시기 불교의 발전을 이룩했던 백제에서는 재료적인 측면에서 볼 때 불교 문화의 한 축을 이룩했던 목재에서 석재로의 전환이 이루어진 시기였다. 또 백제에서는 이성산성이나 백제의 몇몇 산성에서 보듯 팔각을 숭상하는 개념이 존재했다. 따라서 백제에서 석등이라는 새로운 조형을 창조하고자 했을 때 고구려에서 건립되었던 팔각 목탑과 무덤 등에서 보이는 팔각에 대한 자신감과 조형 의식이 백제로 이어져온 다음에 백제 장인의 손길을 거치면서 평면 팔각의 석등을 조성하는 데 주요한 역할을 했을 것으로 생각된다.

옥개석과 팔각무덤

흥미로운 것은 미륵사지에서 발견된 3개의 옥개석이 모두 팔각형의 평면 구도를 보이고 있다는 것이다. 중앙 금당지의 옥개석을 보면 비교적 짧게 조성된 낙수면落水面과 더불어 8각의 우동隅棟에는 내림마루를 뚜렷이 모각模刻하고 있다. 낙수면은 중앙부가 안으로 살짝 내곡內曲되었고, 처마 역시 완만한 곡선을 이루다가 전각에 이르러 반선되고 있다. 이 같은 처리 방식은 미륵사지 석탑이나 정림사지 석탑의 옥개석에 구현된 수법과 동일함을 볼 수 있어 석등 역시 목조 건축의 양식을 반영한 결과로 이해된다.

---

8) 박경식, 『한국의 석등』, 학연문화사, 2013.

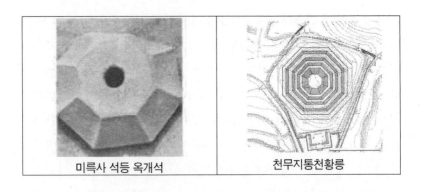

| 미륵사 석등 옥개석 | 천무지통천황릉 |

　이 구조를 보면 일본에서 발견된 팔각릉의 기본 구조와 상당히 일치하는 것을 알 수 있다. 즉 미륵사에서 보인 백제 무왕과 왕후의 팔각에 대한 개념이 일본 천무지통합장릉의 팔각에서도 보인다는 것이다. 이것은 곧 일본 팔각릉의 조성주체가 동일인 집단임을 사사하는 것이라 하겠다.

미륵사의 연꽃

　미륵사라는 절은 자비와 평화의 이상적인 불국토를 상징하는 미륵사상의 실현장으로 만들려고 한 것으로 알려져 있다. 미륵불토인 용화세계 안에는 싸움도 없고 화합만이 있는 세상이다. 미륵사에는 미륵 삼존불이 출현했다는 설화에서 보듯 미륵보살이 출현하는 용화세계를 그린 것으로 설명된다.

　그리고 우리가 이미 알아본 대로, 미륵사지 탑 심초석 안에서 출토된 금판 봉안기奉安記로 해서 미륵사탑의 건립 연대가 639년임이 확실해졌고, 백제의 귀족인 사택 씨에 대해 다시 조명하게 되었고, 이 사리봉안기에 의해 사택 씨의 존재가 부각되면서 『일본서기』에서 642년에 대좌평 지적이 죽었고 백제에서 대란이 일어났다는 사신의 전언에 대해 여러 가지 해석이 나오게 되었다. 이 가운데 팔각이 유난히 강조되고 있는 불교의 석등이 미륵사에서 처음 나타난 것은, 서명천황=무왕, 사택왕후=황극(제명)천황이라는 등식이 성립한다는 가정 아래. 왜 서명천황 대에 그의 무덤이 처음으로 팔각의 형태를 띄고 있는지를 단적으로 설명해준다는 것이 필자의 생각이다.

미륵사지 석등 하대석(연꽃)

연꽃은 누구의 마음이라도 풀어줄 듯 부드럽고 온유한 모습이지만 청정한 불심과 부처님의 진리의 상징이다. 그 연꽃으로 장식된 석등은 부처님의 진리를 비춰 줌으로써 모든 무리들이 착한 길을 택하게 한다. 또 앞에서 본『불설시등공덕경(佛設施燈功德經)』에 나오는 것처럼 탑과 불상 앞에 등불을 밝히면 죄를 없애고 도리천에 다시 태어날 수 있다고 한다. 즉 절에 등을 많이 밝힐수록 죄 사함을 받고 내세에 복을 받을 수 있다고 믿었다. 그것이 팔각의 형태를 띄는 것은 팔각이야말로 불교적으로는 부처님의 가르침인 8정도를 상징하는 것이기 때문이다. 또 화사석에서 불빛이 환하게 비추도록 조성된 사방의 화창火窓은 사성제四聖諦 법문으로 해석하고 있다. 복련覆蓮과 앙련仰蓮의 연꽃 두 송이가 피어 있는 석등은 연꽃에 흙탕물이 묻지 않듯이 팔정도를 올바로 수행하는 구도자에게 세속의 욕심이나 탁한 것들이 결코 침입할 수 없다는 상징이 되기도 한다. 이러한 석등이 미륵사에서 비롯되었다는 것은 곧 이 절을 조성한 무왕과 사택왕비가 부처님의 가르침에 의지해 영원한 생명의 불을 후세에까지 밝히고 싶다는 희망과 염원을 석등의 팔각에 담은 것으로 해석할 수 있는 것이다.

숨어있던 팔각

미륵사의 탑을 해체하는 과정에서 또 하나의 의미있는 발견이 이루어진다.

서탑 심초석 확인(사리봉안기 발견된 곳)

미륵사지에서 동남쪽으로 6킬로미터 떨어진 곳에 왕궁리라는 곳이 있다. 이 곳은 백제 무왕이 사비성에서부터 이곳으로 도읍을 옮기려했다는 곳으로, 이 유적 한가운데에는 5층 석탑이 있다. 이 탑은 그동안 언제 제작되었는가에 대해 의견이 분분한 상태였으나, 1965년 보수작업 때 기단의 구성양식과 기단 안에서 찾아낸 사리장치의 양식을 토대로 해서 학계에서는 백제의 옛 영토 안에서 고려시대까지 유행하던 백제계 석탑양식에 신라탑의 형식이 일부 어우러진 고려 전기의 작품으로 추측했다.

왕궁리 5층탑

그런데 미륵사지 서탑의 발굴과정에서 드러난 심초석은 왕궁리의 5층 석탑의 심초석과 만든 수법, 그리고 사리 봉안 방식이 꼭 같다는 사실이 드러남에 따라 과거 백제수법의 고려초 탑이라고 여겨지던 왕궁리의 5층 석탑이 사실은 백제탑일 수 있다는 사실이 새롭게 밝혀졌다. 한정호 동국대 경주캠퍼스박물관 전임연구원은 "미륵사지 석탑 사리 봉안 방식에 비추어 볼 때, 익산 왕궁리 5층석탑은 '백제계 석탑'이 아니라 '백제의 석탑'으로 수정되어야 한다"고 주장했다. 그러면서 그는 "무엇보다도 왕궁리 5

층석탑이 백제의 석탑이라는 움직일 수 없는 근거는 바로 석탑 내부구조에 있다"면서 1965년 석탑 해체 보수 당시 드러난 "석탑기단 내부의 구조는 익산 미륵사지 석탑의 내부구조를 그대로 축소한 백제 석탑이기에 나타날 수 있는 것"이라고 주장했다.

간단히 말하면 국립문화재연구소가 해체한 인근 미륵사 서탑에서 드러난 구조와 1966년 당시 왕궁리 5층석탑의 해체에서 드러난 구조가 꼭 같아, 두 석탑을 같은 백제시대 유산으로 봐야 한다는 것이다. 9)

왕궁리 5층탑 심초석과 사천주

한 씨가 제시한 근거는 바로 왕궁리 석탑 내부구조다. 왕궁리 탑의 기단내부를 보면, 중앙에 네모반듯한 심초석을 두고 네 모서리에 **팔각**의 석주(四天柱)가 배치돼 있으며, 십자로에 판석이 깔려 있다. 미륵사 탑 또한 사천주와 심초석 사이에 난 십자로 바닥에 판석을 간 형태이다. 한 씨는 "당시에는 석탑의 기단과 전혀 부합되지 않는 유구로 보였고 오히려 목탑

9) 한정호, 2005, 「익산 왕궁리 오층석탑 사리장엄구의 편년 재검토」, 佛敎美術史學 3 ;
   한정호, 2009, 「2익산왕궁리 오층석탑과 사리장엄구 연구」, 新羅史學報 16 참고.

기단의 구조와 동일한 유구로 판단됐다"며 "그러나 이번 미륵사 사리장 엄구 발굴로 왕궁리 탑은 미륵사 탑의 내부구조를 그대로 축소한 형태임을 확인했다"고 말했다.

그런데 필자는 이런 상황을 전하는 사진에서 심초석 모서리에 있는 사천주四天柱라고 하는 석주石柱가 팔각인 점에 주목하게 됐다. 이 탑의 기단이 네 개의 팔각기둥에 의해 떠받쳐지고 있었던 것이다. 보통 사천주는 목탑에서 쓰는 용어로서 목탑의 핵심기둥이라 할 심주와 매우 근접한 네 모서리에 세워진 기둥이다. 사천주의 기능은 네 모서리에 벽을 만들어 심주를 보호하는 역할을 하기도 하고, 예를 들면 법주사팔상전法住寺捌相殿처럼 높은 기둥(사천주가 4층 지붕까지 올라가 있다)으로 만들어져 심주가 지닌 수평력을 보조해주는 기능을 하기도 한다. 이런 왕궁리 석탑의 사천주가 돌로 된 팔각기둥이었다는 점이다. 한정호 연구원은 "왕궁리 오층석탑의 초층 탑신의 기둥표현방식은 미륵사지 서원 석탑보다는 뒤이어 건립됐을 것으로 추정되는 동원석탑의 표현방식과 연결될 가능성이 크다"며 "왕궁리 석탑은 무왕의 명복을 빌기 위해 건립된 석탑일 수 있으며 건립 시기는 650년 전후한 시기로 추정된다"고 덧붙였다.

이러한 한정호 연구원의 견해는 이미 다른 공예품으로도 확인되고 있다. 그동안 학계에서는 왕궁리 석탑에서 출토된 사리장엄구의 연대를 정확히 읽어내지 못했으나 이번에 발견된 사리항아리와 문양이 거의 비슷하다는 점에서 백제 계통임이 확증됐다. 왕궁평 5층석탑의 건립연대가 무왕 대임이 확인된 것이다.

옥충주자

옥충주자

관련해서 한 연구원은 일본 법륭사에 보존돼오고 있는 옥충주자玉蟲廚子의 제작연대를 650년으로 보는 견해를 내놓아 주목을 받고 있다. 옥충주자(玉蟲廚子 다마무시노즈시)는 높이 2m×32.7㎝의 네모난 2층 구조에 칠공예를 했는데 2,563마리의 비단벌레 날개로 만든 불상궤佛像櫃라고 해서 호류지에 가는 일본인들이 꼭 보고 오는 명물이다. 이 상자는 일반적으로 6세기 말인 588년(백제 위덕왕 35)에 일본에 파견된 백가白加가 만든 것으로 알려져 있고 백제에서 제작되었다는 주장도 있었지만 실물자료의 부족으로 정확한 실상은 알지 못하고 있다. 그런데 한정호 연구원은 옥충주자의 테두리를 장식하는 투각금구의 문양에 주목하고 그 원류를 추적한 결과 익산 왕궁리 오층석탑에서 나온 금제사리함의 장식과 동일 계통임을 밝혀냈다.

| 옥충주자 장식 | 왕궁리 사리함 장식 |

또 이 문양은 법륭사 금당 사천왕상의 보관寶冠에 시문된 문양과 흡사하다는 것에서 두 작품이 동일집단에 의해 세트로 제작되었을 가능성이 있다고 밝혔다[10]. 그리고 더욱 중요한 것은 이 사천왕상 가운데 광목천왕상의 광배뒷면에 제작에 참여한 인물로 산구대구비(山口大口費, 야마구치노 아타이)라는 이름이 나오는데, 이름으로 보아 이 인물은『일본서기』권 25, 효덕천황 백치白雉 원년(650년)에 천황의 명을 받아 천불상을 새긴 산구직대구(山口直大口 야마구치노 아타이 오오구치)와 동일인물임이 분명하므로, 당시 제작된 천불상이 현재 법륭사에 전하는 옥충주자(다마무시노즈시)라고 추정하고 있다.[11] 다시 말하면 이 옥충주자는 백제 익산의

---

10) (이러한) 逆하트형의 문양은 삼릉심엽형화문(三稜心葉形花紋)으로도 불리는데 부여 히황리 출토 은제병유리구(銀製柄琉璃球)와 나주 복암리 3호분 5호 석실 출토 규두대도, 7호 석실 금은장규두대도, 부여 외리 출토 산수봉황문전, 부여 능산리사지 공방지 출토 금동제장식편, 익산 쌍릉 출토 금동제목관장식금구, 왕궁리 오층석탑 금제사리내합, 미륵사지 출토 금동제장식구뿐 아니라 앞서 말한 법륭사 옥충주자를 비롯해 도쿄국립박물관 소장의 법륭사 헌납보물(法隆寺 獻納寶物)인 무문동대도(無紋銅大刀)의 칼집과 광배, 법륭사 금당 사천왕상(法隆寺 金堂 四天王像)의 보관장식(寶冠裝飾), 군마현(群馬縣) 청리촌(清里村) 출토 금구(金具) 등에서 공통적으로 확인된다.
이병호, 2014,「백제 사비기 익산개발 시기와 그 배경」,『한국 고대사上의 익산』, 66쪽, 한국고대사학회.
11) 그 근거로는 먼저 다마무시노즈시(옥충주자) 정면 문비에 그려진 신장상의 도상과 금당 사천왕상의 양식과 도상이 일치하고 …(중략)… 근년에 동방지국천왕의 지물

왕궁리 오층석탑을 만든 사람이 당시 천황(실제로는 실권자인 중대형황자, 곧 나중의 천지천황)의 명을 받아 만들었을 것이라는 중요한 가능성이 제기하고 있는 것이다.

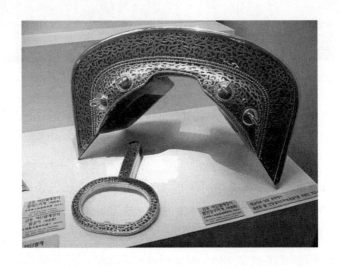

　한 연구원의 주장에 대해서는 학계에서 검증작업이 나올 것이지만 왕궁리 석탑이나 미륵사 탑의 연기설화가 일본의 당시 황실에 그대로 이어지고 있고, 왕궁리 석탑의 사천주가 팔각으로 되어있다는 점, 그리고 그 탑의 목적이 무왕의 명복을 빌기 위해서였다는 점은 서명천황의 팔각분 조성과 관련해 중요한 시사를 하고 있다고 하겠다. 즉 그 때까지 지상에서만 보이던 팔각이 비로소 사후세계를 위한 건축에 쓰여졌다는 뜻이 된다. 그것이야말로 이러한 팔각의 개념이 무덤에도 사용되는 단서를 제공하고 있다는 데서 주목할 수밖에 없는 사안이고, 그것이 무왕 때에 있었다는 것이 더욱 중요하다고 하겠다. 미륵사의 석등도 팔각의 몸으로 만들

───────────
　에서 다마무시노즈시와 같은 비단벌레장식이 발견되었다(松浦正昭 2004) 한정호,
「백제 불전장엄이 신라와 일본에 미친 영향」, 『2013 한일학술심포지엄 백제불교가 일본열도에 미친 영향』, 문화재청, 119쪽.

어져 사후에까지 불국토를 밝힌다는 의미를 부여하고 있는데 그 근처의
석탑 심초석에 팔각의 사천주가 있어서 그 탑을 받치고 있는 것이다. 특
히 팔각의 사천주는 일반인들의 눈에 띄는 지상에 있는 것이 아니라 탑의
지하에 있는 것이므로, 개념상 능의 봉분 속에 있으면서 능을 보호하는
서명천황의 팔각의 단과 통하는 바가 있다.

　물론 이러한 팔각 석등이나 팔각 사천주는 어느 사찰의 탑이나 전각,
또는 왕릉이라는 큰 건축에서 볼 때는 사소한 요소일 수 있다. 정말로 큰
영향을 준 요소라면 당연히 더 크게 보여야 한다. 그러나 그렇지 않은 상
황에서 그 원류를 찾다보니 의외로 이런 저런 곳에서 찾게 되는데, 백제
의 무왕시대에 팔각의 요소가 두드러지고 있다는 것을 지나칠 수 없지 않
느냐는 것이다. 바로 백제 무왕시대야말로 팔각문화를 신봉하고 있던 시
대였고, 무왕과 그 주변사람들은 팔각을 그들의 집안이나 일신의 안위와
관련된 심볼로 생각하고 있었음을 우리가 처음으로 알게 되는 것이라고
감히 말하고 싶다.

정양사의 팔각전

정양사

팔각이란 요소를 채택한 목탑만이 아니라 건물로서의 팔각전도 무왕대에 만들어졌을 것으로 추정할 단서가 하나 있다. 금강산 내금강에 있는 정양사에 '팔각전'이 있었다는 것이다. 조선 후기의 문신 농암農巖 김창협(金昌協 1651~1708)이 금강산을 유람하고 적은 동유기東游記에 농암이 정양사에 들어가서 팔각전이란 건물을 보고 이렇게 묘사하고 있다.

> "정양사에 들어가 헐성루(歇惺樓)에 앉아 둘러보니…이른바 팔각전(八角殿)이란 곳은 제도가 매우 기이하고 사방의 벽에 모두 불화(佛畫)가 그려져 있는데, 채색이 상당히 벗겨졌는데도 마치 살아 있는 것처럼 정기(精氣)가 넘쳐흘렀다. 세상에서는 오도자(吳道子)의 그림이라고 하지만 틀린 말이다. 하지만 신라 이후의 그림은 아닐 것이다."
>
> — 농암집 제23권 기(記)

정양사는 백제의 승려 관륵이 무왕1년(660년)에 창건한 절로 알려져 있다. 이 팔각전이 언제부터 있었는지에 대한 기록은 없지만, 벽에 그려진 벽화가 신라 이후의 그림이 아니고 그 최소한 신라시대의 작품으로 보인다고 쓴 것을 보면 이 팔각전은 무척 오래된 건물로 보인다. 그보다 90여 년 전에 허균(許筠 1569~1618)도 이 팔각전의 그림에 대한 느낌을 시로 적으며[12] 천년 이상의 오래된 그림, 즉 신라시대의 것으로 단정하고

---

12) 팔각전(八角殿)에서 부처 그림을 보다 八角殿看畫佛
  팔각전 네 벽 그림 삼엄도 하다 / 森嚴殿四壁
  어느 때 그린 건지 알지도 못해 / 不知何時績
  자마의 체구가 우람도 하고 / 儼然紫摩軀
  채필(彩筆)은 빛나빛나 눈이 부시네 / 彩毫光炯碎 (중략)
  모두들 하는 말이 오도자가 와 / 皆云吳道玄
  이를 그려 천 년을 내리었다고 / 來畫垂千載
  오도자는 남의 나라 귀한 신한데 / 道玄是貴臣
  무슨 연유로 해외에 노닐었겠나 / 何緣遊海外(중략)
  오도자는 아니라 판명될망정 / 雖曰非道玄

있다. 그렇다면 이 '정양사 팔각전'도 당시 그렇게 오래되었을 가능성을 무시할 수 없다고 하겠다.

관륵은 백제 무왕 때의 스님으로 이 정양사를 만들고 2년 후에 일본으로 파견돼 일본에 역서·천문·지리·방술의 책을 전했다는 사실이 일본서기에 기록돼 있다. 물론 당시 정양사가 위치한 금강산은 한강유역에 진출한 신라의 땅일 가능성이 있지만 엄연히 백제의 승려 관륵이 만든 것으로 알려져 있고, 그가 무왕 때의 중요한 인물이므로 무왕과 팔각과의 밀접한 관계를 증거하는 한 사례가 될 수도 있다.

백제대탑

관련해서 언급되어야 할 것은, 왜 동양 최대의 사찰이라고 할 미륵사의 조성, 장엄한 목탑과 석탑의 조성, 그리고 거기서 멀지 않은 곳에 만든 왕궁의 흔적 등등이 정사인 『삼국사기』에는 나오지 않느냐는 점이라 하겠다.

그것이야말로 당시 이곳에 도읍을 추진하고 거대한 절을 세웠던 세력이 몰락했기에 그러한 시도가 역사에 등재되지 않았다는 것이다. 의자왕의 구데타에 의해 무왕의 왕후와 왕후 소생의 왕자, 일족이 망명함으로서, 그들이 시도했던 익산의 왕궁 천도계획이나 미륵사 건립 등 중요한 사실들이 백제사에서 빠져버린 것이다. 결국 이것이야말로 아직까지 가설에 머물고 있는 백제 무왕세력의 일본 망명을 증언하는 것이라고 말할 수 있다.

또 하나 짚고 넘어갈 것이 백제대탑의 실체문제이다.

앞에서 인용한 대로 『日本書紀(일본서기)』를 보면 서명천황은

(11년, 639) 가을 7월 조를 내려 "금년에 큰 궁궐과 큰 절을 만들어라"라

신라 시대 것만은 틀림이 없어 / 的在新羅代
─ 허균, 『성소부부고惺所覆瓿藁』, 「풍악기행楓嶽紀行」.

고 하였다. 그래서 백제천(百濟川) 옆을 궁궐터로 하여 서쪽의 백성은 궁궐을 짓고 동쪽의 백성은 절을 지었다.

11년(639) 12월(음) 이 달 백제천(百濟川) 옆에 9층탑을 세웠다.

12년(640) 10월(음) 이 달 백제궁(百濟宮)으로 거처를 옮겼다.

라는 구절이 나온다. 지금까지는 이 구절에 나오는 백제궁이나 백제탑이 무엇인지를 알지 못했다. 그런데 우리가 알아본 대로 서명천황은 곧 백제의 무왕이기에 서명천황이 죽기 전에 동쪽의 백성들이 지은 절은 미륵사이고, 백제천에 세운 9층 백제탑은 곧 미륵사의 9층탑일 수밖에 없다. 639년은 곧 미륵사 서탑이 만들어진 해이다. 현재 미륵사에는 가운데 목탑을 중심으로 그 앞 쪽으로 2기의 석탑이 만들어져 있었던 것으로 알려져 있는데, 그 탑들이 높이는 다르지만 모두 9층으로 추정되고 있다. 그렇다면 일본서기에 나오는 서명천황 때의 9층 백제탑은 서탑만이 아니라 세 탑 모두를 의미할 수도 있다. 어쨌든 이 대탑이 639년에 일본에서 세워진 것으로 되어 있는데, 미륵사 서탑의 황금판에 의해 미륵사 서탑도 639년, 같은 시기에 만든 것이 밝혀진 이상, 양 사서에 나오는 탑은 같은 탑으로 보아야 한다. 물론 두 기록을 보면 미륵사탑은 정월, 일본의 백제탑은 12월이라서 달이 다르고 근 1년의 차이가 나지만 적어도『일본서기』가 나중에 다시 정리된 것이라면 미륵사 쪽의 기록이 근거가 있다고 보고 일본의 기록은 약간의 착오를 인정할 수 있을 것이다.

어쨌든 이렇게 연대가 일치하는 경우는 없다. 639년에 일본에서 만들어진 것으로 알려진 백제대사가 미륵사이고 9층 백제탑이 미륵사의 9층탑이라면 백제궁은 곧 왕궁평의 궁궐이 되는 것이다[13]. 그것으로서 서명

---

13) 1997년부터 5년 동안 일본 나라현 사쿠라이시 길비지폐사(吉備池廢寺)에서 발굴조사를 한 결과 거대한 금당흔적이 발굴되자 일본에서는 이를 백제대사인 것으로 보고 있다. 이 절은 서명천황이 죽은 이후 황극, 천지천황 등 후대 천황 때에도 계속 지어졌으며 이름이 백제대사로부터 고시대사(高市大寺), 대관대사(大官大寺) 등

천황이 곧 백제 무왕이요, 사택 왕후는 곧 황극(제명)천황인 것이다. 그러면 중대형황자, 곧 천지천황은 교기왕자가 되는 것이요, 중신겸족은 사택 왕후의 아들 교기 왕자를 도와 이들의 일본정착을 성공시킨 사택지적이 되는 것이다. 백제에서 있었던 일을 『일본서기』에 기록한 것이다. 백제와 일본의 큰 수수께끼는 이렇게 풀릴 수 있다.

일본의 고대사 팬들

무왕릉과 서명천황릉

지금까지 일본 천황들의 팔각릉을 하나하나 뒤져보고 추적한 결과 백제 무왕의 왕후와 그 왕자, 일족들이 일본으로 건너와 왕극천황(제명천황), 천지, 천무, 지통, 문무천황으로 이어져 왔음을 알 수 있었다. 그리고

으로 옮겨지고 이름도 바뀌어 마지막에는 대안사(大安寺)가 되었다고 주장하며 이러한 사실이 『대안사가람연기병유기자재장大安寺伽藍縁起幷流記資財帳』에 기록돼 있다고 말한다. 그러나 원래 백제대사가 있던 곳으로 주장하는 길비지폐사(吉備池廢寺)는 고대 왕실이 위치한 아스카에서 너무 멀리 떨어진 곳이며, 아직 사원의 유구도 드러나지 않았고, 기록대로라면 이 폐사지 바로 옆에서 하천의 흔적과 궁궐터, 9층탑의 흔적이 나와야 하지만, 그 흔적도 아직까지는 없다. 말하자면 일본인들이 서명천황 때의 기록을 맞추기 위해 임의로 비정한 것으로밖에 볼 수 없다.

그 서명천황의 행적을 기술한 것이 백제 무왕의 행적과 상당부분 일치하는 것도 확인함으로써 서명천황은 곧 백제의 무왕이었음을 알 수 있었다.

그런데 적어도 무왕은 백제에서 세상을 뜬 것으로 확실시되고 있다. 『삼국사기』「백제전」에 무왕이 죽고 의자왕이 즉위한 과정이 기록돼 있기 때문이다. 그리고 지금까지 분석한 바로는 무왕의 왕후와 그 일족이 건너온 정황은 있지만 무왕이 건너온 정황은 없다. 그렇다면 무왕의 무덤은 백제에 있어야 할 것이고, 같은 이유로 서명천황의 능도 백제에 있어야 할 터인데, 일본의 역사책은 서명천황이 일본에서 장사지내고 그 능을 만든 과정이 기록돼 있다. 이것이라면 우리의 전제가 틀린 것이 아닌가?

백제 무왕의 묘는 어디에 있는가?

무왕이 세운 것으로 알려진 미륵사지와 왕궁 후보지였던 왕궁리 사이(익산시 석왕동)에는 사적 87호로 지정된 '익산 쌍릉'이 있다. 백제 말기의 횡혈식석실분(橫穴式石室墳 굴식돌방무덤)으로서 남북으로 2기의 무덤이 나란히 있어 쌍릉이라 부르며, 북쪽의 것은 지름이 30미터에 이르는 큰 것으로서 대왕묘, 남쪽의 것은 지름 24미터로 소왕묘라고 한다[14]. 이 무덤은 대왕급에 해당하는 크기에다가 부여 능산리陵山里에 있는 백제 왕릉과 동일 형식에 속하는 판석제 굴식돌방이라는 점, 그리고 그것이 미륵사 바로 옆에 있다는 점 등으로 해서 무왕과 그의 왕비인 선화공주(선화왕비)의 무덤이 아닌가 하고 학계에서는 추정하고 있다. 그러나 이는 추정일 뿐 1917년의 발굴조사에서 피장자의 신원을 확인해줄만한 유물은 전혀 나오지 않았다. 그래서 마한馬韓의 무강왕武康王과 그 왕비의 능이 아

---

14) 『일본서기』황극천황 원년 12월조에 보면 "이 해에 소아대신 하이(蝦夷)는… 180부곡의 백성들을 징발하여 쌍묘를 미리 만들었다. 하나를 대릉이라 하여 하이의 묘로 하였다. 다른 하나를 소릉이라 하여 록(入鹿)의 묘로 하였다."라는 구절이 있어, 소아하이가 익산 쌍릉과 같이 크고 작은 두 개의 능을 미리 조성했다는 기사가 나온다. 어떻게 이런 기사가 있을까, 그것이 익산 쌍릉의 실체를 밝히는 단서가 되지는 않을까, 앞으로 연구해볼 가치가 있는 문제라고 생각된다.

니냐는 주장도 있다. 한마디로 무왕의 무덤이 우리나라 어디에 있는지는 아직 모른다는 것이다.

익산 쌍릉 항공사진

그런데 무왕의 왕후인 사택씨와 일족이 일본에서 새로이 정권을 창출했다면 그들의 출발점이 되는 무왕, 곧 서명천황의 무덤이 일본에 있다고 기록하는 것은, 지극히 당연한 일이라 하겠고, 그러다 보니 백제궁의 짓고 백제탑을 세우고 백제옷을 입고 살다가 죽은 서명천황을 장사지낸 기록도 같이 건너왔을 수도 있고, 아니면 적절한 시기에 가묘형식으로 있다가 정식으로 매장하고서 이를 기록했을 가능성도 있다. 물론 표면적으로만 보면 백제 무왕릉으로 보는 무덤은 봉분이 있는 원분이고, 서명천황릉은 팔각을 가진 무덤이니 그 형식의 차이가 이렇게 다른 바에야 이를 동일 인물의 무덤이라고 하기에는 어려움이 있어 보인다. 그러나 우리가 논의한 대로 무왕의 일족이 일본으로 건너와 그 뿌리를 현창하기 위해 특별히 팔각을 채용한 것이라면 그 외형의 차이는 다를 수밖에 없을 것이다.

미륵사지 서탑 앞에 선 필자(2015. 5. 6)

　아무튼 서명천황의 능이 가장 먼저 만들어진 팔각릉이기에 이 서명천
황릉은 그 뒤에 팔각릉을 채택한 부인과 아들 등 일족들이 일본에서 새로
집권한 세력임을 입증하는 실물사료이며, 그 주체는 백제에서 건너온 무
왕의 일가들이라고 말할 수 있을 것이다.

7장

천황가와 등원가

팔각릉 속에 잠들다

현재까지 8각으로 조성된 천황릉을 다시 정리하면 34대 천황에서부터 42대 천황까지인데, 35대와 37대는 같은 사람이므로 6명이다. 천무와 지통천황 사이의 천황의 아들 초벽(草壁 쿠사카베)황자는 아버지가 죽은 후에 잠시 정권을 맡았지만 정식 천황으로 즉위하지 못하고 죽었는데, 그 무덤도 팔각이다.

중간의 36대 효덕(孝德 고토쿠)천황(645年~654)은 팔각이 아니라 원분圓墳이다. 효덕천황은 서명천황의 아들이 아니라 처남, 곧 부인인 황극천황(사택왕후)의 남동생이므로 서명천황의 직계가 아니다. 팔각으로 조성된 천황릉은 서명천황에서부터 부인인 황극, 아들인 천지와 천무, 그 아들인 초벽황자, 그리고 부인인 황극, 서명의 증손자인 문무천황 등 직계 4대에 그치고 있다.

그 이후의 천황들은 산처럼 만들었거나(山形), 원형의 본분을 갖는 원분이다. 42대 문무천황 다음의 원명(元明 겐메이)천황은 문무천황의 어머니인데, 천지천황의 4번째 딸로서 초벽황자와 결혼해 아들 문무천황을 낳았으며 아들이 죽은 후에 천황이 되었지만 그 능은 팔각이 아니다. 또 원명천황의 다음 천황인 원정(元正 겐쇼)천황은 원명과 초벽황자사이의 딸이고 문무천황의 누나인데, 천황이 되었지만 능은 팔각이 아니다. 팔각

천황릉은 사실상 문무천황에서 딱 그친다. 이것을 보면 천황릉을 팔각으로 만드는 것은 아들과 손자 등 남자계열만을 만들었고 여성의 경우는 배우자와 합장해주는 식이었다. 그런 면에서 황극(제명)천황만은 별도로 팔각능으로 만들어준 것도 특이하다면 특이한데 이것은 그만큼 황극천황이란 존재가 특별하다는 뜻이 된다. 어쨌든 이 팔각릉에 잠든 천황은 주로 아스카(飛鳥)에 수도를 정하고 머물던 약 60년 동안의 천황들이며 그들은 결국은 무왕의 처나 아들이었다는 이야기이다.

나니와궁 팔각전

나니와궁 팔각 상세

그런데 팔각릉의 조성이라는 문제와 관련해서 해명이 안 된 것이 앞에서 일단 살펴보았던 나니와궁(難波宮)의 팔각건물이다. 나니와궁은 중대형황자와 중신겸족이 쿠데타를 성공시키고 황극천황의 남동생을 효덕천황으로 앉힌 후 곧바로 그들이 있던 아스카가 아니라 오사카 나니와에 새로 지은 궁전이다. 새 궁전에서 정사를 맡아보는 공간인 정전과 후전이 있는 건물군을 조당원朝堂院이라 하는데, 그 정문 앞 양쪽에 서 있던 두 개의 높은 누각형 팔각건물을 학계에서는 팔각전八角殿이라 부르는 팔각건물이다.

팔각전은 1972년 조사에서 처음 발견되어 1983년과 1988년 각각 서팔각전과 동팔각전의 규모와 회랑 등이 확인되었는데 대각선 길이가 17.5미터에 이를 정도로 일본 고대의 팔각형 건물가운데 가장 큰 규모로 알려져 있지만 지금까지 일본의 궁전에서 이러한 형태가 나온 적이 없기 때문에 어떠한 용도로 사용되었는지에 대해서는 아직 파악하지 못하고 있다. 일본 학자들의 연구에 따르면 불탑을 모방한 불전佛殿이 아닐까. 혹은 종루鐘樓나 고루鼓樓가 아닐까, 등등의 설이 있다. 혹은 중국 북위에서 수도에 불교에서의 상상의 산인 수미산과 영축산을 조성한 사례를 들어[1] 이 두 팔각건물이 수미산과 영축산을 모방한 불교건축이 아닌가 하는 주장도 있다.[2]

이 건물에 대해서 앞에서 알아볼 때에는 이 건물의 팔각이 서명천황의 팔각릉을 앞서지는 않는 만큼 직접 팔각릉에 영향을 주지는 않았을 것이라는 정도만 전제하고고 넘어갔는데, 여기서는 좀 더 자세히 알아보면 흥미로운 사실이 나온다.

이 건물의 성격과 기능에 대해서 현재까지 나온 설은 다음과 같다;
① 다른 팔각건물이 불교와 관계가 있으므로 불전이 아니냐는 설,
② 조정에 들어가고 나오는 시간을 알리는 종루(鐘樓) 혹은 종대(鐘臺)가 아니냐는 설,
③ 궁전의 장엄함을 드러내기 위해 지은 동루(東樓),서루(西樓)식의 누각식 건물이라는 설,

---

1) (북위의 황제)탁발규(도무제 386~408)는 도성을 지으면서 「나라의 도읍에 불상을 만들고 사원을 짓고 신자들이 거주할 수 있도록 하라」고 명령을 내려, 성내에 오층의 탑과 기사굴산전(耆闍堀山殿 영축산전), 수미산전(須彌山殿)을 만들고 또 별도로 불경을 강의하는 강당, 선을 수련하는 선당(禪堂)이랑 사문좌(沙門座)를 만들었다 … 江上波夫, 『기마민족국가』, 1부 기마민족이란 무엇인가, 선비와 오환 편.
2) 古市 晃, 2010, 「難波宮の難波津」, 『東アジアにおける難波宮と古代難波の國際的性格に關する總合研究』大阪市文化財協會編.

④ 고대 중국의 정치, 제의(祭儀)에 관련된 유교, 도교 사상에 기초한 건물이라는 설,

⑤ 중국 장안성과의 비교를 통해 종루(鐘樓)나 고루(鼓樓)같은 건물로 보는 설

⑥ 고대 일본의 팔엽연화(八葉蓮花, 부처님이 앉아있는 자리)에서 비롯되었다는 설[3].

나니와궁 유적지 전경 (오사카)

이렇게 설이 많은 것은 그만큼 성격 파악이 안된다는 뜻이고 동시에 어쨌든 황실의 위엄을 나타내기 위해 만든 특별건축물이라는 점은 분명하다고 하겠다. 또 4세기 말에 북위에서 수미산과 영축산을 상징하는 두 전각을 세운 것이 궁궐건축에 있어서 유일한 사례라면 위나라 장수 관구검의 침입으로 파괴된 서기 246년 이전에 세워진 고구려 집안 환도산성의

3) 최광식, 2007, 「한중일 고대의 제사제도 비교 연구」, 『선사와 고대』 27호, 한국고대학회, 272쪽.

동과 서 팔각건물지 2기가 더 원류라는 사실은 분명하다고 할텐데 이에 대해서 일본 학자들의 언급이 없다.

나니와궁 팔각건물 상상도

그렇지만 단순히 누가 먼저 만들었고 어느 영향을 받았느냐의 문제를 넘어서서, 이 나니와 궁의 팔각건물이 일본의 팔각건물 가운데 가장 먼저 만들어진 것이고, 우연히, 아니면 필연적으로 서명천황의 능이 팔각으로 만들어진 시점과 거의 동시대라는 점에서 이제는 보다 폭넓게 상관관계를 논의할 수 있게 되었다. 즉 서명천황이 641년에 죽고 2년 만인 643년에 무덤이 만들어졌다고 하는데, 우리가 앞에서 논의한 대로 서명천황의 팔각릉을 본인이 세상을 뜨기 전에 미리 정해놓았을 수도 있지만 다른 정황으로는 645년에 쿠데타로 확실하게 정권을 획득한 중대형황자와 중신 겸족 측에서 대화개신을 통해 모든 제도를 개혁하면서 자신들의 집권을 알리기 위해 하늘의 개념을 담은 특별한 장식을 무덤에 남기려 했을 가능성에 따라 645년 이후에 만들어졌을 것이란 가정을 한 바 있는데, 그렇게 된다면 나니와궁이 645년에 건립이 시작돼 652년에 완공했다는 그 시점이 정확하게 서명천황의 팔각릉 조성과 동시대라는 얘기가 된다. 나니와궁과 팔각릉이 같은 시기에 만들어진 것이라면 발주자는 중대형황자와 중신겸족일 수밖에 없다. 그것은 다시 말하면 이 나니와 궁의 팔각전이 새로운 백제계 왕권의 상징일 수 있다는 얘기다. 그렇다면 이 나니와궁의 팔각전은 서명천황의 팔각릉과 같은 개념의 건물이라고 봐야 한다.

관련해서 최근 국내 학계에서는 이 나니와궁의 건축개념이 익산 왕궁리의 건축개념과 같다는 견해가 나와 주목되고 있다. 앞에서 말한 대로 일본에서는 642년 을사의 정변(乙巳의 變) 이후 나니와 천도를 단행하고, 651년에 나니와궁(難波長柄豊碕宮, 곧 전기나니와궁)으로 천도하는데, 이는 기존 아스카(飛鳥)의 궁전들(諸宮)과 다른 독자적인 구조를 갖춘 궁전이었다고 이병호(국립중앙박물관) 연구원은 지적한다. 이곳은 왕궁 중축선 상의 북쪽에 내리內裏, 남쪽에 조당원朝堂院을 배치하여 새로운 관료 기구의 집무 공간을 왕궁 내에 설치하였으며, 서북쪽에는 대규모 창고군이 설치되고 내리 남문의 동서쪽에는 8각 건물 같은 불교 시설을 건립하는 등 혁신적인 모습을 보여 주고 있는데, 이러한 전개 양상은 익산의 왕궁리 유적의 모습과 매우 유사하다는 것이다. 왕궁리유적은 남북 장방형의 궁장宮牆 안에 네 개의 동서 축대 일정한 비율로 영역을 분할하여 공간을 활용하는 매우 발전된 형태의 왕궁의 모습을 보여주고 있어서 이러한 모습은 부여나 공주에서는 확인할 수 없는 매우 혁신적인 것이라고 한다. 이 연구원은 이러한 7세기 중엽 일본 나니와(難波) 지역에 보이는 여러 현상들이 백제, 그중에서도 특히 익산 지역의 모습에서 영향을 받았을 가능성도 배제할 수 없다고 말한다.4) 나니와궁의 건설주체가 백제 무왕 계열임을 시사하는 중요한 사실의 하나라 할 것이다.

한편 국립부여문화재연구소가 왕궁리 왕궁성을 조사한 결과를 2015년 8월 20일에 발표했는데 왕궁리의 서쪽 궁장을 따라 길이 29.6m 너비가 4.5m인 남북으로 긴 형태의 건물터가 확인됐으며, 이런 구조는 일본 나니와 궁에서 나타나는 형식이라고 밝혔다. 나니와 궁의 건설주체가 익산 세력임을 입증하는 결정적인 자료라 하겠다.

몽전

그렇다면 나니와궁의 팔각전과 함께 아스카 시대의 팔각건물로 유명한 법륭사 몽전은 어떤가? 법륭사의 몽전이 있는 동원東院가람은 성무聖武천황 때인 천평天平11년(739년) 무렵에 당시 승도僧都인 행신行信에 의해 옛날 성덕태자의 반구궁斑鳩宮이 있던 자리에 만들었다고 되어있다. 앞에서 우리가 이 건물에 대해 알아볼 때는 그것이 서명천황의 팔각릉에 영향

---

4) 이병호, 2014, 「백제 사비기 익산 개발 시기와 그 배경」, 『한국고대사上의 익산』 77쪽, 한국고대사학회.

을 주었을까 하는 문제에 대하여만 알아보고 건립 연대가 한참 뒤이므로 서명천황릉이 영향을 받을 수는 없다고 가정을 했다. 법륭사의 몽전은 불교에서 이야기하는 이른바 팔각원당八角圓堂 형식인데, 739년이라면 백제에서 발원해서 신라가 발전시킨 우리나라의 석등에 보이는 팔각원당식 양식을 충분히 흡수할 시간적 여유가 있던 시대이다. 그러므로 이 몽전은 일단 일본에 등장한 새로운 황실에서 팔각이라는 양식을 성스러운 표시로 사용하는 개념이 형성된 이후에 팔각이란 형식을 채택했고, 구세관음상을 본존으로 모시고 있다는 점에서 일본인들이 생각하는 성덕태자와 그 일족을 기리기 위함보다는 『성예초』에 보이는 구세관음의 전설처럼 백제 성왕의 상을 모시고 그 성왕의 가피로 현 황실의 안녕을 기원하기 위해 만들어진 것이라는 설명도 가능하다.

성덕태자

더구나 일본에서는 성덕태자의 존재자체를 부정하는 학설도 등장해 있다. 1999년에 일본의 사학자 오오야마 세이치(大山誠一)는『성덕태자의 탄생「聖德太子」の誕生』이란 저서에서 성덕태자의 사적과 행적이 가공되었다는 주장을 해 파문을 일으켰다. 그러면 누가 성덕태자란 인물을 창작했는가? 그것은『일본서기(日本書紀)』편찬 당시의 실력자였던 등원부비등(藤原不比等 후지와라노 후히토) 등의 창작이고 성덕태자는 가공의 인물이라는 것이 그의 주장이다.[5]

이런 상황이라면 몽전의 목적은 성덕태자가 아니라『성예초』의 기록을 근거로 백제 성왕을 기리는 곳으로 만들어졌다고 보는 것이 맞다고 생각되며, 그것이 팔각원당이라는 것도 백제의 전통과 개념에 영향을 받은 것으로 보는 것이 더 설득력이 있지 않을까?

부비등

방금 몽전에 대해 알아보는 중에 성덕태자가 가공의 인물일 것이라며, 그러한 위조작업을 주도한 사람으로 등원부비등(후지와라노 후히토)가 거론되었는데, 이제 이 인물에 대해서 좀 알아보아야 할 시점이 되었다.

등원부비등은 등원겸족의 둘째 아들이다. 등원겸족은 곧 천지천황(중대형황자)을 도와 그의 집권을 가능하게 한 중신겸족으로서, 그가 죽기

---

5) 오오야마는 "구호왕(厩戸王: 우마야도왕, 성덕태자의 원래의 호칭)의 사적(事蹟)이라 전해지는 것 가운데 관위 12계와 견수사(遣隋使) 파견이란 두 가지 외에는 완전한 허구"라고 주장하고, 견수사 파견도『隋書(수서)』에 기재되어 있기는 하지만 거기에는 그 때의 일본천황인 추고천황(推古天皇)이나 구호왕의 이름이 전혀 등장하지 않는다는 것, 성덕태자에 관한 기록은『일본서기(日本書紀)』외에는 어떤 문헌에서도 찾아볼 수 없고, 그 흔적이라고 해봐야 반구궁(斑鳩宮)이나 법륭사의 옛 터인 반구사(斑鳩寺)뿐이라는 점에서 후세에 창작된 인물이 틀림없다고 주장했다. 자세한 것은 오야마 세이이치 지음, 안민수 서각수 옮김,『일본서기와 '천황제'의 창출』, 동북아역사재단, 2012 참조.

바로 전에 천지천황이 그에게 등원(藤原 후지와라)이라는 새로운 성을 수여함으로써 그 때부터 등원겸족으로 불리게 되었음은 앞에서 설명한 바 있다. 그 때의 상황을 좀 더 자세히 보면 천지천황8년(669) 10월10일에 천황은 와병중인 그를 직접 문병하고 친히 '적선積善집안에 어찌 경사로움이 없겠느냐'는 위로의 말을 했으며, 15일에는 황태제인 대해인황자를 보내 최고위인 대직관大織冠과 대신大臣의 位와 등원씨藤原氏를 하사한다6). 이튿날 56세의 일기로 중신겸족이 사망하자 천황은 통곡하고 9일간이나 조회를 열지 않았다고 한다.

또 천지천황은 과거 황태자 시절 측근에게 말하기를

"전하여 듣건대 당나라(大唐)에는 위징(魏徵)이 있고, 고구려에는 연개소문(蓋金)이 있고, 백제에는 선충(善仲=성충?)이 있고, 신라에는 김유신(庚淳)이 있다. 각각 그 나라를 지키고 이름을 만리(萬里)에 떨쳤다. 이는 모두 그 나라의 준걸이고 뛰어난 지략가이다. 이들 여러 사람도 짐의 內臣에 비하면 마치 무릎 밑에 불과하여 견줄 수 없다"

라고 했다고 한다.7) 중신겸족이 중대형황자를 도와 집권을 하게 한 것으로서 그가 일등공신임은 자명하지만 이같은 일련의 사건들을 보면 단순히 쿠데타를 성공시킨 신하와 왕과의 관계 이상이었음을 알게 해준다.

둘째 아들의 이름은 한자로 不比等(부비등)이라 쓰고 읽을 때에는 후히토라고 읽는데, 원래는 궁중에서 역사를 기록하고 정리하는 업무를 담당하는 관리를 '史(후히토)'라고 불렀고 등원부비등의 이름도 당시에는 (藤原)史로 썼다가 나중에 (藤原)不比等으로 표기했다고 하는데, 발음은 똑같이 후히토이다.

---

6)『일본서기』, 천지천황 8년 10월조.
7) 時謂侍臣曰, 傳聞, 大唐有魏徵, 高麗有蓋金, 百濟有善仲, 新羅有庚淳, 各守一方, 名振萬里, 此皆當土俊傑, 智略過人, 以此數子, 比朕內臣, 當出膝下, 何得抗衡… 藤原家傳 (一)藤原鎌足【大織冠傳】

부비등(후히토)

부비등은 아버지가 혁명주역으로서 천지천황으로부터 그처럼 우대를 받았으니 권세가 막강했어야 하지만 11살 때 아버지가 죽고 그를 봐주던 천지천황도 곧 죽고, 천지천황의 아들은 왕이 되지 못한 채 천지의 동생인 천무에게 왕위를 빼앗기고 죽자 뒤를 받쳐줄 사람 없이 이름도 없는 신세로 지내왔다. 그러다가 천무천황 10년(682년) 황태자가 된 초벽황자와 연결되어 그의 선배 겸 형으로 대접을 받는다. 그런데 686년 천무천황이 죽은 다음에 초벽이 바로 죽고 어머니가 대신 즉위해 지통천황이 되자8) 지통천황의 신뢰를 다시 얻음으로서 완전히 일어서게 된다. 그런데 일설에는 부비등이 천지천황의 아들이라는 말이 있다. 즉 생전의 천지천황이 자신의 비妃를 중신겸족에게 보내어 거두어 살게 했는데, 이 때 이미 부비등을 임신하고 있었다는 것이고9) 그러니 부비등이 천지천황의 아들

---

8) 천무에 이어 즉위한 지통은 천무의 부인으로 여성 천황으로 즉위했다. 그녀의 즉위는 황태자 초벽(草壁)황자의 요절로 어린 황손의 즉위에 따른 황자들 간에 정쟁이 발생할 것을 우려하여 황손이 성인이 될 때까지 천황권을 맡은 조건부 천황이었다. 황손으로 즉위한 자가 바로 문무천황이다. 그러나 문무천황 역시 25세라는 젊은 나이에 사망하여 7세의 황태자가 즉위하기 어렵게 되자 문무의 부인이자 황태자의 친모인 원명(元明)천황이 즉위한다. 그녀 역시 중계자적인 관리형 여성천황이다. 원명은 건강상의 이유로 양위하게 되는데 그녀의 딸이자 황태자의 누이인 원정(元正)에게 천황의 위를 맡긴다. 황태자의 성장을 좀 더 기다린 후에 양위할 계획이었던 것이다. 다음으로 즉위한 천황이 성인이 된 황태자인 성무천황이었고, 그 다음이 성무의 직계 황자가 없자 광명황후와의 사이에서 태어난 효겸을 천황의 위에 앉힌다. – 연민수, 「日本正倉院의 百濟遺物과 그 역사적 성격」, 『국사관논총』 108집, 13쪽.
9) 『공경보임公卿補任』이란 기록의 후히토 항목에 「실은 천지천황의 왕자라고 하면서 내대신 대직관의 둘째 아들 史(후히토)…」 운운하고 있고, 『대경大鏡』에도 천지천황이 임신 중인 후궁(女御)을 겸족에게 내려보내면서 「아들이면 그대가, 딸이면 나의 것으로 한다」고 했다는 전설을 전하고 있다. –위키피디어 일본판.

일 수 있다는 것이다10). 이런 전설은 사실 무령왕의 탄생 설화11)에서 보듯 백제와 왜국사이에서는 전례가 있던 일이다. 만약 이것이 사실이라면 초벽황자와 부비등은 배다른 형제지간이 되고 이것을 알고 있는 지통천황이 부비등을 잘 대해주었는지도 모르겠다. 부비등은 지통천황의 등극 이후 10년 만인 696년에 직광이(直廣貳)라는 서열 5위의 요직으로 승진하고 그 이듬해인 697년에는 지통의 손자를 황태자로 지명하는 데에도 공을 세웠다. 그리하여 15살의 황태자가 곧 지통의 양위를 받아 문무천황이 되니 그의 신임은 더욱 두터워졌다.

부비등은 후실로 받아들인 귤삼천대(橘三千代 다치바나노 미치요)를 활용해 황실과의 관계를 심화시키는 한편 딸 궁자(宮子 미야코)를 천황에 보내어 황자를 낳게 하고 귤삼천대가 낳은 딸 안숙원(安宿媛 아스카히메)을 그 황자에게 시집보내었는데, 나중에 황자가 성무聖武천황이 되자12) 그 딸은 광명光明황후가 되었다13) 이것은 황실이 아닌 사람으로서 황후가

---

10) 『속일본기』의 문무천황조에는 역대의 천황의 릉을 보살피는 벼슬인 산릉사(山陵使)가 부비등의 묘에도 파견되었다. 또 「延喜式」의 23명의 묘에 후히토의 묘가 들어있다. 부비등이 천황의 아들이 아니냐는 의심의 근거가 되고 있다.

11) 『일본서기』에 의하면, 백제 개로왕이 임신한 후궁을 그의 동생 곤지에게 주어 일본으로 가게 했다고 한다. 461년 규슈 쓰쿠시(筑紫)의 각라도(各羅島)에 도달할 즈음 갑자기 산기를 느껴 사내 아이를 출산하였는데 이가 백제 무령왕이라고 한다. 무령왕릉 지석에 의하면, 그가 섬에서 태어났다 하여 곤지는 그의 이름을 사마라고 지었다고 한다.

12) 장녀 宮子는 15세 때 문무천황이 즉위 직후 결혼하여 …대보 원년(701)에는 문무천황과 宮子사이에서 天平시대를 연 성무(聖武)천황을 출생하였고, 같은 해 후히토는 등원가를 번영시킨 光明子를 출생한다. 和銅7년(714)에 성무의 立太子의식이 거행되고 2년 후인 716년에 光明子는 황태자비로서 간택되었다. 부부의 인연을 맺은 16세의 동갑내기였다… 729년에 광명자는 왕족이 아닌 귀족출신으로서 최초로 황후의 지위를 얻어 실질적으로 정치상의 핵으로서 등장하게 된다…
연민수, 「日本正倉院의 百濟遺物과 그 역사적 성격」, 『국사관논총』 108집, 15쪽.

13) 성무천황이 천평승보(天平勝宝) 8 年(756)에 56세로 죽자 49재가 열린 날 광명황후는 남편의 애장품 600여점을 동대사(東大寺)에 헌납했고 이에 동대사 측은 불전에 공양을 드린 후에 동대사의 정창원(正倉院)에 보존시킨다. 이것이 일본 황실이 자

된 최초의 사례라고 한다(원래 부비등이 천지천황의 아들이라면 이것은 별 문제가 안됨). 이후 등원 씨는 그의 네 아들과 딸들의 혼인관계에 의해 일본을 휘어잡는 최대의 가문으로 근세까지 1300년 동안 군림하는 기틀을 마련했다.14)

이렇게 그의 행적을 길게 알아보는 것은, 그가 그만큼 천무천황의 사후 지통천황과 문무천황으로 이어지는 고대 일본의 황금기에 정권의 뒤에서 사실상 중요한 결정을 주도했음을 말하고자 함이다. 쿠데타로 소아 집안을 물리치고 왕권을 차지한 천지천황(중대형황자)이 죽고 그 다음으로 집권한 천무천황이 백제나 대륙의 역사가 아닌 일본 쪽의 새로운 역사를 편찬하자고 해서 새 일본사 편찬을 시작했는데, 부비등은 초창기의『고사기』편찬에는 관여하지 않았지만, 그 후 지통에서 문무천황, 원명 원정 천황으로 이어지는 기간 동안 다시 행해진『일본서기』의 편찬 작업을 뒤에서 지휘한 것으로 알려지고 있다.

부비등이『일본서기』에서 노린 것은 무엇이었을까? 그가 생각한 것은 천황의 신격화였고 그것을 위해서 첫째 지상의 지배자가 고천원(高天原 다카마노하라)이란 천상으로부터 파견되었다고 하는 것, 둘째 천황은 고천원의 지배자인 아마테라스 오오미카미(天照大神)의 직계 자손들이라는 것, 셋째 지통천황의 사망 이후에 자신을 의미하는 다카미 무스히(高皇産

랑하는 보물창고인 정창원의 시발이다.

14) 나라(奈良)시대에 등원가는 조정에서 가장 유력한 귀족으로 성장했다. 후히토가 황실의 외척이 되어 권세를 누림에 따라 원래 있던 나카도미(中臣)씨들도 등원(藤原, 후지와라)씨로 다투어 이름을 바꾸자 문무(文武,몬무) 2 年 (698) 이후에는 후히토의 자손 외에는 등원이란 성을 쓰지 못하도록 했다. 평안(平安)시대 전반에는 등원씨가 조정의 중요한 관직의 대부분을 독점하면서 섭정(摂政) · 관백(関白) · 태정대신(太政大臣)을 배출해 평안(平安, 헤이안)시대의 궁정정치를 독점하는 존재가 되었다. 지방으로 내려가서 무사가 된 사람들도 많아서, 오늘날 일본에 전하는 佐藤, 齋藤, 近藤, 後藤, 工藤, 伊藤이란 이름도 모두 등원가와 관련이 있는 무사 집안의 이름이다.

靈)이라고 하는 새로운 황조黃祖 개념을 만들어 이후의 천황들이 다 이 혈통이라는 관념을 선언하였다는 것이다.15) 즉 이제부터는 천황이나 그 집안은 아득한 옛날 하늘에서부터 점지되어 내려온 집안이므로 이를 넘보지 말라는 것이라 하겠다.

나니와궁 대극전(가상전시)

부비등이 역으로 천황에게 기대했던 것은 무엇이었을까? 성덕태자라 가공인물이라는 설을 주장하는 오야마 세이이치는 이렇게 말한다;

그것이야말로 자신의 권력의 원천이 될 수 있는 천황의 권위였음에 틀림없다. 천황에게 안정된 권위가 갖추어진다면 그 권력을 대행하는 후히토(부비등) 자신의 권력도 안전하게 된다. 그럼 천황의 안정된 권위라는 것은 어떠한 것일까? 후히토는 모범적인 천황상을 구체적으로 기록하여 이제부터 즉위하

---

15) 연민수, 「역자해제」, 오야마 세이이치 지음, 연민수 역, 『일본서기와 천황제의 창출』, 19~20쪽, 2009년, 동북아역사재단.

게 될 황태자와 즉위한 천황에게도 전달하고자 하였다. 그것은 풍부한 학식과 우수한 인격이었다. 그 때문에 만들어졌던 것이 성덕(쇼토쿠)태자상이다…16)

부비등이 이렇게 당시 일본의 실질적인 경영자였음을 역사적으로 조명해 낸 사람은 교토대 교수를 지낸 우에다 마사아키(上田正昭氏)로서, 그는 1976년 아사히 신문의 평전시리즈의 하나로 쓴『藤原不比等(후지와라노 후히토)』라는 책을 통해 부비등이『대보율령(大宝律令)』이라는 일본 최초의 율령을 반포하는데 주도적 역할을 했고, 나라(奈良)지방에 평성경平城京을 만들어 수도를 아스카에서 나라로 옮겼으며, 율령국가 일본에 걸맞는 일본 국사의 수찬修撰을 완성시켰다고 그를 부각시켰다. 일본의 새로운 국사인『일본서기』편찬에 부비등이 깊이 관여한 흔적은 645년에 일어난 이른바 '을사의 변'을 너무도 생생하게, 마치 옆에서 본 것처럼 시간대별로 묘사한 것을 보아도 알 수 있다. 이 역사책을 편찬한 것은 을사의 변이 일어난 지 70년이나 지난 사건인데도 그 과정을 자세히 묘사한 것은, 자신의 아버지가 일으킨 쿠데타의 과정을 정당화시키기 위해 그 서술과 편찬에 개입한 증거로 볼 수 있는 것이다. 또한 일본의 연구가들은 이때 일본서기를 실제로 편찬한 사람들은 등원(후지와라)가문이 사적私的으로 초청한 백제에서 건너온 사람들이라는 연구결과도 내놓고 있다. 그만큼 후지와라 가문은 백제에서부터 건너온 사람들이라는 것, 즉 중신 겸족도 백제로부터 선너온 사람이라는 것을 빙증하고 있다.

영산사 팔각원당

그런데 이렇게 부비등을 깊이 파고 들어가는 것은, 그와 관련해서 사후에 팔각건물이 많이 만들어진 현상을 살펴보기 위한 것이다.

16) 오야마 세이이치 지음, 연민수 역,『일본서기와 천황제의 창출』, 203쪽, 2009년, 동북아역사재단.

영산사 팔각원당

법륭사 몽전과 함께 팔각건물로 유명한 영산사榮山寺의 팔각원당은, 앞에서도 잠시 언급했지만, 나라현 남서쪽의 고조시(五條市)의 영산사(榮山寺 에 이산지)라는 절에 있다. 법륭사 몽전과 외형이 똑같지만 내부구조가 다르다. 이 팔각원당은 팔각의 외주外周 안쪽에 사각형(井字形)의 내주內周가 배치되는 형태로서, 초석으로만 볼 때는 고구려 환도산성 내의 팔각건물과 같은 구조라고 보고 있다. 이 원당은 바로 부비등을 기리기 위해 부비등의 아들인 등원무지마려(藤原武智麻呂 후지와라노 무치마로, 680~737)가 719년(養老三年), 아버지가 돌아가기 1년 전에 세운 원당이다. 이렇게 세운 부비등의 원당이 8각이라는 데서, 부비등 집안, 즉 등원(藤原: 후지와라), 거슬러 올라가면 중신(中臣 나카도미) 집안이 팔각을 어떻게 생각하는지, 그리고 일본의 팔각릉의 원류가 결국에는 동북아지역 최초의 팔각건물지인 고구려의 환도산성에까지 소급될 수 있다는 점을 드러내 보여준다.

나라 전철역에서 걸어서 5분 거리에 있는 흥복사(興福寺 고후쿠지)에 가도 팔각건물이 있다. 이 절은 등원겸족의 부인인 경왕녀(鏡王女 가가미노 히메미코)가 남편의 병환 치유를 기원하기 위해 만든 사실상의 등원집안사찰인데, 아들인 부비등이 여러 군데를 옮겼다가 이곳에 정착시켰다. 이곳에 북원당北圓堂이라는 팔각원당이 서 있다. 이 건물은 부비등이 죽은 지 1년이 되는 721년에 당시의 원명, 원정 천황이 세우도록 한, 부비등을 기리는 원당이다. 부비등이 지통천황 이후 일본 조정을 좌지우지한 사람임을 감안하더라도 그를 기리는 원당을 팔각으로 했다는 것, 그것도 천황이 짓도록 조치했다는 데서, 팔각이라는 형식에 대한 일본황실의 각별한 관심과 특별한 인식을 알 수 있다. 약 100년 뒤인 813년에는 이 절에 북원당과 같은 형식으로 남원당南圓堂이란 절이 세워진다. 당시 등원 집안의 실력자인 등원동사(藤原冬嗣 후지와라 후유쓰구)가 부친(藤原内麻呂)의 명복을 빌기 위하여 세운다. 등원동사(후유쓰구)의 어머니는 비조부나지마려녀飛鳥部奈止麻呂女라고도 하고 백제숙녜영계百濟宿禰永繼라고도 하는데, 비조부나지마려라는 이름에 백제의 사택지적의 비문에 보이는 나지奈地라는 지명과 같은 한자인 나지奈止가 들어가 있어 그 뜻이 아스카땅 나지의 여자라고 풀수 있으며, 백제숙녜영계라는 이름에서도 숙녜라는 호칭은 백제에서 온 귀족들에게 붙여주는 이름으로서 백제숙녜영계는 곧 '백제에서 온 귀족들을 영원히 잇는다'라는 뜻으로 풀이할 수 있는데, 이 백제숙녜영계가 환무천황의 비로 들어가니만큼 등원(후지와라) 집안, 거슬러 올라가면 중신겸족과 팔각과의 밀접한 관계를 더듬을 수 있지 않을까 하겠다.

이렇게 팔각이라는 형식이 등원 집안의 하나의 표상으로 전해져 오는 것을 보면 일본에 팔각릉이 처음 만들어진 서명천황의 팔각릉을 만든 주역이 중대형황자, 그리고 그를 보좌한 중신겸족일 수밖에 없다는 추론이 보다 확실해지는 것이다.

약사사 금당

정리해보면 일본이 완전한 고대국가로 다시 탄생한 대화개신이나 그 뒤 대보율령의 반포 등은 백제에서 건너온 백제왕실 사람들이 주축이 되어 이뤄낸 역사적인 사건이고 그 주역은 등원(후지와라) 씨이다.

율령제도라고 하는 것은 토지의 사유를 인정하지 않고 모두 천황가에 속하게 하고 그 대신 땅을 뺏긴 호족들에게는 벼슬이나 직업에 의해 봉록을 주고, 백성들은 토지를 황실에서 빌려서 경작을 하면서 세금의 의무를 지는 제도를 의미하는데, 이러한 율령제도에 의해 중요한 벼슬과 자리를 등원 집안이 독차지함으로서 권력과 부를 집중, 독점하게 되는 것이다. 등원부비등(후지와라 후히토)은 720년에 사망하지만 등원 가문은 천황가의 외척으로서 계속 권력을 독점했고, 천무천황의 손자인 장옥왕長屋王을 모략에 의해 자살하도록 하는 등 등원(후지와라) 집안의 피가 섞이지 않은 후계자들을 배제하고 이후 천황가(천지천황계)와 등원 집안 사이에서만 천황이 나오도록 함으로서 등원(후지와라)가의 장기적인 영화가 가능케 됐다는 것이다.

실제로 천평(天平 덴표)시대(710~794. 성무천황 치세를 중심으로 한 고대 일본의 황금시대)에는 천황과 황후 및 그들을 에워싼 여성들도 모두 부비등의 자손이든지 근친이었다. 따라서 황위와 관련된 인물은 실질적으로 모두 등원 씨 일족이었다. 그렇다면 황실이라고 해도 실질적으로는 등원 씨의 일부에 지나지 않은 셈이다. 이 구조는 그 후에도 변하지 않았다. 황실은 천황을 중심으로 하는 혈족집단이 아니라 등원 씨라는 집단의 일부로 존재하고 있었던 것이다.17)

아무튼 이렇게 백제계인 등원겸족이 천황가와 함께 7세기 후반부터 일본 황실을 휘둘렀고, 그러한 역사를 기록한 첫 공식사서인『일본서기』의 실제적인 편찬책임자가 등원부비등이었기에 그는 자기와 자기 집안을 철

---

17) 오야마 세이이치,『일본서기와 천황제의 창출』, 87~88쪽, 연민수 등 역, 동북아역사재단, 2012년.

저하게 정당화하는 역사 위주로 기록함으로서, 일본 고대사는 등원가의 출발점인 중신겸족과 천지천황의 역사를 앞뒤로 해서 백제사의 나열로 볼 수밖에 없는 상황이 된다. 이 때문에 일본의 고대사에 관한 다수의 책을 낸 작가 세키 유지(關裕二)는 "일본서기는 별명이 백제서기라고 할 정도로 전체의 7할이 백제 것이 쓰여있다' 라고 그의 저서 『등원 씨의 정체(藤原氏の正體)』라는 책에서 말하고 있는 것이다.

여제의 꿈

시대를 조금 더 내려가 765년에 당시 칭덕(稱德 쇼토쿠)천황(재위 764~770)이 국내의 난리를 평정하느라 죽은 장졸들을 위로하기 위해 큰 절을 짓도록 하는데 이것이 서대사西大寺이다.

칭덕 천황은 부비등의 외손자인 성무천황(재위 724~749년)과 부비등의 딸 광명황후가 나은 딸로서, 역사상 처음으로 결혼하지 않은 처녀의 몸으로 황태자가 되어 먼저 효겸孝謙천황(재위 749~758)으로 있다가 다른 남자 천황(순인천황)을 거쳐 다시 두 번째로 천황이 된 특이한 여성이다. 그런데 당시 수도인 평성경平城京에 천황이 조성한 서대사에 동, 서 두 개의 거대한 탑자리가 나오는데 1954년에 유구조사를 위해 기단을 파보니 직경 27미터에 달하는 8각의 기단이 나옴으로서 이 탑이 8각으로 조성하려 했음이 드러났다. 높이는 7층을 세울 수 있는 큰 탑자리였다. 그렇지만 천황이 죽으면서 팔각7층탑의 건립은 중단되었고 그 대신 보다 건립하기 쉬운 사각탑으로 축소해서 5층만 만들어 놓았다가 차례로 불에 탔다고 한다.

그런데 팔각7층탑을 사각5층으로 줄이도록 한 사람도 등원 집안의 등원영수(藤原永手 후지와라노 나가테)라는 좌대신(左大臣, 좌의정에 해당하는 고위관직)인데, 일본 최초의 불교설화집인『일본영이기(日本靈異記)』(822년 경 출간)에는 다음과 같은 전설이 전해져온다고 한다;

"좌대신 등원영수가 서대사의 탑을 팔각에서 사각으로, 7층에서 5층으로 변경하였기에 지옥으로 떨어졌다"

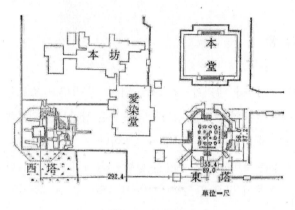

서대사의 평면구조

왜 칭덕천황은 그렇게 어려운 팔각탑 건립에 목을 걸었을까?

그것은 자신이 비록 여자지만 천황가의 피를 제대로 이어받은 정통 후계자임을 내세우려고 했을 것이라고 일본 학자들은 분석한다. 이 경우 아버지인 성무천황은 천무천황 계열이지만 이 칭덕천황은 등원부비등의 외손이어서 나름대로 등원 가문의 후계자이며, 그것은 곧 등원겸족을 뿌리로 확인하는 것에 다름이 아니라고 할 수 있다. 그리고 그 팔각을 거부하고 사각으로 줄인 사람이 나중에 잘못되었다는 전설이 생겨나는 것이다.

법승사의 팔각구층탑
ＮＨＫ ＢＳの特別番組平城京・幻の巨大八角塔
「古代ニッポン最後の女帝の夢」が 만든 팔각 9층탑 상상도

팔각 법승사 구층탑 기초 확인

팔각탑에 대한 이들의 꿈은 집요했다. 11세기에 등원 가문의 주도로 쿄토의 법승사(法勝寺 호쇼지)에 높이 81미터라는 엄청난 높이의 팔각구층탑을 세운 것이 그것이다. 법승사가 있던 땅은 등원 집안의 별장지였다가 백하(白河 시라카와)천황(1072~1086)에게 헌상되었고 천황은 여기에 1083년에 높이 약 81미터에 달하는 팔각9층탑을 완성시켰다. 천황은 불법으로 보호를 받기 위해 법승사를 비롯해 모두 6개의 절(六勝寺, 육승사)을 지었다고 하는데, 법승사의 팔각구층탑은 1208년에 벼락을 맞아 타버렸다. 5년 후에 다시 세웠지만 1342년에 다시 소실되었다.

금봉사

벚꽃이 아름답기로 유명한 나라지방 요시노(吉野)의 금봉산사金峯山寺는 후제호천황(後醍醐天皇 고다이고 천황)(재위 1318~1339)이 일시적으로 몸을 의탁하던 곳인데, 여기에도 8각의 건물이 있다. 팔각삼중탑이 그것이다. 후제호천황이 살던 곳이어서, 그것을 기리기 위한 것이라고 생각되는데 이 절의 창설에는 백제와 관련된 전설이 있다.[18]

이처럼 중신겸족과 천지천황의 시대 이후의 후손들도 다투어 팔각 건물을 지어 고인을 추모하거나 영생을 기원하는 의식을 가지려했음을 알수 있다. 거기에는 등원부비등이 가장 열성이었고, 그의 아들과 딸들이 또 절을 짓고 팔각의 건물이나 탑을 세우려 했다. 이보다 앞서 천무천황

---

18) 이 절은 절을 들어가는 문(산문)이 일본식이 아니라 한국식이다. 우리의 기와지붕에다 처마도 우리 식이다. 나라시대에 행자(行者)인 역소각(役小角, 엔노오즈누)이 이 절이 있는 오미네산(大峰山)을 수도장으로 개산(開山)했을 때 벚나무를 심어, 그 벚나무들이 자라나서 일본 최고의 벚꽃성지가 되었다. 역소각의 제자가 반도계(半島系=백제계)의 주술자로 알려진 한국광족(韓國廣足, 카라쿠니노히로타리)이다.

의 부인인 지통천황이 자신의 할머니와 아버지와 묘를 다시 조성할 때에
팔각릉으로 고쳐서 조성했을 가능성이 있는 만큼 천황이 된 사람들은 팔
각릉으로 만들어, 팔각을 무덤 속에 감추어, 그 팔각이 무덤의 주인공을
후세에까지 보호하고 알려주는 역할을 하도록 했고, 그렇지 않은 경우,
즉 천황이 되지 못한 경우에는 팔각의 전각이나 탑을 세워 그들을 위로해
주었다고 보여진다. 그것은 등원부비등이 천지천황의 아들일 것이라는
속설을 뒷받침하는 것인지도 모르겠다. 그럴 경우 일본 황실사상 최초로
황실이 아닌 민간에서 최초로 황족으로 편입되었다고 하는 부비등의 딸
안숙원(安宿媛 아스카히메, 나중의 광명황후)의 경우도 사실상 황족과 황
족의 결합으로 봐야 한다. 등원부비등의 집안 식구들이 천황의 황후 쪽을
도맡음으로 해서 등원 가문은 겉으로는 황족이 아니지만 실제적으로는
황족이 된 것이다.

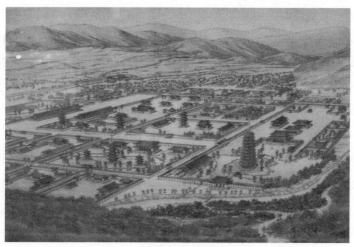

육승사 상상도

팔각은 천지와 중신 집안의 상징

그러면 그 팔각릉 조성이 문무천황에서 끊어진 것은 어떻게 설명이 될 수 있을까?

팔각은 백제에서 일본으로 건너와 새 왕조를 연 천지천황의 계열, 등원 집안의 상징 문양으로서 남자의 경우엔 팔각릉을, 여성의 경우엔 팔각탑 이나 팔각전을 만드는 것이 전통이 된 것으로 분석된다.

무슨 말인가 하면 마지막으로 팔각릉에 묻힌 문무천황은 천무천황의 손자이면서 천지천황의 딸인 지통천황이 후견인이었기에 당연히 팔각릉 에 묻힐 수 있었겠지만, 그 뒤에는 고모들이 이어받게 되다보니 이제 팔 각릉에 대한 신앙이나 개념은 희박해졌을 것이다. 그 대신 여성 천황이나 등원부비등의 가족, 후손들은 팔각탑이나 팔각전을 세우는 것으로 자신 의 집안을 나타내고 또 조상을 기리는 일을 한 것이란 뜻이다.

서대사에 큰 탑을 세우려했던 칭덕천황의 경우 남자동생이나 오빠가 없이 공주 혼자로서 천황이 된 사례이기에, 자신은 아들에 버금가는 천황 의 적격자였다는 점을 팔각의 탑으로 과시하고 싶었던 것으로 볼 수 있다. 물론 세상을 뜨게 됨으로서 그 소원은 풀지 못한 것이 되고 말았지만…

그리고 결정적으로는 천지천황과 천무천황이라는, 고대 일본천황가의 두 걸물이 본래부터 형제가 아니라는 추측이 사실일 가능성이 높다[19]는 것이다. 일본 교토에 가면 천용사(泉涌寺 센뉴지)라는 절이 있다. 황실에 서 죽은 천황에 대한 명복을 비는 절인데, 이 절의 영명전靈明殿에는 천지 천황으로부터 효명孝明천황(명치천황의 아버지), 소화昭和천황에 이르는 역대 천황들의 위패가 봉안되어 있다. 그런데 여기에 천무천황에서부터

---

19) 작가 井沢元彦가 그의 저서 『逆説の日本史』와 『隠された帝—天智天皇暗殺事件』 에서 주장했다.

칭덕천황에 이르는 천무계 천황 8대 7명[20]에 대해서는 위패가 없다는 것이다. 즉 현 일본의 황실에서는 천무계는 자신들의 직계조상이 아니라 별도계열로 친다는 뜻이다. 그렇다면 팔각릉은 천지천황의 딸인 지통천황이 살아있을 때에 자신의 남편을 팔각릉에 조성해서 거기에 자신을 합장하도록 했고 그 손자인 문무왕까지는 팔각릉을 써서 묻히도록 했지만, 그 뒤로는 팔각릉을 조성하지 않았다는 뜻으로 풀이할 수 있다. 그런데 칭덕천황의 경우에는 천무천황 계열이지만 자신에게도 천지천황의 피가 흐른다는 점을 강조하고 싶어서 팔각탑을 세우려 애를 썼다는 설명이 된다.

최근에 필자는 이런 생각이 들었다. 사택왕후와 교기왕자(중대형황자, 곧 천지천황)가 일본으로 망명할 때에 공주 4명이 함께 추방되었다고 기록되어 있다. 그런데 천지천황은 천무천황에게 자신의 딸 4명을 출가시킨 것으로 되어 있다. 각각 별개의 사건으로 보이는 이 기록이 사실은 중요한 점을 시사하는 것이 아닐까 하는 것이다.

즉 백제에서 함께 추방된 4명의 공주는 교기왕자의 배다른 여동생들이고 이들이 당시 일본의 실력자인 천무천황에게 결혼동맹의 상징으로 바쳐진 것일 수 있다는 것이다. 천지천황이 동생인 천무천황에게 자신의 딸 4명을 출가시킬 수 있을까? 더구나 천무천황은 천지천황보다 나이가 많을 수 있다는 분석도 나오고 있지 않은가? 결국 그렇게 되면 천무천황의 부인인 지통천황은 천지천황의 딸이 아니라 여동생이기에 그만큼 천지천황에 대해서 자신의 아버지로서가 아니라 오빠로서 혈연관계를 맺고 있었고 직접 백제의 피를 받은 공주이기에 남편이 죽은 후에 아들과 손자를 천황으로 세우기 위해 그처럼 애를 썼다는 설명이 가능하다는 것이다.

---

20) 40天武-42文武-43元明-44元正-45聖武-46 孝謙-47淳仁-48称德. 46대 효겸과 48대 칭덕은 한 사람임.

중신겸족의 무덤

마지막으로 알아볼 궁금증이 하나 더 있다. 이처럼 일본의 새 정권이
팔각이라는 비밀스런 의장을 무덤에 넣고 또 이를 팔각의 건물로 지켜오
게 한 주역이라 할 중신겸족 자신은 어떤 무덤에 묻혔을까? 그것이 궁금
해지는 것이다.

현재까지 중신겸족의 무덤으로 확실하게 전해지는 것은 없다. 다만 오사
카(大阪府) 다카스키시(高槻市)에 있는 높이 281미터의 아무산(阿武山 아부
야마) 기슭에서 1934년 교토대학의 우메하라 스에지(梅原末治)에 의해 고
분시대 종말기의 고분 1기가 원분 형태로 발굴된 것을 주목하게 되었다. 아
무산고분阿武山古墳이라고 부르는 직경 80미터의 이 고분의 석실 중앙에 놓
여진 관대 棺臺위에 삼베로 덮은 협저관(夾紵棺 옻칠관)에서 60대 전후의
남성의 인골이 옆으로 누워 있고 머리에는 유리구슬을 가느다란 은선銀線
으로 연결해서 비단으로 덮은 옥배게(玉枕)가 놓여있었다. 이 무덤의 묘실
의 규모나 구조, 특수한 매장형태 등을 볼 때 등원겸족의 묘라는 설이 강하
게 제기되었다. 묘실과 관 등이 아주 공들여 만들어졌고, 관내에서 발견된
고령의 남성의 머리에는 유리구슬을 엮어 만든 옥배게에 금실金絲이 장식
된 모자가 있었다. 이 때문에 천황에 준하는 고위 인사의 무덤일 것이라는
설에 따라 당시 일본을 좌지우지하던 군부에 의해 헌병들이 동원돼 현장
출입을 금지시키고 출토품들을 모두 그대로 되묻어버렸다.

복원된 관모와 옥베개(옥침).
복원된 대직관
「阿武山古墳と牽牛子塚－飛鳥を生きた貴人たち－」(2014. 3. 28~)전시품.

그리고는 반세기 후인 1982년, 교토대 지진연구소의 한 사무실에서 발굴당시 비밀리에 촬영한 오래된 사진 수십 장이 나왔는데, 여기에 고분 피장자의 X선 사진 등 피장자에 관한 사진이 들어있었다. 유체에서 채취된 두발도 나와 이것을 몇 년간 분석한 결과 피장자가 등뼈와 늑골이 골절된 것이 사망의 원인으로 밝혀졌고 금실은 모자에 자수를 위해 쓴 것으로 추정되었다. 이에 금실로 수놓은 관모는 곧 중신겸족이 죽기 하루 전에 천지천황으로부터 받은 등원이라는 성과 함께 받은「대직관(大織冠)」이 틀림없다는 분석에 따라 이 아무산고분이 바로 등원겸족의 무덤일 것이라는 설이 대체로 일본학계에서 인정을 받고 있다.

등원겸족의 무덤이라면 왜 이 무덤은 8각이 아닐까?

중신겸족과 중대형황자가 '을사의 정변'이라고 하는 쿠데타를 일으켜 정권을 잡은 뒤에 취한 조치 가운데 박장령薄葬令이 있다. 『일본서기』대화 2년(646) 3월22일 조에 나오는데, 백성들의 희생을 줄이기 위해 신하나 백성들의 신분에 맞게 능묘를 만들도록 하였고,21) 특히 사람이나 말을

---

21) "요즈음 우리나라의 백성들이 가난한 것은 바로 묘를 만드는 것 때문이다. 이에 제도를 정비하여 존비의 구별을 명확히 하려 한다. 무릇 왕318 이상 무덤의 내부는 길이 9척, 넓이 5척, 외역(外域)은 사방 9심(尋), 높이[長] 5심으로 1천 명의 인부를 7일간 부려 완성하도록 하라. 매장할 때에 관을 덮는 덮개는 백포를 사용하도록 하

순장시키는 것을 금지한 것도 큰 의미가 있다. 이로써 일본 전역에 만들어지던 전방후원분이 더 이상 조성되지 않게 되었거니와, 이 제도에 대해 기존의 연구가들은 중국의 제도를 따른 것으로 설명하고 있는데, 우리가 백제의 장례법에 대해서 전혀 정보가 없는 상황에서 보면, 이 박장령에서 백제의 사례를 추출할 수도 있을 것이란 생각을 해본다. 또 이러한 장례제도의 개혁이 그전 일본이 행하던 것과 크게 다르다는 데서, 이러한 개혁의 주체가 대륙에서 건너온 새로운 세력이라는 것, 그들에 의해 개혁이 주도됐음을 알 수 있다. 또한 이렇게 박장령을 통해 일본의 전통적인 장례법을 크게 바꾼 것이야말로 당시 지도층이 기존의 일본지도층과는 다른 새로운 계통이라는 것을 증명하고 있는 것에 다름 아니다. 즉 순장제도가 남아있던 당시 일본 사회에 발달된 백제의 장묘법을 새로 심은 것이다.

아무튼 아무산고분이 중신겸족의 무덤이 확실하다고 가정하고 그것이 왜 팔각분이 아니고 원분이냐고 한다면 그것이야말로 팔각릉은 천황에게만 쓰는 것이었고 중신겸족이 죽은 후 몇 십 년이 지나서야 중신집안, 곧 등원집안의 후계자들에 의해서 팔각원당이나 팔각탑이 그 조상을 기리는 추모당의 형식으로 확립되었음을 증거하는 것이라고 다시 정리를 해둔다.

라. 그리고 장차(葬車)를 사용하라. 상신(上臣)의 무덤의 내부는 길이, 넓이, 높이 모두 위와 같다. 외역은 사방 7심, 높이 3심으로 5백 명의 인부를 5일 동안 부려 완성하도록 하라. 매장할 때 관의 덮개는 백포를 사용하라. 관은 매고 가도록 하라 … 왕 이하 서민에 이르기까지 시체를 안치하는 곳[殯宮]을 만들어서는 안 된다. 기내를 비롯하여 제국에서는 한 곳을 정하여 매장하라. 더럽게 여기저기에 매장해서는 안 된다. 사람이 죽었을 때 스스로 목을 매서 죽거나, 사람의 목을 졸라서 순사하게 하거나, 억지로 죽은 사람의 말을 죽게 하거나, 죽은 사람을 위하여 보물을 묘에 묻거나, 죽은 사람을 위해 머리털을 자르고 허벅지를 찌르고 조사를 바치는 것과 같은 옛 풍속은 일체 금지한다…"『일본서기』, 대화 2년(646), 3월22일 조.

8장
살아있는 역사

풀린 비밀코드

지금까지 우리는 7세기 중, 후반 일본의 역사는 백제에서 사라진 무왕의 아들 교기왕자와 왕후 사택 씨, 그 집안인 사택지적과 관련 인물들이 일본에서 새로운 황실과 외척으로 올라서게 된 과정이라는 것을 추적해 보았는데, 그 과정에서 무왕의 왕후 가문인 사택 씨가 주역을 맡았으며, 어둠에 묻어놓은 과거를 복원하는 열쇠는 8각이라는 일종의 비밀코드에 있었음을 알게 되었다. 그러한 비밀코드를 해석함으로서 우리는 다음과 같은 결론을 얻었다;

일본 황실을 둘러싼 팔각릉과 그 전후의 팔각건물에는 바로 일본 천황가의 상징과 자존심이 담겨 있으며, 그 자존심은 백제에서 넘어와 일본이라는 새 나라를 차지하게 된 백제 무왕의 왕후 사택 씨와 그의 집안인 사택지적, 그리고 그 아들인 교기왕자의 일본에서의 정착과 승리의 기록이 담겨 있다. 그 백제왕족들이 한쪽은 황실에서, 다른 한 쪽은 황후 쪽에서 혼인과 권력을 양분하면서 일본의 실제적인 천황족으로서 일본 이름을 갖고 새롭게 써내려간 역사, 그것이 『일본서기』와 일본역사 중의 아스카와 나라시대의 역사라고 단언한다.

나니와궁 신하들 (모형 전시)

　이러한 비밀이 풀어지게 된 것은 백제 익산 미륵사의 서탑에서 나온 금
판이 사택왕후의 존재를 알려주었고 일본에서도 같은 시기에 사택 왕후
의 활동시기 이후 갑자기 천황릉이 8각으로 조성되었음이 역사적 사실로
서 일목요연하게 확정되었기 때문이다. 그 전까지 떨어져 있던 사택 씨의
일본 내에서의 행적과 활동, 그리고 어떻게 보면 단순한 기록 잘못으로
보일 수 있는 백제 무왕과 일본 서명천황의 활동기록, 그리고 백제 의자
왕 때의 정변과 그 이후 일본의 변화, 이런 것이 그 전에는 의미 없이 산재
해 있다가 하나의 큰 고리로 연결되어 드러나게 된 것이다. 그러므로 해
서 2009년 미륵사 서탑에서의 금판의 발견은 그 이듬해 일본 천황들의 팔
각릉의 실체 확인과 맞물리면서 고대 일본의 역사. 고대 백제의 역사에서
우리가 지나칠 수밖에 없었던 중요한 사실을 역사의 전면으로 올려주고
있는 것이다. 다시 말하면 그것은 백제 무왕의 왕후였던 사택 씨와 그의
아들인 교기, 그리고 그 사택지적이 백제 무왕의 사망 시점에 의자왕의
쿠데타에 의해 권력을 잃게 되자 일본으로 망명해서 일본의 왕권을 접수
한 뒤 이들이 일본의 천황가의 주역이 되어 일본을 이끌어왔다는 것이다.

감추려했을까?

지금까지 이런 저런 길을 걷고, 뛰고, 때로는 돌아서 일본 천황릉에 갑자기 나타난 팔각이란 요소에 대해서 그것이 왜 어떻게 생겨, 어떻게 변하였는가를 '추적', '추정'해보았다. '추정'이라고 함은, 우리가 원하는 문제에 대한 해답이 기록에 있었다면, 그것을 찾아내어 밝히면 되는 것이고, 이럴 때는 '추정'이 아니라 '규명', 또는 '설명'이 되는 것이다. 그런데 앞에서 보듯 확실히 그 이유를 설명해주는 자료가 없는 상황에서는 '추정'을 할 수 밖에 없었다. 그것은 몇 가지 가정假定을 하면서 왔다는 뜻이고, 그러기에 때로는 상상에 그치는 비현실적인 추정이라는 비판을 받을 가능성이 상존한다. 그러나 그런 약점에도 불구하고 필자는 일본의 서명천황에서부터 시작돼 4대에 그친 팔각의 천황릉, 그리고 그것을 둘러싼 건축적인, 역사 고고적인 측면에서의 숨어있던 사실과 현상들을 짜맞춰보면 결국은 그것이 백제에서부터 일본으로 건너간 새로운 왕권의 일본 상륙과 정착, 그리고 후대 천 년 넘게 이어지는 권력의 공고화라는 엄연한 사실을 설명하는 키워드이자 비밀 코드였음을 확신하게 되었다.

일본 천황릉 앞에 선 필자(2013. 5. 19)

그리고 그것을 알아보고 추구하는 과정에서 한국에서의 백제사연구가 많이 끊어져 있음을 다시 실감하게 되었다. 그것은 고구려에서 시작된 팔각문화가 중국의 팔각문화와는 다르게 한반도를 중심으로 독자적으로 발달해왔는데 신라, 백제로 이어지는 이 팔각문화에 대한 해석과 설명에 비합리적이거나 역사를 건너뛴 것들이 보임으로 해서, 백제의 팔각문화가 제대로 설명되지 못하고 끊어지게 되고, 그러다 보니 우리가 얻은 결론이 우리들의 눈에는 잘 보이지 않게 되었지 않았나 생각된다.

그런데 더욱 재미있는 것은, 이 팔각릉의 문제를 그냥 그대로 보면 우연히 발생한 것으로 보이지만, 일본의 궁내청이 이를 바로바로 인정하고 공표하지 않아, 이것을 숨기려 한 인상을 주었다는 점이다. 그것은 우리 한국인뿐 아니라 일본인들에게도 이상하게 여겨져, 일본의 언론들이 궁내청을 상대로 정보공개청구를 해서 하나 둘 씩 밝혀내고 있다. 그것이야말로 서명천황 이후 나타난 천황릉의 팔각적인 요소에 대해 일본의 궁내청이 전혀 준비가 되어 있지 않아 이것을 어떻게 설명해야 할지 곤혹스러워 하고 있다는 방증이 되었다. 왜 이들은 감추는 듯한 인상을 줄 정도로 그 정보의 공개를 머뭇거렸을까?

바로 궁내청의 이같은 태도 때문에 필자는 이 문제에 의문이 들었고, 그러다 보니 고고학자도, 역사학자도 아닌 일개 언론인이 이 문제를 파고들게 되었다. 왜 일본은 이 문제를 주저했을까? 그것은 바로 팔각, 그것도 천황릉의 팔각이란 문제는, 2차 대전 이후 일본의 역사고고학계가 만세일계의 천황가의 역사를 부정하고 천황가의 이동의 역사를 제시하기 시작할 때의 충격이나 어려움에 비견될 수 있다는 생각이 들었다. 그것이야말로 그들이 인정하기 싫어했던 백제로부터 일본 황실에 이어지는 새로운, 보다 명백한 유입 혹은 대체의 역사를 보여주는 증거가 될 수 있었기 때문일 것이다. 그러기에 그들은 되도록 이 문제가 역사에서 큰 문제로 부각되는 것을 두려워했음에 틀림없다.

역사 연구의 관점

그런데 사실은 일본의 자세나 태도보다도 더 어려운 문제는 우리 자신들에게 있다. 앞에서 언급했지만 우리나라 역사에서 가장 어려운 문제는 백제사의 복원이라고 할 것이다. 초기 백제의 수도가 있던 곳에서 도성이

하남시 천왕사지

어디인가의 문제가 아직도 완전히 해결되지 못하고 있고, 백제의 건국을 기원 전후로 본다고 하면 4~5세기까지 서울과 경기도 이남에는 어떤 정치적 실세가 있었을까, 왜『삼국사기』등 우리의 역사

서에는 백제가 그리 소략하게 나오는데 일본의 역사서에는 그렇게 자세하게 나오고 있을까? 왜 일본은 한반도 남부, 옛 백제 땅에 대한 연고권을 집요하게 주장하고 있고, 임나일본부니 하는 표현들은 구체적으로 어떤 사실들을 말해주는 것일까? 그리고 문화적으로 훨씬 앞선 백제가 일본에 문화를 전해주려 애를 썼는데, 일본에서는 이를 마지 전해주지 못해 애걸복걸한 식으로 그들의 역사에 기록해 놓았을까? 고대 한반도 여러 나라들, 그중에서도 백제와 일본 사이의 관계는 진정으로 무엇일까? 등등 수수께끼나 의혹이 산처럼 쌓여있다.

그런 상황에서 가장 답답한 것은 백제사를 다들 버리고 있다는 것이다. 명백히 백제 관련 유물이나 유적이 나오면 그것은 전후맥락을 보아 살려야 할 터인데 어느 박물관이나 발굴단이 한 번 이렇게 해 발표하면 다른

분들은 마치 약속이나 한 듯이 백제를 버리고 신라나 고려를 택하고 있다. 애초에 일본 학자들이 우리 역사의 말살을 위해 그랬다면 우리 학자들은 그들의 프레임에 갇혀 그것을 넘어서지 못했다. 다시 말해 백제가 있어야 연결되는 역사들이 끊어지고 흩어져, 진정한 백제가 보이지 않는 것이다.

정림사의 석양

그러다 보니 어느 신문에 난 아래의 글이 나에게 공감을 주고 있다 ;

우리는 흔히 최고 최대 등을 찾는 습관이 있고 그것은 역사에서 더욱 많을 것이다. "우리나라에서 가장 오래된 탑은 무엇인가?"는 질문도 그런 것이다. 질문 속엔 하나만 딱 집어 대답해주길 바라는 마음이 있는 모양이지만, 그럴 수 없다는 게 문제다. 현재 전하는 탑 중에서 가장 오래된 것은 익산 미륵사(彌勒寺) 탑과 부여 정림사(定林寺) 탑이라는 게 정설이다. 두 탑이 동시에 세워지지는 않았더라도 양식(樣式)으로 볼 때 거의 비슷한 시기로 보는 것이다. 일제강점기에 일본인 학자들은 이 두 탑을 고려의 작품이라고 주장했다. 하지만 해방 이후 뒤늦게 시작된 우리의 미술사 연구가 점차 그 열매를 맺기 시작하던 1970년대 무렵 학자들은 두 탑 모두 백제 작품이라는 확신을 갖게 되었고, 그에 따라 이 두 탑은 우리나라 최고(最古) 석탑의 반열에 올랐다. 두 탑에 대한 정확한 시대측정은 드디어 우리 미술사 연구가 일본의 영향에서 벗어났음을 의미하는 성과이기도 했다. 1)

이 글이 의미하는 바는 무엇일까? 익산 미륵사 탑과 비슷한 시기에 만들어진 왕궁리의 5층 석탑의 경우 지금까지 우리 학계에서는 '백제 양식의 고려탑', 즉 고려 시대에 백제의 양식을 써서 만든 탑이라고 설명해 왔다. 이 말이 무슨 말인가? 백제가 망한 것이 언제이고 그 사이 통일신라는 없었던가? 그런데 어찌 300년 후에 고려인들이 백제양식을 그대로 본떠서 탑을 만들었겠는가? 당연히 말이 안 되지 않을 터인데, 그런 설명이 아직까지 남아있다. 최근에 한 연구원이 그 탑을 미륵사탑과 같은 시대의 것이라고 단언(?)하는 용감한 행동을 하기 전까지 사람들은 그런 말도 안 되는 설명을 마치 학자들의 엄격한 실증적 자세인양 받아들이고 이를 묵인하고 있었다. 미륵사탑과 부여 정림사 탑이 고려의 양식이 아니라 백제의 양식이라는 것을 우리 학자들이 밝혀내었다면 정림사 탑과 너무도 흡사한 왕궁리 탑도 당연히 백제의 것이 되는 게 아닌가?

나주 복암리 고분군 + 복암리 출토 금동신발

1) 신대현, 「익산 미륵사 석탑」, 법보신문, 2014. 07. 21.

2014년 10월 23일 국립나주문화재연구소는 전남 나주시 다시多侍면 복암伏岩리 부근 정촌 고분에서 출토된 백제의 금동신발을 공개했다. 지금까지 발견된 백제 금동신발 중 가장 완벽한 형태의 신발이다. 백제 금동신발로는 17번째 출토품인 이 금동신발은 길이 32㎝, 높이 9㎝, 너비 9.5㎝의 크기로, 발등 끝 부분에 용머리 장식이 올려졌는데, 이런 장식의 신발 출토는 백제는 물론 고구려 · 신라를 통틀어 처음이다. 바닥에는 스파이크 모양의 징 23개를 붙였다. 바닥 한복판에는 8개의 꽃잎을 삼중으로 배치한 연꽃무늬가 있고 연꽃 중앙에는 꽃술을 새겼다. 연꽃의 앞뒤에는 눈을 부릅뜨고 입을 크게 벌린 용 얼굴 2개가 정면으로 묘사돼 있는데 용의 머리에 난 뿔과 귀, 코, 이빨까지 보인다. 이런 신발을 신을 수 있는 사람은 누구일까? 당시 영산강 유역의 유력한 지방세력이었을 것인가? 아니면 다른 왕이 있었던 것일까? 당당히 용을 내세울 수 있는 사람이 일개 지방세력이었을까? 백제의 수도였던 한성, 공주, 부여가 아닌 곳에서 발굴된 무덤의 주인이 왕이었다는 얘기인가? 백제사는 여전히 수수께끼투성이이다.

필자는 앞에서 한강변의 많은 유적과 유물들이 신라에 속하는 것으로 분류되고 있지만 실상은 백제의 것이 아니냐는 의문을 제기한 바 있다. 이성산성의 축조연대, 설봉산성의 팔각유구, 하남 동사지의 팔각좌대(혹은 목탑지) 등이 그것이다. 한강변 뿐 아니라 공주나 부여 등 백제의 옛 수도 주위의 유물이나 유구도 시대를 한참 뒤늦게 보는 경향이 있지만 최근에는 연대를 올려볼 수밖에 없는 증거들이 속속 나오고 있다.

그동안 일본의 학자들이 우리의 역사, 특히 모국인 백제를 낮추기 위해 애매한 것은 일단 통일신라나 고려 등으로 시대를 낮춰 잡아온 것은 사실이고 그들의 논리를 극복하기 쉽지 않았을 것이기에 알게 모르게 그들의 관점과 학설에서 벗어나기 어려웠던 것이 현실이다. 그러나 이제는 우리 시각으로 이 문제를 다시 볼 수 있는 환경이 아니던가? 그러니 부디 과거의 시각이나 학설, 학파나 학자들끼리의 폐쇄성에 갇혀 역사를 작은 것으로, 불확실한 것으로 치부하는 우를 범하는 일은 없어야 할 것이란 생각이다.

백제사의 복원

우리의 백제사가 복원되어야 일본으로 뻗어간 백제의 역사가 규명될 수 있다. 그래야 임나일본부가 사라지고 일본의 한반도 남부 7개국 연고 주장이 해명될 수 있고, 일본인들의 잘못된 우월의식, 한반도 3국이 그들의 조공국이라는 그들의 인식도 고쳐질 수 있다. 우리 역사에서 백제사가 소중한 이유는 우리 역사만이 아니라 일본으로 이어지는 동아시아사에서 더욱 그 의미가 부각된다. 고구려에서부터 백제, 신라로 이어지는 우리 민족의 역사에서 토기 한 쪽, 기와 반 쪽, 화살촉 하나라도 버리지 않고 거두어들이고, 보다 엄정하게 역사에 편입함으로서 우리 백제사를 되살려 놓으면 거기에 동이의 강국 백제가 보이고 또 현대까지 살아남은 우리 민족의 역사가 다시 보일 것이다.

서명천황이라는 한 천황의 무덤에 팔각이란 장식이나 모티브가 처음 사용되어 4대를 이어진 팔각이란 요소. 그것이 무덤에서부터 불전이나 불당으로 발전하고 궁궐의 전각과 탑으로 발전한 일본의 그 역사, 일본인들이 숨기려 했던 것으로 보이는 백세사의 일본열도로의 확장이 있었다. 그 연결고리가 나옴으로서 이제 우리는 일본의 고대사를 새로운 각도로 보고 해석할 수 있다. 우리가 모르고 있던 백제의 진정한 역사가 새롭게 드러났고, 또 그것을 확실하게 해석하려면 한국에서의 백제사도 역사유물이나 고고학, 민속학, 풍속학 등 관련 학문들이 종합되어 새롭게 해석함으로서 역사를 복원해야 한다. 미륵사 서탑에서 나온 금판 한 장에 적힌 글귀가 이처럼 멀고도 긴 역사를 푸는 중요한 열쇠였던 것이다.

역사의 복원 이후

백제사적 선광사

우리 백제사는 일본의 고대사와 함께 복원되어야 한다. 백제와 일본의 고대사는 한국과 일본이 역사를 같이한, 어쩌면 세계에서 가장 가까운 이웃이라는 것을 증언하고 있다. 일본의 역사 속에 한국으로부터 건너간 많은 사람들의 역사가 배어있는 것은 당연한 일이지만, 마치 한국인들이 중국인들의 한국진출에 대해 적극적인 호감을 갖지 않는 것처럼 일본인들도 자신들의 뿌리가 한국, 그 가운데서도 백제에 있다는 사실을 인정하고 싶지 않다는 것은 이해할 수 있다. 그러나 7세기에서 8세기에 걸친 역사는, 그 전에 있던 일본과 백제의 길고 많은 교류의 역사를 뛰어넘는 직접적인 사건인데도, 그동안은 역사 속에 완전히 감춰져 있었다. 아니 땅 속에 들어가 있었다고 해도 과언이 아니다. 맨 처음 가야 쪽에서 시작해 고구려, 신라, 그리고 마지막에는 백제인들이 일본으로 건너가 새로운 역사를 만든 것은, 시대를 따라 내려가면서 수없이 발견되고 확인되는 것이지만 일본을 대표하는 현 일본 황실의 직접 뿌리가 백제의 무왕이었다는 점은 전혀 규명되거나 상상되지도 않았다. 그러기에 이러한 나의 주장은 일견 황당하다고 평가할 수도 있겠지만 필자는 어디까지나 고고학적인, 혹은 역사적인 증거와 흐름에 따라 순리적으로 추리하고 결론을 내었다고 생각한다.

일본의 현 아키히토(明仁 ·)천황이 2001년 12월에 한일관계의 중요성을 강조하면서 "나 자신과 관련해서는 환무(桓武, 간무) 천황의 생모가 백제 무령왕의 자손이라고 속일본기續日本紀에 기록되어 있어 한국과의 인연을 느끼고 있다"고 말해 비상한 관심을 모은 바가 있는데, 환무천황 훨씬 이전에 현 일본 황실을 일으킨 사람들이 백제의 무왕과 왕후의 망명세력이라는, 즉 백제인들이라는 보다 직접적인 증거가 나왔다는 점을 주목해주기 바란다.

대마도에서 부산 광안대교가 보인다

이러한 역사의 발굴이 가지는 의미는 무엇일까? 나는 당연히 지금처럼 한국이 일본을 의심하고 일본은 한국을 믿지 않고 심지어는 일본에서 한국인들보고 나가라고 하는 상황에서 한국과 일본 두 나라 사람들이 이 역사를 어떻게 해석할 것인지를 물어보고 싶은 것이다. 일본의 입장에서 보면 그리 달갑지 않은 주장일 수 있지만, 사실이 그렇다면, 지금처럼 한국인들을 폄하하고 미워할 일이 아니다. 또한 한국인들이 올바른 판단을 하지 않고 떼만 쓰고 있다고 불평할 일은 아니다. 두 나라 사람들이 이런 관계였다면 우리 두 나라 사람들의 미래는 어때야만 하는가? 그것을 묻고 싶어서, 두 나라 역사의 연결고리가 보이는 순간, 그것을 긴 실, 그것도 잘 끊어지지 않을 튼튼한 줄로 꿰어본 것이다. 한국과 일본은 알고 보면 더 가깝고 친해질 수 있는 사이이지, 지금처럼 서로 반목할 사이는 아니지 않은가?

◆ 참고도서

강병희, 「고대 중국 건축의 8각요소 검토」, 『한국사상사학』 36집, 한국사
　　상사학회, 2010.

강찬석, 이희진, 『잃어버린 백제 첫 도읍지』, 소나무, 2009.

김달수, 『일본열도에 흐르는 한국혼』, 동아일보사, 1993.

김봉열, 『한국미의 재발견』 11 – 불교 건축, 도서출판 솔, 2004.

김사엽, 『일본의 萬葉集』, 민음사, 1990.

김　상, 『삼한사의 재조명1』, 북스힐, 2004.

김　상, 『삼한사의 재조명2』, 북스힐, 2011.

김성호, 『비류백제와 일본의 국가기원』, 지문사, 1984.

김운회, 『새로 쓰는 한 일 고대사』, 동아일보사, 2010.

김인배, 김문배, 『일본서기 고대어는 한국어』, 빛남, 1991.

김주성, 「미륵사지 서탑 사리봉안기 출토에 따른 제설의 검토」, 『동국사학』
　　47권, 2009.

김현구, 『백제는 일본의 기원인가』, 창비, 2002.

단국대 중앙박물관, 「망이산성2차발굴보고서」, 1999.

신대현, 「익산 미륵사 석탑」, 법보신문, 2014. 07. 21.

신종원 외, 『익산 미륵사지와 백제』, 일지사, 2011.

엄기표, 「하남 춘궁동 3층과 5층석탑의 건립 시기와 의의」, 한국고대학회,
　　『선사와 고대』 34호, 2011.

연민수 등, 『역주 일본서기』 pdf (동북아역사재단 2013).

연민수, 「日本正倉院의 百濟遺物과 그 역사적 성격」, 『국사관논총』 108집.

연민수 서각수 옮김, 오야마 세이이치, 『일본서기와 '천황제'의 창출』, 동
　　북아역사재단, 2012.

유마리, 김승희, 『한국미의 재발견』 – 불교회화, 도서출판 솔, 2005.

이강근,「고구려팔각건물지에 대한 연구」,『선사와 고대』 29호, 한국고대
　　　학회, 2005.

이도학,「『일본서기』의 백제 의자왕대 정변기사의 검토」, 1997.

_____,『한국고대사연구(韓國古代史研究)』 11.

이도학,『새로 쓰는 백제사』, 푸른 역사, 1997.

이도학,『백제 고대국가 연구』, 일지사, 1995.

장경호,『아름다운 백제건축』, 주류성, 2004.

전용신,『완역 日本書紀』, 일지사, 2010.

정명호,『석등』, 대원사, 1992.

조유전, [한국사 미스터리] 남한산성, 경향신문, 2003년 06월 09일.

주보돈,『임나일본부설, 다시 살아나는 망령』, 역락, 2012.

최광식,「한 중 일 고대의 제사제도 비교연구」,『선사와 고대』 27輯, 한국
　　　고대학회, 2007.

최몽룡,「백제도성의 변천과 연구상의 문제점」,『제3회 문화재연구학술대
　　　회』, 국립부여문화재연구소, 2002년 5월.

한정호,「백제 불전장엄이 신라와 일본에 미친 영향」,『2013 한일학술심
　　　포지엄 백제불교가 일본열도에 미친 영향』, 문화재청.

홍윤기,『일본 속의 한국 문화유적을 찾아서』, 서문당, 2002.

홍윤기,『일본속의 백제 나라』, 한누리미디어, 2009.

권영필 옮김,『에카르트의 조선미술사』, 열화당, 2003.

米田美代治지음, 신영훈 역,『조선상대건축의 연구』, 동산문화사, 1976.

江上波夫,『騎馬民族國家』, 中央公論社, 昭和58年(1983)

矢澤高太郎,『天皇陵の謎』, 文藝春秋, 2011.

網干善教,『古墳と古代史』, 學生社, 1996.

武光誠,『日本史の影の主役,藤原氏の正體』, PHP文庫, 2013.

森浩一,『古代日本古墳文化』, 講談社, 1991.

熊谷公男,『大王から天皇へ』, 講談社, 2011.

水谷千秋, 『繼體天皇と朝鮮半島の謎』, 文藝春秋, 2013.

水野祐, 『大和の政權』, 教育社, 1989.

外池昇, 『天皇陵誕生』, 祥伝社, 2012.

中村修也, 『續日本紀と日本後紀』, 青春出版社, 2010.

遠山美都男, 『天皇と日本の起源』, 講談社現代新書, 2003.

奈良縣高等學校編, 『奈良縣の歷史散步』

山梨縣敎育委員會, 『經塚古墳發掘整備報告』, 山梨縣埋蔵文化財センター
　　調査報告書 第109集, 1995.

大阪市文化財協會, 『東アジアにおける難波宮と古代難波の國際的性格に關
　　する總合硏究』, 2010.

毎日新聞, 2010년9월10일자.

龜井勝一郎, 『大和古事風物誌』, 2004.

中丸薰, 『古代天皇家と日本正史』, 德間書店

松浦俊和, 『近江古代史への招待』, 京都新聞出判センタ 2010

神崎勝, 「皇極天皇の出自をめぐって」, 『立命館大學文學』, 2010.

芝烝, 藤原氏の出自と記·紀編纂のシナリオ「京都女子大學人文論叢」 2007. 1. 31

塚口義信, 「茅渟王伝考」 http://ci.nii.ac.jp/naid/110000221102

KBS1 TV, 『한국사傳』, 「고구려 여인 우씨 두 번 왕후가 되다」, 2008년 5
　　월17일.

일본 천황은 백제 무왕의 자손

― 미륵사 금판의 증언 ―

초판 1쇄 발행일	2015년 11월 27일
초판 2쇄 발행일	2016년 12월 21일

지은이	이동식
펴낸이	정진이
편집장	김효은
편집/디자인	김진솔 우정민 박재원
마케팅	정찬용 정구형
영업관리	한선희 이선건 최재영
책임편집	김진솔
인쇄처	월드문화사
펴낸곳	국학자료원 새미(주)
	등록일 2005 03 15 제25100−2005−000008호
	서울특별시 강동구 성안로 13 (성내동, 현영빌딩 2층)
	Tel 442−4623 Fax 6499−3082
	www.kookhak.co.kr
	kookhak2001@hanmail.net

ISBN	979-11-86478-55-4 *93900
가격	29,000원